不動尊霊験祈祷法

小野清秀

小野清秀著

不動尊靈驗祈禱法　全

併巻

不動經講義　佛教秘密護摩法

不動金縛り秘法　軍陣必勝伏敵神變大秘法

——附——　全國不動尊奉安靈場所在地一覽表

不動明王御尊像

不動明王眞言《ふどうみやうわうしんごん》

至心受持《まことにうけたもちて》　秘密神咒《ひみつのしんじゆを》　悪魔魔民《あくまゝみん》　悪靈邪氣《あくりやうじやき》

三世怨敵《さんぜのおんてき》　執着邪心《しふぢやくじやしん》　悪夢厭魅《あくむえんみ》　咒咀毒藥《じゆそどくやく》

天變怪異《てんぺんけいゐ》　水火刀兵《すいくわたうへいのなんを》　非時中夭《ひじのちうえうの》　世間所有《せけんのあらゆる》

一切不祥《いつさいのふしやうを》　皆悉消滅《みなことごとくせうめつし》　心中所願《しんちうのしよぐわん》　速疾成就《すみやかにじやうじゆす》

業障消除《ごふしやうのぞいて》　臨終無苦《りんじうくるしみなく》　隨願往生《ねがひにしたがつてわうじやう》　諸佛淨刹

八大童子

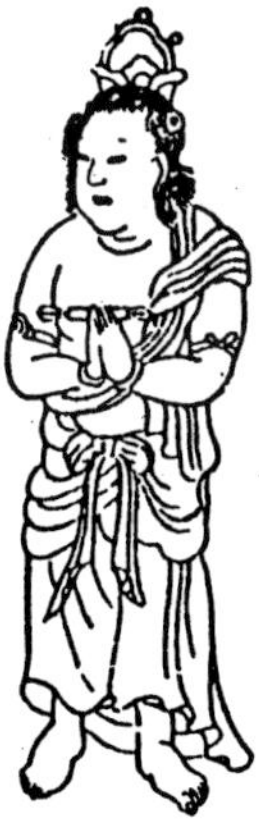

矜迦羅童子

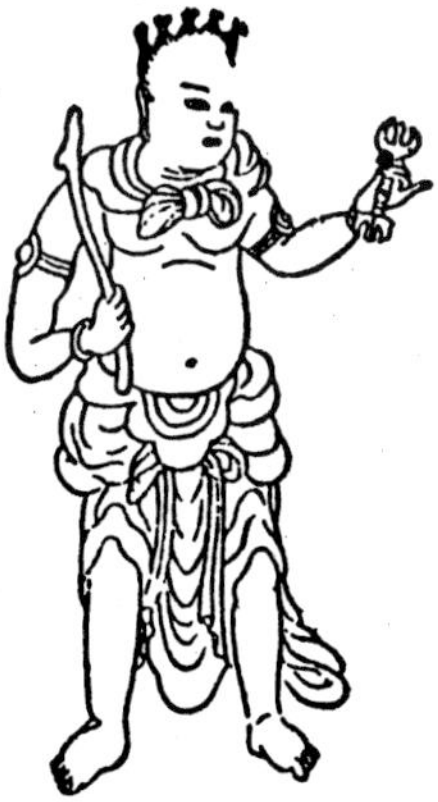

制吒迦童子

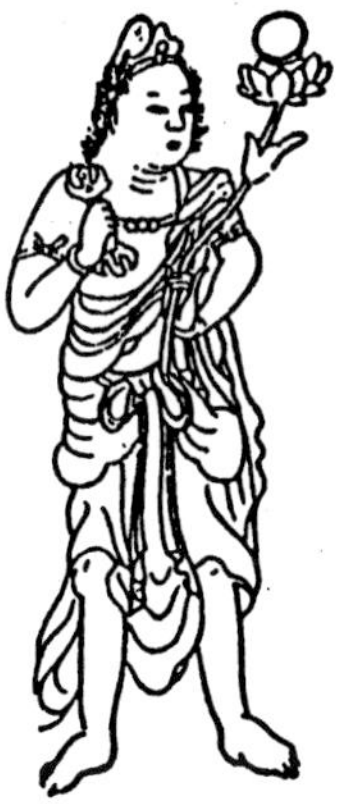

慧光童子

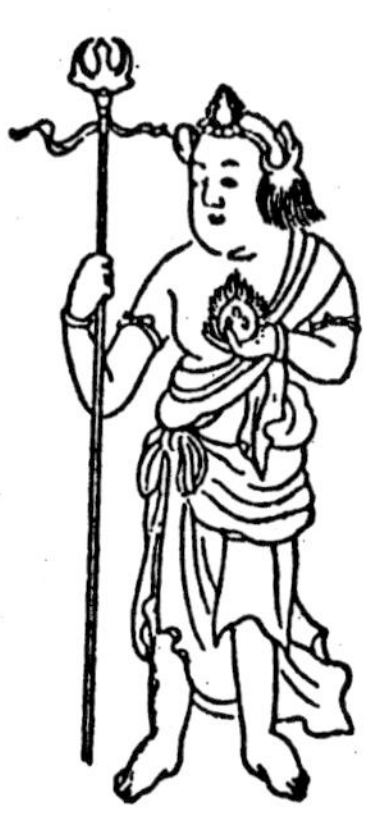

慧喜童子

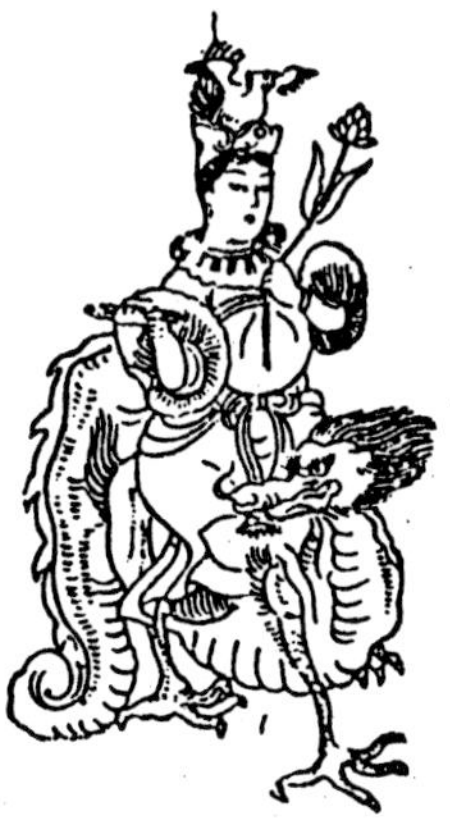

阿耨多童子

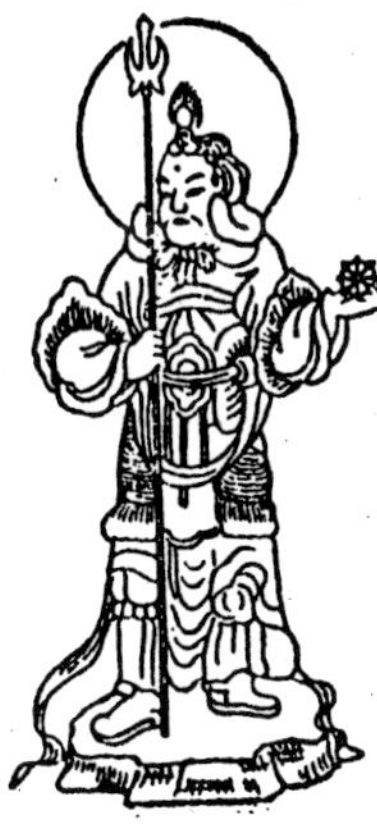

指徳童子

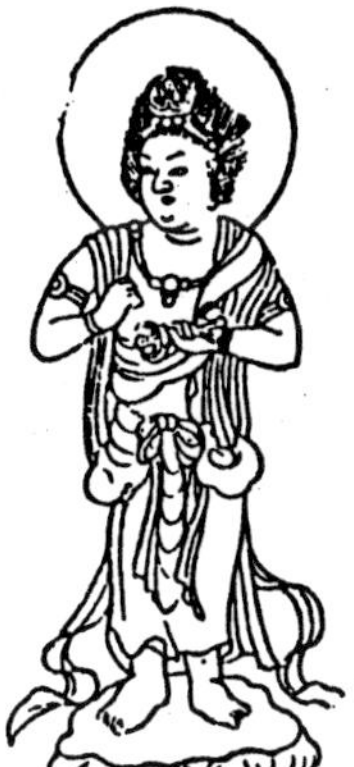

烏倶婆誐童子

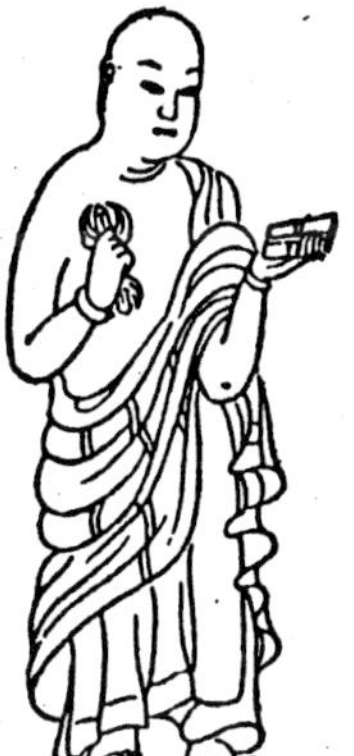

清浄比丘

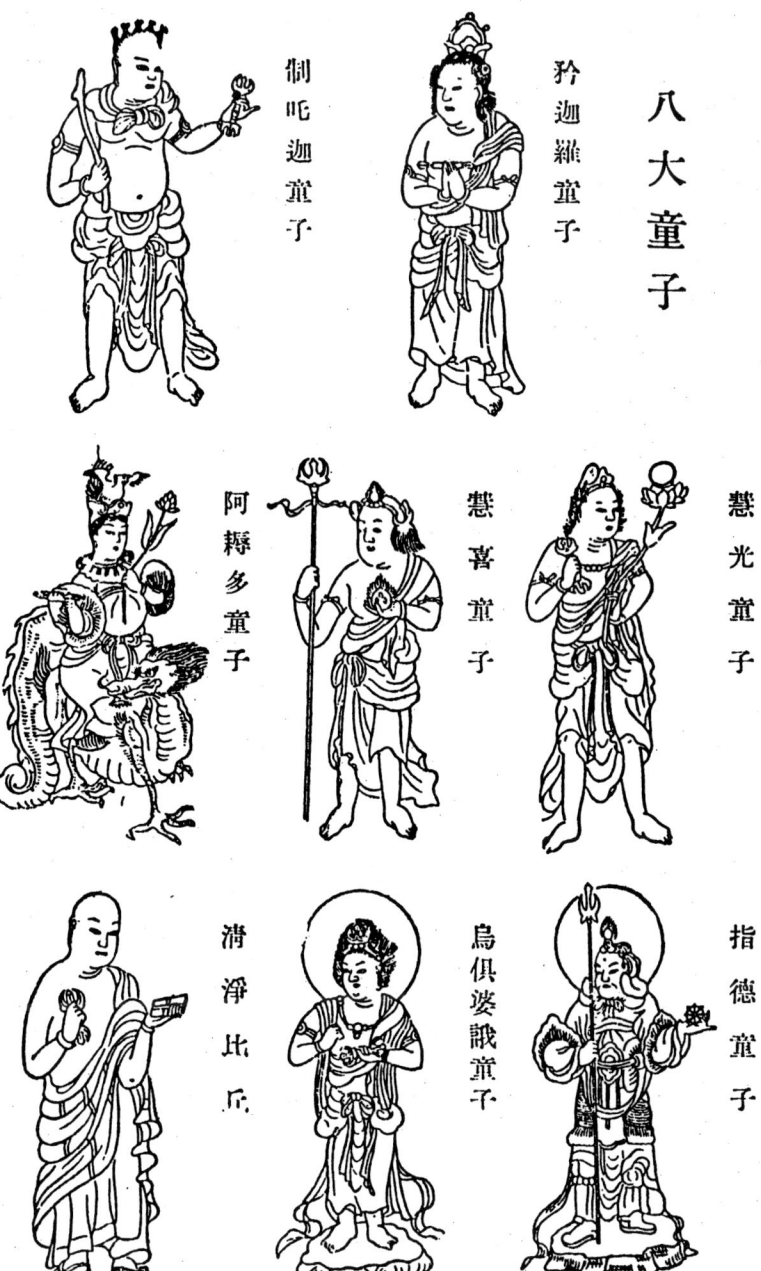

緒　言

不《ふ》動《どう》尊《そん》の信《しん》仰《かう》が年々《ねん〳〵》非《ひ》常《じやう》に盛《さか》んになつて來《き》た、不《ふ》動《どう》尊《そん》は外《そと》に忿《ふん》怒《ぬ》の相《さう》を現《あら》はすも、内《ない》心《しん》大《だい》慈《じ》悲《ひ》に住《ぢう》し、表《おもて》には難《なん》化《げ》の暴《ばう》惡《あく》を懲《こら》すも、裏《り》面《めん》には福《ふく》德《とく》の寶《ほう》雨《う》を注《そゝ》ぐ、是《こ》れは恰《あたか》も東《とう》洋《やう》の平《へい》和《わ》を確《かく》立《りつ》せむが爲《た》めに暴《ばう》支《し》を膺《よう》懲《ちよう》する躍《やく》進《しん》日《にっ》本《ぽん》の眞《しん》姿《し》を、そのままに表《へう》現《げん》せるものと云《い》つてよからう。

由《ゆ》來《らい》、日《にっ》本《ぽん》精《せい》神《しん》の眞《しん》髓《ずゐ》は、神《しん》佛《ぶつ》の同《どう》化《くわ》一體《たい》不《ふ》可《か》分《ぶん》の點《てん》に在《あ》る、その好《かう》箇《こ》の適《てき》例《れい》は、昔《むかし》より日本武尊《やまとたけるのみこと》を石《せき》尊《そん》權《ごん》現《げん》、即《すなは》ち不《ふ》動《どう》尊《そん》なりと觀《くわん》じ、また不《ふ》動《どう》尊《そん》を軍《ぐん》神《しん》なりと想《おも》ふが如《ごと》く、日《にっ》本《ぽん》民《みん》族《ぞく》の氣《き》風《ふう》と不《ふ》動《どう》尊《そん》の本《ほん》質《しつ》とには、共《きよう》通《つう》の靈《れい》素《そ》が含《ふく》まれて居《ゐ》るからである、不《ふ》動《どう》尊《そん》の信《しん》仰《かう》は斯《こ》ういふ樞《すう》軸《ぢく》から出《しゆっ》發《ぱつ》したものであるから、年々《ねん〳〵》隆《りう》盛《せい》に赴《おもむ》くのは當《たう》然《ぜん》の勢《いきほ》ひである。

併《しか》し多《た》數《すう》の信者《しんじや》の中《うち》には、不《ふ》動《どう》尊《そん》の正體《しようたい》を解《げ》せぬものや、修《しう》法《ほう》祈《き》念《ねん》の軌《き》則《そく》に不《ふ》案《あん》内《ない》の人々《ひとびと》もあらう、それでは折角《せつかく》の信仰《しんかう》も大《おほ》いに効果《かうくわ》を減《げん》ずるか、或《ある》ひは迷《めい》信《しん》化《くわ》する恐《おそ》れがないとも限《かぎ》らぬ。世間的《せけんてき》の相談《さうだん》にしても、前後《ぜんご》の理《り》窟《くつ》は充分《じうぶん》でも要點《えうてん》が不《ふ》透明《とうめい》であるとか、要點《えうてん》は分《わか》るが筋《すぢ》が通《とほ》らぬとか、又《また》お客《きやく》に馳《ち》走《そう》するにも、吸物《すゐもの》や刺身《さしみ》を後廻《あとまは》しにして、雜肴《ざつかう》を先《さき》に出《だ》したのでは、折角《せつかく》の御馳走《ごちそう》も臺《だい》なしとなり、或《ある》ひは却《かへ》つて反感《はんかん》を買《か》ふやうなこともある。神佛《しんぶつ》に對《たい》する信仰《しんかう》や祈願《きぐわん》も、それと同《おな》じで眞實《しんじつ》の理義《りぎ》を明《あき》らめ、正《たゞ》しき順序方式《じゆんじよはうしき》に從《したが》ふて行《おこな》はねば、單《たん》に無効《むこう》なるばかりでなく、時《とき》に或《ある》ひは冥罰《めいばつ》を蒙《かうむ》ることとなしとせぬ。

そこで不《ふ》動尊《どうそん》の靈驗《れいけん》と本質正體《ほんしつしようたい》を明確《めいかく》に傳《つた》へ、修法祈禱《しうほうきとう》の正軌《しようき》本則《ほんそく》を詳《つまび》らかにして誤《あやま》れるものを正《たゞ》し、知《し》らざるものを導《みちび》くことは、精神的《せいしんてき》奉仕《ほうし》として吾人《ごじん》の責務《せきむ》なりと感《かん》じ、敢《あえ》て本書《ほんしよ》を公開《こうかい》することにした。

第《だい》二篇《へん》、不動經講義《ふどうきやうかうぎ》。第《だい》三篇《ぺん》、秘密佛教護摩法《ひみつぶつきやうごまほう》。第《だい》四篇《へん》、不動金縛《ふどうかなしば》り法《ほう》は、孰《いづ》れも不動尊《ふどうそん》の靈驗祈禱法《れいけんきとうほう》と不離不可分《ふりふかぶん》の關係《くわんけい》を有《いう》するものであつてその實義《じつぎ》を體覺《たいかく》し、その事相《じさう》を明徴《めいちよう》することが肝腎《かんじん》であるから眞正《しんせい》なる解釋《かいしやく》を加《くは》へて、現代式《げんだいしき》に明朗化《めいらうくわ》し、以《もつ》て披露《ひらう》することにした。更《さら》にまた第《だい》五篇《へん》、軍陣中《ぐんぢんちう》に於《お》ける必勝伏敵神變大秘法《ひつしようふくてきしんぺんだいひほう》は、皇國日本《くわうこくにつほん》の出征軍陣中《しゆつせいぐんじんちう》に靈驗《れいけん》を顯揚《けんやう》する上《うへ》に必須緊要《ひつすきんえう》の信仰科目《しんかうくわもく》であるから、殊更《ことさら》に別立《べつりう》して本書《ほんしよ》の總結《そうけつ》となした次第《しだい》である。讀者《とくしや》請《こ》ふ諒之《これなれうせよ》。

著者 小野清秀識

凡例

一、不動尊祈禱は、至心如法に嚴修すれば靈驗必ず有ること古今その實證、枚擧に遑あらず。本書は古來の儀軌口傳に則り、具さに典籍に據して、本格祈禱法、略念誦、在家祈禱法、並びに戰陣速疾神變の各秘法を悉說す。

一、然れども本法により悉地を成就せんと期せらるゝ行者は、たゞ單に漫然と本書を一讀したる程度にて、その目的を見んと欲するが如きは忠はざるも甚だし。讀書百遍、意おのづから全卷に通じたる上にて、更にその印相、眞言、行法、次第は、千回萬度これを暗誦、通徹して、無心の間にも、その修法を誤まらざるの域に達することを要す。

一、單に一二回、本書を通讀したるのみにて、本文と照合しつゝ祈禱する底の不熱心なる態度にては、靈驗を蒙らんこと未だ遠し。一心徹到、入我我入、生佛不二の妙境に到り得て、初めて感應道交、功德現成あるべきの理趣よく〳〵體認あらむことを切言要望す。（著者）

不動尊靈驗祈禱法

目次

――本篇――

第二篇　不動經講義

第三篇　佛教秘密護摩法

第五篇　軍陣必勝伏敵神變大秘法

附録

——目次・終——

不動尊靈驗祈禱法

小野清秀著

一、不動尊の名義と信仰

不動尊《ふどうそん》の梵名《ぼんめう》、即《すなは》ち印度《インド》(昔《むかし》の天竺《てんぢく》)の詞《ことば》では、阿遮羅耶多《あじやらやた》といふ、これは佛《ほとけ》や菩薩《ぼさつ》は固《もと》より、人間《にんげん》でも根本《こんぽん》の精神《せいしん》とか、先天的《せんてんてき》の良心《りようしん》といふものは、決《けつ》して變《かは》りもせねば壞《こわ》れもせず、消失《しようしつ》する事《こと》もないといふ意義《いぎ》の語《ご》である。それで不《ふ》動《どう》とか又《また》は無動《むどう》と飜譯《ほんやく》したのである、そこで不動尊《ふどうそん》とは宇宙《うちう》の根本《こんぽん》たる不變《ふへん》不《ふ》滅《めつ》の勇猛《ゆうもう》なる大精神力《だいせいしんりき》の出現《しゆつげん》といふことになるのである。

不動尊《ふどうそん》には他《た》にいろ〳〵名《な》がある、大聖不動明王《たいしようふどうめうわう》、聖無動尊《しようむどうそん》、不動使者《ふどうししや》、大《だい》忿怒王《ふんぬわう》、無勘忍明王《むかんにんめうわう》、阿遮羅尊等《あじやらそんなど》と云《い》ひ、密號《みつごう》を常住金剛《じようぢうこんがう》といふ、阿遮羅尊《あじやらそん》とは梵名《ぼんめう》を約《やく》したのである、密號《みつごう》といふのは佛《ほとけ》の仲間《なかま》の通用語《つうようご》としての名《な》である常住金剛《じようぢうこんがう》とは、いつも金剛《こんがう》の如《ごと》く強《つよ》く堅《かた》く動《うご》き變《かは》らぬといふ意《い》である、その他《た》の名義《めうぎ》は追々《おひ〳〵》後段《こうだん》に至《いた》つて說《と》く。

底理三昧經《ちりさんまいぎよう》には、不動《ふどう》とは是《こ》れ菩提心大寂《ぼだいしんたいじやく》の義《ぎ》なりと說《と》き、吾人《ごじん》が本有無垢《ほんぬむく》の眞心《しんしん》の傾動《けいどう》せぬといふ義《ぎ》をあらはした名《な》であると。また南無大聖不動明王《なむたいしようふどうめうわう》といふのは、南無《なな》は信者《しんじや》が歸依《きえ》する標語《ひようご》であり、聖《しよう》とか大聖《たいしよう》とかいふのは敬稱《けいしやう》である。

二、明王の意義と靈驗

佛教《ぶつけう》では賢愚《けんぐ》、善惡《ぜんあく》、長幼《ちやうえう》、男女《なんによ》、貧富《ひんぷ》、貴賤《きせん》、病災等《びやうさいとう》一切《さい》の衆生《しゆじやう》、即《すなは》ち大《たい》衆《しゆう》を濟度《さいど》教化《けうげ》するために、四段《だん》の構《かま》へがしてある。第《だい》一は佛陀《ぶつだ》即《すなは》ち如來《によらい》が自身《じしん》に教化《けうげ》するので、これを自性輪《じしようりん》といふ、自性《じしよう》とは如來《によらい》が自身《じしん》の本心《ほんしん》を有《あ》りのままに示《しめ》すこと、輪《りん》とは車《くるま》の輪《わ》の轉廻《てんえ》する如《ごと》く巧《たく》みに宣傳《せんでん》するといふ意《い》である。それで自性輪《じしやうりん》といふのは、主權者《しゆけんしや》 陛下《へいか》の御詔勅《ごせうちよく》といふやうな義《ぎ》にあたる。大日《だいにち》如來《によらい》の說法《せつぽふ》とか、阿彌陀《あみだ》如來《によらい》が大法輪《だいはふりん》を轉《てん》ずるとかいふのが自性輪《じしやうりん》、又《また》は自性《じしやう》說法《せつぽう》である。

次《つぎ》には菩薩《ぼさつ》の正法輪《しやうはうりん》。菩薩《ぼさつ》といふは正《たゞ》しき修行《しゆぎやう》を勵《はげ》み、正《たゞ》しき位置《ゐち》に於《お》いて正《たゞ》しき方法《はうはう》で人《ひと》を教化《けうげ》するものをいふ、恰《あたか》も大臣《だいじん》や教育家《きやういくか》や宗教家《しうきやうか》が、正義正《せいぎしやう》法正理《はうしやうり》を以《もつ》て人民《にんみん》を教導《きやうどう》するやうなものである。觀音菩薩《くわんのんぼさつ》、勢至《せいし》、文殊《もんじゆ》 地藏《ぢざう》等《など》の濟度《さいど》が菩薩正法輪《ぼさつしやうはうりん》である。

次《つぎ》に明王《みやうわう》の教令輪《きやうれいりん》。佛教《ぶつきやう》には佛卽《ほとけすなは》ち如來《によらい》が澤山《たくさん》あるが、それを要括《えうくわつ》すると五智《ち》五佛《ぶつ》といふことになる、世《よ》の中《なか》の一切《さい》の働《はたら》きは五智卽《ちすなは》ち發心《ほつしん》、修證《しうしやう》、識見《しきけん》、教《きやう》濟《さい》の四つの力《ちから》と、それを統宰《とうさい》する根本智《こんぽんち》との五つが必要《ひつえう》である。この五智《ち》五力《りき》を一《ひと》つづゝ圓滿《ゑんまん》に現《あら》はして居《ゐ》るのが五佛《ぶつ》である、五佛《ぶつ》とは中央《ちうあう》が大日如來《だいにちによらい》、これは一切《さい》を統宰《とうさい》する普門萬德《ふもんまんとく》の主《しゆ》である。東方《とうはう》が阿閦如來《あしゆくによらい》、これは發心不動《ほつしんふどう》の大精神《だいせいしん》を表《あらは》したるもの。北方《ほくはう》が釋迦《しやか》如來《によらい》、これは實際《じつさい》に難行苦行《なんぎやうくぎやう》して成就《じやうじゆ》せられた修證《しうしよう》の佛《ほとけ》。南方《なんはう》が寶生如來《はうじやうによらい》または開敷華《かいふげ》如來《によらい》、これは修行《しゆぎやう》の結果《けつくわ》、智慧《ちゑ》も見識《けんしき》も豐富《はうふ》であり、物質的《ぶつしつてき》にも充分餘裕《じうぶんよゆう》あることを示《しめ》したもので、自度《じど》の滿足《まんぞく》せるをいふ。最後《さいご》に西方阿彌陀如來《さいはうあみだによらい》、阿彌陀《あみだ》とは梵名《ぼんめい》で、いろ〳〵と譯名《やくめい》もあるが、三世《ぜ》十方卽《はうすなは》ち無限《むげん》の時間《じかん》、無量《むりやう》の空間《くうかん》に亙《わた》る慈悲《じひ》の力《ちから》を現《あら》はしたもので自分《じぶん》が成功《せいこう》すれば、最後《さいご》に他《た》を敎化《きやうげ》せねばならぬ、それの兩方《りやうはう》を、物《もの》の終《をは》りに例《たと》へて救濟《きうさい》の如來《によらい》を配置《はいち》したのである。

斯《か》く五智《ち》の如來《によらい》があつて、それ〳〵自性輪《じしやうりん》を轉《てん》じて敎化《きやうげ》するが、衆生《しゆじやう》は無限《むげん》であるから、敎令輪《きやうれいりん》といつて如來《によらい》の代理《だいり》、勅使《ちよくし》ともいふべきものを撰《えら》び、それに敎化《きやうげ》し難《がた》い我《わ》が儘《まゝ》のものを濟度《さいど》せしめるのである　そこで敎令輪《きやうれいりん》とは傳令使《でんれいし》とか宣傳員《せんでんゐん》といふ義《ぎ》に當《あた》り、如來《によらい》の敎勅《きやうちよく》を受《う》けて、それを一般《はん》の衆生《しゆじやう》に宣傳《せんでん》することが、恰《あだ》かも國王《こくわう》が人民《じんみん》に命令《めいれい》する如《ごと》く明《あき》らかであるから、如來《によらい》の勅使《ちよくし》として傳令《でんれい》するものを明王《めうわう》と稱《しやう》するのである。

五智《ち》の如來《によらい》があると同《おな》じく、教令輪《きようれいりん》にも亦《ま》た五尊《そん》の明王《めうわう》がある、即《すなは》ち中央《ちうあう》が大日大聖不動明王《だいにちたいしようふどうめうわう》。不動明王《ふどうめうわう》は大日如來《だいにちによらい》の教令輪《きようれいりん》であり、また一切教令輪《さいきようれいりん》の總《そう》主《しゆ》、宣傳部長《ぜんでんぶちやう》であるから中央《ちうあう》に居《を》り、その本地《ほんぢ》即《すなは》ち本體《ほんたい》は矢張《やは》り大日如來《だいにちによらい》であつて、難化《なんげ》の衆生《しゆじやう》を救《すく》ふために、忿怒《ふんぬ》の姿《すがた》を現《あら》はして不動尊《ふどうそん》と變相假化《へんそうけくわ》したのであるから、大日《だいにち》といふ語《ご》を冠《かぶ》せたのである。次《つぎ》に東方《とうはう》は降三世明王《かうぜめうわう》、これは過去現在未來《くわこげんざいみらい》の惡緣《あくえん》を斷《た》つ勇猛心《ゆうめうしん》。次《つぎ》は北方金剛夜叉明王《ほくはうこんがうやしやめうわう》は、これは金剛《こんがう》の如《ごと》く耐苦精進《たいくせうじん》する力《ちから》、南方《なんはう》は軍荼利明王《ぐんだりめうわう》、この軍荼利《ぐんだり》は瓶《へい》、又《また》は甘露《かんろ》、或《ある》ひは安《あん》樂《らく》と譯《やく》し、豐富《はうふ》の力《ちから》を示《しめ》し。西方《せいはう》は大威德明王《だいゐとくめうわう》、これは實際的《じつさいてき》に恩威《おんゐ》並《なら》び行《おこな》はるる救濟敎化《きうさいきようげ》の力《ちから》を表《ひよう》したものである。

第《だい》四段《だん》の教化法《きようげほう》としては、天部《てんぶ》といふのがある、即《すなは》ち大黑天《だいこくてん》とか荼枳尼天《だきにてん》とか、摩利支天《まりしてん》とか、毘沙門天《びしやもんてん》とか、歡喜天《くわんきてん》(俗《ぞく》に聖天《しようてん》といふ)等《など》といふのが皆《み》な天部《てんぶ》である。これは公式《こうしき》の位置《ゐち》に居《を》らぬから、前《まへ》のやうに何々輪《なに〳〵りん》といふ名目《めうもく》はなく、自由法輪《じいうほうりん》である、例《たと》へば直接官公署《ちよくせつくわんこうしよ》と關係《くわんけい》せぬ民間《みんかん》の志士仁人《ししじんにん》が慈善救《じぜんきう》濟事業《さいじげふ》を行《おこな》ふといふ體裁《ていさい》である。

第《だい》一段《だん》の如來《によらい》は神聖不可侵《しんせいふかしん》である。第《だい》二段《だん》の菩薩《ぼさつ》は尊重《そんちやう》すべき聖者《しやうじや》であり、官公《くわんこう》の大官《たいくわん》である。第《だい》三段《だん》の明王《みやうわう》は軍部《ぐんぶ》や司法官《しほうくわん》の如《ごと》く、恐《おそ》るべきと同時《どうじ》に能《よ》く護《まも》り助《たす》けたまふのである。第《だい》四段《だん》の天部《てんぶ》は、同等《どうとう》の先輩《せんぱい》、親分《おやぶん》、兄分《あにぶん》といふ格《かく》で、親《したし》み易《やす》きものである。

三、不動尊の形像

不動明王《ふどうみやうわう》の尊像《そんざう》は、信仰《しんかう》の盛《さか》んなるに從《したが》ひ、いろ〳〵の姿《すがた》が出來《でき》て、數十種《すうしゆ》の異像《いざう》があるが、普通本格的《ふつうほんかくてき》のものは、第《だい》一に奴僕三昧《ぬぼくざんまい》に住《じう》し、極《きは》めて下賤《げせん》の姿《すがた》である、これは如來《によらい》の使者《ししや》であり召使《めしつか》ひである、そして底下《ていか》の衆生《しゆじやう》と交《まじは》り救《すく》ふといふ念願《ねんぐわん》を現《あら》はしたものである、頭《あたま》の髮《かみ》は長《なが》く垂《た》れたのもあるが、大抵《たいてい》七結《きつ》とて七つの結《むす》び瘤《こぶ》がある、これは七代《だい》の主《しゆ》に忠實《ちうじつ》に盡《つく》した印《しるし》であり、また印《イン》度《ド》の古風《こふう》では下僕《げぼく》が人《ひと》を救《すく》へば、勳章《くんしやう》の代《かは》りに髮《かみ》の毛《け》を結《なす》んで善行《ぜんぎやう》の表證《ひようしよう》としたので、七つはその最上《さいじよう》、即《すなは》ち七回《くわい》も人《ひと》を助《たす》けたといふ如《ごと》き積善行爲《せきぜんかうゐ》を明《あき》らかにしたもので、即《すなは》ち勳壹等《くんいつとう》といふべきである。

目《め》は一眼《げん》のものもあるが、普通《ふつう》は一眼《げん》は地《ち》を睨《にら》み一眼《げん》は天《てん》を仰《あふ》いで居《ゐ》る、これは足許《あしもと》に注意《ちうい》する向下心《こうげしん》と、天《てん》を志《こゝろ》ざす向上心《こうじようしん》とを示《しめ》し、右手《みぎて》に利劍《りけん》を持《も》ち左手《ひだりて》に羂索《けんさく》を持《も》つて居《ゐ》る、これにはいろ〳〵六つかしい理由《りいう》もあるが、分《わか》りよく云《い》へば利劍《りけん》は、煩惱《ぼんなう》の賊《ぞく》を殺《ころ》すため、索《なは》は意馬心猿《いばしんえん》、即《すなは》ち心《こゝろ》の狂《くる》ひ燥《さわ》ぐのを繋《つな》ぎ留《とゞ》めるといふ意《こゝろ》である。面《かほ》には水波《すゐは》がある、これは四煩《ぼん》の水波《すゐは》と鑁字《はんじ》の智《ち》水《すゐ》を示《しめ》し、また衆生濟度《しゆじようさいど》の苦《くる》しみと苦行《くぎやう》の證據《しようこ》、相貌《さうはう》は忿怒《ふんぬ》を表《あら》はして居《ゐ》る、これは難化《なんげ》のものを折伏《せつぷく》しても救濟《きうさい》するといふ威力《ゐりき》に象《かた》どり、全身《ぜんしん》は肥滿《ひまん》せる童子《どうじ》の體格《たいかく》である、これは物質《ぶつしつ》と智見《ちけん》が共《とも》に充分《じうぶん》で、而《し》かも前途遼遠《ぜんとれうゑん》益〻《ます〳〵》發達《はつたつ》することを示《しめ》されたのである。

身《み》に猛焰《めうえん》がある、これは火炎三昧《くわえんざんまい》に住《じう》して居《ゐ》るのである、火炎《くわえん》で一切《さい》の煩悩《ぼんなう》惡業《あくごう》を焼《や》き、また水火《すゐくわ》も辭《じ》せず、火《ひ》が背《せ》に燃《も》へついても、一旦決心《たんけつしん》したことは動《うご》かぬといふ意《こころ》もある、足《あし》は磐石《ばんじやく》の上《うへ》に安住《あんじう》すとあつて、大石《たいせき》を踏《ふ》んで居《ゐ》る、これは立脚地《りつきやくち》の堅固安定《けんごあんてい》を示《しめ》すもので、他《た》の佛《ほとけ》のやうに蓮華《れんげ》の上《うへ》に立《た》つたり又《また》獅子《しし》や象《ぞう》に乘《の》らず、足許《あしもと》の變動危険《へんどうきけん》なき表徴《ひようちよう》である。

要《えう》するに不動尊《ふどうそん》の形像《きようぞう》は、人間處世《にんげんしよせい》の標準《へうじゆん》を示《しめ》したものといふべく、下賤《げせん》の姿《すがた》は謙遜《けんそん》、右手《みぎて》で能《よ》く働《はたち》き左手《ひだりて》にて纒《まと》め收《をさ》め、上下《じようげ》に眼《め》、即《すなは》ち心《こころ》を配《くば》り、足許《あしもと》は丈夫《じやうぶ》に、一旦志《たんこころざ》したことは火《ひ》が燃《も》えついても變動《へんどう》せず、壯健《さうけん》な體力《たいりよく》を以《もつ》て一路邁進《ろまいしん》するといふのである。

大日經《だいにちきよう》に曰《いは》く、

不動如來使《ふどうによらいし》あり慧刀《えとう》と羂索《けんさく》とを持《ち》し、頂髪左《ちようはつひだり》の肩《かた》に垂《た》れ、一目《もく》にして而《し》かも

諦《あきら》かに觀《み》、威怒《ゐぬ》して身《み》に猛焰《めうえん》あり、安住《あんじう》して磐石《はんじやく》に坐《ざ》す、面門《めんもん》に水波《すゐは》の相《さう》あり、充滿《じうまん》せる童子形《どうじぎやう》なり

大日經《だいにちきやう》の疏《しよ》には、右《みぎ》の經文《きやうもん》を解《げ》して、

利刀《りとう》を持《ぢ》し羂索《けんさく》を持《も》てるは、如來忿怒《によらいふんぬ》の命《めい》を承《う》けて、盡《ことごと》く一切衆生《さいしゆじやう》（の煩惱《ぼんのう》）を殺害《さつがい》せんと欲《ほつ》するなり、羂索《けんさく》は是《こ》れ菩提心中《ぼだいしんちう》の四攝方便《せつほうべん》なり、これを以《もつ》て不降《ふかう》伏《ぶく》の者《もの》を執縛《じゆばく》し、利慧《りえ》の刀《とう》を以《もつ》てその業《ごう》の無窮《なぐう》なる命《いのち》を斷《た》ち、大空生《たいくうしやう》を得《え》せしむ故《ゆゑ》に若《も》し業壽《ごうじゆ》の種《たね》を除《のぞ》けば卽《すなは》ち戯論《けろん》の語風《ごふう》も亦《た》た皆《み》な息斷《そくだん》す、是《こ》の故《ゆゑ》にその口《くち》を緘閉《しんへい》せり、一目《もく》を以《もつ》てこれを見《み》る意《こころ》は如來《によらい》の等目《とうもく》を以《もつ》て觀《み》る所《ところ》、一切衆《さいしゆ》生宥《じやうゆる》すべき者《もの》なきことを明《あか》せるなり、故《ゆゑ》にこの尊《そん》の凡《およ》そ所爲《しよゐ》の事業《じごう》あるは、唯《た》だこの一事《じ》の因緣《いんねん》あるためなり、その重障《ぢうしやう》の磐石《はんじやく》を鎭《しづ》めて復《ま》た動《うご》かざらしむるは淨菩提心《じやうぼだいしん》の妙高山《めうかうせん》を成《じやう》ずるなり、故《ゆゑ》に安住《あんじう》して磐石《はんじやく》に在《あ》りと云《い》ふと

この意《こころ》によれば一目《もく》を閉《と》づべきなれど、現圖《げんづ》の胎藏界曼荼羅《たいざうかいまんだら》は、兩目《りやうもく》を開《ひら》き

て頂上《ちやうじやう》に蓮華《れんげ》と七結《きつ》の垂髪《すゐはつ》あり、別《べつ》に鎭宅《ちんたく》の不動《ふどう》と稱《しやう》する四臂《ひ》の像《ぞう》あり、いづれも迦樓羅炎《かろらえん》（大火炎《だいくわえん》のこと）中《ちゆう》に坐《ざ》す、尤《もつと》も座像《ざぞう》と立像《りつぞう》あり、立像《りつぞう》を本格《ほんかく》とす。

四、不動尊の三昧耶形

三昧耶《さんまや》とは梵語《ぼんご》にして、本誓《ほんぜい》とか、平等《びやうどう》、除障《ぢよしやう》、警覺《けいかく》等《とう》の意義《いぎ》をもつて居《ゐ》る詞《ことば》である、物《もの》の形象《きやうぞう》に名《な》づけて標幟《ひやうしき》を現《あら》はすためである、太閤秀吉《たいかふひでよし》が五色《しき》の吹《ふき》流《なが》しを旗印《はたじるし》とし、千生瓢《せんなりひさご》を馬印《うまじるし》とした事《こと》や、眞田《さなだ》の六文錢《もんせん》の旗《はた》、今日《こんにち》で云《い》へば聯隊旗《れんたいき》とか、各國《かくこく》の國旗《こくき》といふものが、皆《みな》それ〴〵そのものの三昧耶形《さんまやがた》であるつまり各自《かくじ》の希望目的趣意《きぼうもくてきしゆい》を、代表的《だいへうてき》に標現《ひやうげん》したものである。

不動尊《ふどうそん》の三昧耶形《さんまやがた》、即《すなは》ち希望目的《きはうもくてき》の標幟《ひやうしき》は、その所持《しよぢ》せる劒《けん》と索《なは》である、これは煩惱《ぼんなう》を斷《た》ち、難伏《なんぷく》の者《もの》を縛《ばく》する本誓《ほんぜい》（希望《きはう》）を示《しめ》したるもの、また獨股杵《どつこきね》を用《もち》ふることもある、杵《きね》も劒《けん》も同《おな》じ義《ぎ》である、或《ある》ひは倶利迦羅龍王《くりからりうわう》を用《もち》ふる場合《はあひ》もある、倶利迦羅陀羅尼經《くりからだらにきやう》に曰《いは》く、

不動明王《ふどうめうわう》が魔王《まわう》と法力《ほうりき》を爭《あらそ》ひ、法形《ほうぎやう》を現《あら》はして、大龍劔《だいりうけん》を吞《の》まんとして四足《そく》を以《もつ》て劔《けん》を纏《まと》ふたる姿《すがた》なり

とあるが、龍《りう》は實《じつ》は索《なは》である、又《また》一つには不動尊《ふどうそん》を祈念《きねん》して、龍王《りうわう》を使役《しえき》する法《はふ》であつたのが、後《のち》には轉《てん》じて倶利迦羅《くりから》不動《ふどう》となつた。倶利迦羅《くりから》は煩惱《ぼんなう》毒欲《どくよく》を啖《くら》ひ盡《つく》すといふ意《い》を含《ふく》んで居《ゐ》るのである。

五、不動尊の種字

種字《しゆじ》とは不動尊《ふどうそん》なれば不動尊《ふどうそん》、阿彌陀如來《あみだによらい》なれば阿彌陀《あみだ》の大目的《だいもくてき》を一字《じ》か二字《じ》に約《やく》して、簡單明瞭《かんたんめいれう》に表示《ひやうじ》したものである。

また種字《しゆじ》とは諸法《しよほう》を出生《しゆつしやう》する種子《しゆじ》である、經疏《きやうしよ》には多《おほ》く種子《しゆじ》と書《か》いてある、種子《しゆじ》には攝持《せふぢ》、引生《いんしやう》の二義《ぎ》と、了因《りやういん》、生因《しやういん》、本因《ほんいん》の三義《ぎ》がある。攝持《せふぢ》とは世間《せけん》の植物《しよくぶつ》の種子《しゆじ》が、能《よ》く根幹等《こんかんとう》を含藏《がんざう》するが如《ごと》く、一字《じ》にして無量《むりやう》の法《ほう》、無邊《むへん》の義《ぎ》を含藏《がんざう》する意味《いみ》である。引生《いんしやう》とは根莖《こんけい》が雨露《うろ》の縁《えん》に由《よ》つて能《よ》く成長《せいちやう》する如《ごと》く

一字《じ》より微細《びさい》の諸功徳《しよくどく》を引生《いんしやう》するをいふ。

了因《りやういん》とは世間《せけん》で一つの文字《もじ》を見《み》て別《べつ》の智慧《ちゑ》を了《さと》るが如《ごと》く、字門《じもん》を觀《くわん》ずると同《どう》時《じ》に佛智《ぶつち》を了《さと》るをいふ。生因《しやういん》とは種字《しゆじ》より三昧耶形《さまやかた》等《とう》を生《しやう》ずるをいふ。本因《ほんいん》とは本來自性《ほんらいじしやう》の德《とく》として、軌持軌則《きぢきそく》の意《こころ》を具《ぐ》し、字門《じもん》は諸法《しよはふ》の根源《こんげん》なるをいふ。

諸佛諸菩薩《しよぶつしよぼさつ》の種字《しゆじ》を定《さだ》むるには、胎藏界《たいざうかい》の眞言《しんごん》は、一首《しゆ》の上《うへ》の字《じ》を種子《しゆじ》とするも、疏《しよ》には其《そ》の呪《じゆ》(眞言《しんごん》)の中《なか》にて肝要《かんえう》なる文字《もんじ》を種子《しゆじ》とする義《ぎ》あり。また金《こん》剛界《がうかい》は下《しも》の字《じ》を種子《しゆじ》とするを常《つね》とす、併《しか》しこれ等《ら》は固《もと》より一定《てい》せるものではない。名《な》の頭字《かしらじ》を種字《しゆじ》と爲《な》し、或《ある》ひは本誓目的《ほんぜいもくてき》を顯《あら》はす字《じ》を種字《しゆじ》と爲《な》し、或《ある》ひは通種子《つうしゆじ》を用《もち》ふることもある。

因《ちな》みに不動尊《ふどうそん》の本誓《ほんぜい》、本願《ほんぐわん》、目的《もくてき》といふのは、行者《ぎやうじや》または信者《しんじや》に接近《せつきん》して、その殘飯《ざんぱん》を喰《くら》つたり、汚物《をぶつ》を掃除《さうじ》したり、いろ〳〵と方便《はうべん》して引入《いんにふ》し、遂《つひ》に行者《ぎやうじや》を頂上《ちやうじやう》に載《の》せて彼岸《ひがん》に到《いた》り成道《じやうどう》せしむるに在《あ》る。

不動尊《ふどうそん》の種子《しゆじ》は、訶《か》、又《また》は麼《は》、含滿《がんまん》である、訶字《かじ》は衆生《しゆじよう》の命風《みようふう》であつて、これに空點《くうてん》を加《くは》ふれば大空不生《たいくうふしよう》となる、麼字《はじ》は煩惱《ぼんなう》にて、これに空點《くうてん》を加《くは》ふれば菩提《ぼだい》となる、含滿《がんまん》は上《かみ》の二字《じ》の合成《ごうじよう》である、この他《ほか》、阿《あ》、又《また》は吽《うん》を用《もち》ふることもある、いづれも煩惱《はんなう》を摧破《さいは》して菩提《ぼだい》に入《い》らしむる目的《もくてき》を表示《ひようじ》したる字《じ》である。

六、不動尊の印契

印契《いんかい》または印相《いんそう》ともいふ、梵語《ぼんご》では目帝羅《しくてら》といふ、印《いん》は印可決定《いんかけつじよう》の意《こころ》にて、諸佛《しよぶつ》は法印《ほういん》を結《むす》びてその本誓《ほんぜい》に違《たが》はざるを約《やく》し、行者《ぎようじや》はこれを結《むす》びて諸佛《しよぶつ》の本《ほん》誓《ぜい》に必《かなら》ず一致《ち》すべきを決定《けつじよう》するのである、故《ゆゑ》に行者《ぎようじや》の結《むす》ぶ手印《しゆいん》は僅《わづ》かに十指《し》の屈伸《くつしん》に過《す》ぎぬけれども、その變化《へんくわ》は無盡《むじん》にして、如何《いか》なる意義《いぎ》をも現《あら》はすことが出來《でき》るのである、左《さ》れば一指《し》の屈伸《くつしん》も實《じつ》に重要《ちようえう》にして、火指《くわし》を屈《くつ》すれば火《ひ》滅《めつ》し、水指《すゐし》を立《た》つれば水《みづ》涌《わ》くといふが如《ごと》く、常途《じようづ》にても手《て》を振《ふ》れば人散《ひとさん》じ、手招《てまね》けば人集《ひとあつ》まり、唖《おし》が手眞似《てまね》で如何《いか》なる用《よう》でも便《べん》ずると同《おな》じく、變化《へんげ》無限《むげん》、効能《かうのう》無窮《むきう》である。

不動尊《ふどうそん》には十四の根本印《こんぽんいん》がある、併《しか》し多《おほ》くは獨股印《どつこいん》と劔印《けんいん》とを用《もち》ふ、火界呪《くわかいじゆ》即《すなは》ち大呪《たいじゆ》（大眞言《だいしんごん》のこと）を誦《じゆ》する時《とき》は獨股印《どつこいん》を用《もち》ひ、慈救呪《じくじゆ》（中呪《ちうじゆ》）を誦《じゆ》する時《とき》は劍印《けんいん》を用《もち》ふ、獨股印《どつこいん》は火界印《くわかいいん》、或《ある》ひは根本印《こんぽんいん》、又《また》は劍索印《けんさくいん》ともいふ、十四印《いん》の綱領左《かうりやうさ》の如《ごと》し。

第《だい》一、根本獨股印《こんぽんどつこいん》。内縛《ないはく》して二頭指《とうし》を立合《たちあは》せ、二大指《だいし》を以《もつ》て二中指《ちうし》の甲《かふ》を指《さ》す
これは立印軌《りついんき》の說《せつ》である、中指《ちうし》は即《すなは》ち火指《くわし》なれば、これを空《くう》の大指《たいし》を以《もつ》て押《お》し世間《せけん》の妄想戯論《もうさうけろん》の火《ひ》を鎭《しづ》むる意《い》である、不動尊《ふどうそん》を表《ひよう》するに獨股《どつこ》を以《もつ》てするは獨《どく》一法界《ほつかい》の標示《ひようじ》にして、大日如來《だいにちにょらい》の教令輪《きようれいりん》の獨《どく》一法界《ほつかい》を表《ひよう》するのである、又《また》この印《いん》は不動尊《ふどうそん》の全本誓《ぜんほんぜい》を現《あら》はす時《とき》に用《もち》ふ

第《だい》二、劍印《けんいん》。内縛印《ないはくいん》

第《だい》三、寶山印《ほうさんいん》。内縛印《ないはくいん》

第《だい》四、頭印《とういん》。二手金剛拳《しゆこんがうけん》にして右《みぎ》を仰《あほ》むけ左《ひだり》を覆《ふ》せ、横《よこ》に相合《あいがつ》す

第《だい》五、身印《しんいん》。内縛《ないはく》して二頭指《とうし》を竪《たて》に合《あは》す

第《だい》六、口印《くいん》。二小指《せうし》を内《うち》に叉《こまぬ》き、二無名指《ひめいし》を以《もつ》て小指《せうし》の叉《こまぬ》きたる間《あひだ》を押《お》し、二中指《ちうし》を竪《たて》に合《あわ》せ、二頭指《とうし》を以《もつ》てその背《せ》を押《お》し、二大指《だいし》は二無名指《むめいし》の甲《かふ》を指《さ》す

第《い》七、心印《しんいん》。大慧刀印《だいえとういん》

第《だい》八、甲印《こういん》。虚心合掌《こしんがつしやう》して二頭指《とうし》の上節《じやうせつ》に附《ふ》し、二無名指《むめいし》を寶形《ほうけい》にして、二小《せう》指《し》二大指《だいし》を散《さん》じ立《た》つ

第《だい》九、獅子奮迅印《ししふんじんいん》。前《まへ》の甲印《こういん》と同《おな》じくして、右《みぎ》の頭指《とうし》だけを直立《ちよくりつ》せしむ

第《だい》十、火焔印《くわえんいん》。左手《ひだりて》を開《ひら》き散《さん》じ、右手《みぎて》を胎拳《たいけん》になし、頭指《とうし》を竪《た》て、大指《だいし》を以《もつ》て餘《よ》の三指《し》の甲《こう》を指《さ》し、頭指《とうし》の頭《かしら》を以《もつ》て左掌《ひだりたなごころ》の中央《ちうあう》を押《お》す

第《だい》十一、火焔輪止印《くわえんりんしいん》。二手金剛拳《しゆこんごうけん》にして、各大指《かくだいし》を頭指《とうし》と中指《ちうし》の間《あひだ》に出《いだ》し、拳《けん》背《せ》を相合《あいがつ》す

第《だい》十二、商佉印《しやうきやいん》。兩手《りやうて》を劍印《けんいん》になし、二中指《ちうし》の頭《かしら》を合《あは》せ、右《みぎ》の頭指《とうし》はその中指《ちうし》の上節《じやうせつ》に附《ふ》し、左《ひだり》の頭指《とうし》は直立《ちよくりつ》せしむ

第《だい》十三、羂索印《けんさくいん》。兩手《りやうて》を金剛拳《こんがうけん》になし、右《みぎ》は頭指《とうし》を堅《た》て、左《ひだり》は頭指《とうし》と大指《たいし》の端《はし》を相合《あいあは》せ、左《ひだり》の掌《たなごころ》を以《もつ》て右《みぎ》の頭指《とうし》を握《にぎ》る、その形《かたち》智拳印《ちけんいん》の如《ごと》し

第《だい》十四、三股金剛印《さんここんがういん》。右《みぎ》の大指《たいし》を以《もつ》て頭指《とうし》の甲《こう》を指《さ》し、中指《ちうし》以下《いか》を散《さん》じ立《た》つ、これ三股《さんこ》杵の形《かたち》である

要《えう》するに印契《いんかい》は、三昧耶形《さんまやがた》即《すなは》ち本尊《ほんぞん》の本誓《ほんぜい》目的《もくてき》標幟《ひようしき》を、具體的《ぐたいてき》に行者《ぎやうじや》または信者《しんじや》の手《て》に表示《ひようじ》して、本尊《ほんぞん》と一致同化《ちどうけ》の意《い》を體驗《たいけん》せんとするのである。

七、不動尊の眞言

眞言《しんごん》は梵語《ぼんご》にて陀羅尼《だらに》と云《い》ふ、陀羅尼《だらに》は惣持《そうぢ》と譯《やく》す、惣持《そうぢ》とは一切《さい》の功徳《くどく》を所持《しよぢ》するといふ意味《いみ》である、一切《さい》の功徳《くどく》を有《いう》する眞實如義《しんじつによぎ》の言《ことば》であるから、單《たん》に眞言《しんごん》としたのである。或《ある》ひは呪《じゆ》といふ、呪《のろひ》とは祈禱《の》るといふこと、また呪咀《のろう》

とて悪《わる》い意味《いみ》の祈禱《きとう》もある、眞言《しんごん》を呪《じゆ》といふときは本尊《ほんぞん》に賴《たの》む意《い》である、或《ある》ひは明《めう》といふ、行者《ぎやうじや》の精神希望《せいしんきばう》を明白《めいはく》に申《まう》し上《あ》ぐる意《い》である、また明呪《めうじゆ》、呪明《じゆめう》、眞言明等《しんごんめうなど》といふ、皆《み》な同意味《どういみ》である。

眞言《しんごん》は單《たん》に本尊《ほんぞん》の名《な》を呼《よ》ぶだけのものもある、南無阿彌陀佛《なむあみだぶつ》と稱《とな》ふれば、南無《なむ》は歸命《きめう》であり、阿彌陀佛《あみだぶつ》は本尊《ほんぞん》の名號《めうごう》であるから、本尊《ほんぞん》の名《な》を呼《よ》んで御賴《おたの》みするといふことになる。大抵《たいてい》の眞言《しんごん》は本尊《ほんぞん》の名《な》とその功德《くどく》とを讃歎《さんたん》して自分《じぶん》の祈《き》願《ぐわん》を成就《じやうじゆ》するやうになつて居《ゐ》る。要《えう》するに祈願文《きぐわんもん》の肝要《かんえう》の點《てん》を摘翠《てきすい》して、明文《めうもん》句《く》に約《やく》したのである、卽《すなは》ち五百字《じ》千字《じ》の長《なが》い文《ぶん》を、三十一文字《もじ》か十七文字《もじ》、五言《ごん》二句《く》十字《じ》か、四句《く》二十字《じ》か、七言《ごん》十四字《じ》か二十八字《じ》に約《やく》して、意義深重《いぎしんちやう》の金《きん》句玉章《くぎよくしやう》としたので　十字內外《じないぐわい》の眞言《しんごん》の中《うち》に、幾十冊《いくさつ》の經文《きやうもん》が含《ふく》まれて居《ゐ》るといつてもよいのである。

不動尊《ふどうそん》の眞言《しんごん》に大《だい》、中《ちう》、小《せう》の三種《しゆ》ある、大眞言《だいしんごん》卽《すなは》ち大呪《たいじゆ》を火界呪《くわかいじゆ》といふ

南莫《なうまく》(歸命《きめう》)薩縛《さらは》(一切《さい》)怛他蘗帝弊《たたぎやてびやく》(如來等《によらいとう》)薩縛目契弊《さらはもけいびやく》(一切門等《さいもんとう》)薩縛他《さらはた》(一切處《さいしよ》)怛羅吒《たらた》(叱呵《しつか》)戰拏《せんた》(暴惡《ばうあく》)摩訶路灑拏《まかろしやた》(大忿怒《だいふんぬ》)欠《けん》(空《くう》)佉呬々々《きやうき〳〵》(噉食《かんじき》〳〵)薩縦尾覲南《さらはびきんなん》(一切障《さいしやう》)吽《うん》(恐怖《きようふ》)怛羅叱《たらた》(吒呵《たくか》)憾鋡《がんまん》(種字《しゆじ》)

これは一切《さい》の如來《によらい》、一切《さい》の法門《はふもん》に歸命《きめう》して、一切處《さいしよ》に於《おい》て煩惱《ぼんなう》の賊《ぞく》を叱咜《しつた》し大忿怒《だいふんぬ》の相《さう》を以《もつ》て暴惡《ばうあく》の輩《はい》を恐怖《きやうふ》せしめ、然《しか》る後《のち》一切障《さいしよう》を除《のぞ》き、一切《さい》の醜惡《しうあく》を噉《くら》ひつくして、安穩《あんのん》を得《え》せしむといふ義《ぎ》である。

次《つぎ》に中呪《ちうじゆ》を慈救呪《じくじゆ》といふ。

南莫《なうまく》(歸命《きめう》)三曼多《さんまんた》(普遍《ふへん》)縛日羅赧《はさらた》(諸金剛《しよこんごう》)戰拏《せんた》(暴惡《ばうあく》)摩訶路灑拏《まかろしやた》(大忿怒《だいふんぬ》)薩《さ》破吒也《はたや》(破壞《はゑ》)吽《うん》(恐怖《きやうふ》)怛羅他《たらた》(堅固《けんご》)憾鋡《がんまん》(種字《しゆじ》)

これは前《まへ》の大呪《だいじゆ》を略《りやく》したもので、如來《によらい》を金剛《こんがう》に代《か》へただけである、金剛《こんがう》は主《しゆ》として不動尊《ふどうそん》を指《さ》したのである、普通《ふつう》はこの中呪《ちうじゆ》を用《もち》ふ。

次《つぎ》に小呪《せうじゆ》は、

南莫《なうまく》(歸命《きみやう》)三曼多《さんまんた》(普遍《ふへん》)縛日羅赧《ばさらたん》(諸金剛《しよこんがう》)憾《かん》(種字《しゆじ》)

これは一切《さい》の金剛《こんがう》即《すなは》ち不動尊《ふどうそん》に歸命《きみやう》し奉《たてまつ》るといふので稱名念佛《しやうみやうねんぶつ》と異《かは》りはない。

八、不動尊の靈驗と修法

不動尊《ふどうそん》を信仰《しんこう》して修法《しうはふ》するに當《あた》り、どういふ事柄《ことがら》を祈禱《きとう》すればよいか、また信仰祈禱《しんかうきとう》すれば、どういふ利益功徳《りやくくどく》があるかといふに全體《ぜんたい》、佛教《ぶつけう》の如來《によらい》といひ菩薩《ぼさつ》と仰《あほ》ぐ尊《そん》に對《たい》しては、餘《あま》り下《くだ》らぬ勝手《かつて》な祈願《きぐわん》をする譯《わけ》にはゆかぬ、主《しゆ》として成道《じやうどう》の出來《でき》るやうに祈念《きねん》すべきであるが、一般《はん》の衆生《しゆじやう》から云《い》へば、成佛《じやうぶつ》するよりは先《ま》づ眼前《げんぜん》の生活《せいくわつ》が安定《あんてい》し、世間的《せけんてき》の希望目的《きばうもくてき》を達《たつ》したいのである、そこで如來《によらい》は世間門《せけんもん》と出世間門《しゆつせけんもん》とを分《わか》ち、明王《みやうわう》や天部《てんぶ》の神々《かみ〴〵》をして、衆生《しゆじやう》の希望《きばう》に應《わう》じて世間《せけん》の福徳《ふくとく》を授《さづ》けしめ、然《しか》る後漸次《のちぜんじ》、出世間的《しゆつせけんてき》に引入《ひきい》れて、佛道《ぶつだう》を成就《じやうじゆ》せしむるやうに工夫《くふう》し、謂《い》はゆる衣食足《いしよくた》つて禮節《れいせつ》を知《し》るといふ順序《じゆんじよ》を立《た》てられたのである。

そこで不動尊《ふどうそん》は先《ま》づ世間的《せけんてき》の祈願《きぐわん》を聞《き》き屆《とゞ》けて下《くだ》さることになつて居《ゐ》る、即《すなは》ち貧乏《びんばふ》な者《もの》は生活《せいくわつ》の安定《あんてい》するやうに、病人《びやうにん》は平癒《へいゆ》して強健《きやうけん》となるやうに、非力《ひりき》なものは強力《ごうりき》を得《う》るやうに、爭闘《さうとう》には勝《か》つやうに、また立身出世《りつしんしゆつせ》するやうにして下《くだ》さる、これ等《ら》を增益祈禱《ぞうやくきとう》といふ。次《つぎ》に人《ひと》から信用《しんよう》せられ、尊敬《そんけい》せられ和《わ》合親睦《がふしんぼく》をするためには敬愛祈禱法《きやうあいきとうはふ》があり。一切《さい》の災難《さいなん》を免《まぬ》がるるためには息災《そくさい》法《はふ》がある。また惡人《あくにん》や怨敵等《をんてきとう》を折伏《しやくぶく》するためには調伏法《ちようぶくはふ》がある。この增益《ぞうやく》、息災《そくさい》敬愛《きやうあい》、調伏《ちやうぶく》を四種法《しゆはふ》といひ、更《さら》に延命法《えんみやうはふ》、召鈎法《せうこうはふ》を加《くは》へて六種《しゆ》といふ。

また祈禱《きとう》の根本法《こんぽんはふ》に、五部法《ぶはふ》三部法《ぶはふ》といふことがある、これは佛道《ぶつどう》を成就《じやうじゆ》する方《はう》の修法《しうはふ》であり、また大《おほ》きな世間的《せけんてき》のことにも應用《おうよう》するのであつて、前《まへ》の四種法《しゆはふ》や六種法《しゆはふ》はこの一部《ぶ》から分派《ぶんは》したものである。

そこで是《こ》れより以下《いか》、順次《じゆんじ》に加持祈禱《かぢきとう》の意義《いぎ》や、五部法《ぶはふ》三部法《ぶはふ》の大要《たいえう》、祈禱《きとう》の準備《じゆんび》、四種法《しゆはふ》の作法等《さはふとう》を解説《かいせつ》するのであるが、眞言密教《しんごんみつきやう》の修法《しうはふ》を本格《ほんかく》に行《おこな》へば、必《かなら》ず護《ご》摩《ま》を焼《た》かねばならぬ、特《とく》に護《ご》摩《ま》といへば、不《ふ》動《どう》護《ご》摩《ま》といふ位《くらゐ》で、不《ふ》動《どう》尊《そん》の祈《き》禱《とう》には護《ご》摩《ま》が大《たい》切《せつ》であるが、護《ご》摩《ま》法《はふ》は意《い》味《み》が深《じん》重《じゆう》であり、その形《けい》式《しき》もなか〳〵面《めん》倒《どう》なものであるから、別《べつ》に一篇《ぺん》を設《まう》けて解《かい》説《せつ》することにしたから、この本《ほん》篇《ぺん》に於《おい》ては不《ふ》動《どう》護《ご》摩《ま》の綱《かう》要《えう》だけを示《しめ》して置《お》く。

九、加持と祈禱

大《だい》日《にち》經《きやう》疏《しよ》に加《か》持《ぢ》の加《か》とは、佛《ぶつ》日《にち》の光《ひかり》が行《ぎやう》者《じや》の心《しん》水《すゐ》に映《えい》ずるを云《い》ひ、持《ぢ》とは行《ぎやう》者《じや》の心《しん》水《すゐ》が能《よ》く佛《ぶつ》日《にち》の光《ひかり》を受《じゆ》持《ぢ》するをいふとある。佛《ほとけ》の力《ちから》とか、大《たい》靈《れい》の力《ちから》とかいふ靈《れい》力《りき》、威《ゐ》力《りき》、妙《めう》力《りき》、即《すなは》ち不《ふ》思《し》議《ぎ》の力《ちから》が、行《ぎやう》者《じや》や信《しん》者《じや》の心《しん》身《しん》の上《うへ》に加《か》被《ひ》するのであるから、これを佛《ほとけ》の加《か》被《ひ》力《りき》といひ、行《ぎやう》者《じや》や信《しん》者《じや》の心《しん》身《しん》には、本《ほん》來《らい》本《ほん》有《ぬ》の力《ちから》があつて、能《よ》く佛《ほとけ》や大《たい》靈《れい》の加《か》被《ひ》力《りき》を受《じゆ》持《ぢ》し、その靈《れい》力《りき》威《ゐ》力《りき》と一致《ち》する作《さ》用《よう》性《せい》能《のう》があるから、これを衆《しゆ》生《じやう》の功《く》德《どく》力《りき》といふのである。

この本《ほん》尊《ぞん》の加《か》被《ひ》力《りき》と、行《ぎやう》者《じや》や信《しん》者《じや》の功《く》德《どく》力《りき》とが、互《たが》ひに投《とう》合《ごう》し融《ゆう》和《わ》したのが即《すなは》ち感應《かんのう》である、謂《い》はゆる加持《かぢ》即感應《そくかんのう》で靈驗《れいけん》が現《あら》はれる、例《たと》へば行者《ぎようじや》が病氣《びやうき》を癒《なほ》してやりたいといふ熱誠《ねつせい》と修法《しうほう》の力《ちから》と、病人《びようにん》が行者《ぎようじや》を信《しん》ずる眞心《まごころ》とが相《あひ》一致《ち》すれば、難病《なんびよう》も忽《たちま》ち平癒《へいゆ》する、即《すなは》ち病人《びようにん》の本有《ほんぬ》の體力《たいりき》と、行者《ぎようじや》の法力《はふりき》が感應《かんのう》して病氣《びようき》といふ假妄《けまう》の錯謬《さくご》が取《と》り拂《はら》はれ、本來《ほんらい》の健康體《けんかうたい》に還元《くわんげん》するのである。

水《みづ》を加持《かぢ》すれば水《みづ》に行者《ぎようじや》の靈力《れいりき》が加被《かひ》して、水《みづ》の力《ちから》が強《つよ》くなり、火《ひ》でも土砂《どしや》でも加持《かぢ》すればその作用《さよう》が強《つよ》くなり、心火《しんくわ》と物火《ぶつくわ》の感應《かんのう》は靈火《れいくわ》を發《はつ》し、土砂《どしや》の性能《せいのう》に活力《くわつりよく》を加《くは》ふれば生動《せいどう》の効能《こうのう》を生起《せいき》するのである。

この加持《かぢ》には他人《たにん》や他物《たぶつ》を加持《かぢ》するのと、自分《じぶん》で自分《じぶん》を加持《かぢ》するのとがあるこの自己加持《じこかぢ》は成佛《じようぶつ》の上《うへ》にも、また世渡《よわた》りについても極《きは》めて肝要《かんえう》である、何人《なんぴと》も常《つね》に自己《じこ》を加持《かぢ》して、信仰《しんこう》する本尊《ほんぞん》と一致同體《ちどうたい》ならしめ、大《おほ》いに靈力威力《れいりきゐりき》を發揮《はつき》すべきである、更《さら》に又《また》この加持《かぢ》は遠隔《ゑんかく》の地《ち》に在《あ》る者《もの》に對《たい》しても感應《かんのう》に異《かは》りはなく、或《ある》ひは相手《あひて》が國家《こくか》や社會《しやくわい》とか、或《ある》ひは相手《あいく》が承知《しようち》して居《ゐ》ると否《いな》とに關《かゝ》はらず、その効果《こうくわ》は同一《どう》であり必然《ひつぜん》である、國家《こくか》社會《しやくわい》を安穩《あんのん》ならしめたいと加持《かぢ》すれば何時《いつ》かは、何《ど》の方面《はうめん》にか、その功徳《くどく》が現《あら》はれて國利《こくり》民福《みんぷく》となるのである。

次《つぎ》に祈禱《きとう》とは、日本固有《につぽんこいう》の詞《ことば》ではイノルといふ、イは忌《い》みにて、清淨潔齋《しやうじやうけつさい》のこと、ノルは宣《の》る即《すなは》ち申《まう》し述《の》ぶること、自分《じぶん》の心身《しんしん》を清淨《しやうじやう》にして御願《おねが》ひするのがイノルである、自分以上《じぶんいじやう》の强大《きやうだい》な力《ちから》を有《も》つて居《ゐ》る者《もの》、即《すなは》ち神佛等《しんぶつとう》に對《たい》し、禮儀《れいぎ》正《たゞ》しく眞面目《しんめんもく》に請願《せいぐわん》するのを祈禱《きとう》といふ。

斯《か》く祈禱《きとう》は御願《おねが》ひし、御賴《おたの》みするのであるから、効果《こうくわ》があつたれば固《もと》よりのこと、効果《こうくわ》がないとしても報賽《はうさい》即《すなは》ち御禮《おれい》の手數《てすう》を捧《さゝ》げねばならぬ、それは人間《にんげん》同志《どうし》でも同《おな》じことである、また祈禱《きとう》には誓約《せいやく》を立《た》てることも必要《ひつえう》である、自分《じぶん》の願《ねが》ひの屆《とゞ》くまでは、酒《さけ》を止《や》めるとか、煙草《たばこ》を止《や》めるとか、また願《ねが》ひが屆《とゞ》けば一生涯《しやうがい》かく／＼するとか、靈驗《れいけん》のあつた場合《ばあひ》は、斯《か》ういふ御禮《おれい》をするとかいふやうに、一《ひと》つの交換條件《かうくわんでうけん》を定《さだ》めることが大切《たいせつ》である。

祈禱《きとう》にも加持《かぢ》と同《おな》じく遠方《ゑんはう》の祈禱《きとう》、他人《たにん》のための祈禱《きとう》、自己祈禱《じこきとう》などがある加持《かぢ》も祈禱《きとう》もその根本義《こんほんぎ》は同《どう》一であつて何等異《なんらかわ》りはない、そしてこれは神主《かんぬし》とか僧侶《そうりよ》とか行者《ぎやうじや》といふに限《かぎ》つたことではない、誰《たれ》でも信心至誠《しんじんしじよう》を以《もつ》て、如法《によはふ》に行《おこな》へば、必《かなら》ず効驗《こうけん》がある、併《しか》し常人《じやうにん》は自己加持《じこかぢ》、自己祈禱《じこきとう》だけに止《とゞ》め、奉仕《ほうし》、人助《ひとだす》けのこと以外《いぐわい》には他人《たにん》のために行《おこな》ふてはならぬ、また如法《によはふ》といつても必《かなら》ずしも煩瑣《はんさ》な形式《けいしき》に拘泥《こうでい》する必要《ひつえう》はない、信力《しんりき》が強《つよ》くさへあれば、單《たん》に眞言《しんごん》を唱《とな》ふるだけにても効果《こうくわ》は現《あら》はれるものである。

一〇、佛凡同體、三力具足

眞言密教《しんごんみつきよう》では三密《みつ》といふことをいふ、三密《みつ》とは身密《しんみつ》、口密《くみつ》(又《また》は語密《ごみつ》)意密《いみつ》である。身密《しんみつ》は本尊《ほんぞん》とする佛《ほとけ》の印《いん》を結《むす》ぶこと、口密《くみつ》とは本尊《ほんぞん》の眞言《しんごん》を誦《じゆ》すること意密《いみつ》とは本尊《ほんぞん》と同體《どうたい》なりと念《ねん》ずること、なぜ密《みつ》といふかとなれば、普通人間《ふつうにんげん》の爲《な》す身口意《しんくい》の作用《さよう》と違《ちが》ひ、佛《ほとけ》の所作《しよさ》と同《おな》じことをするのであるから、秘密《ひみつ》でもあり、深秘《じんぴ》でもあり、容易《ようい》に分《わか》りにくいから密《みつ》といひ、一般凡夫《はんぼんぷ》の行《おこな》ふのは身《しん》口意《くい》の三業《ごう》といつて、密《みつ》とは云《い》はず、業《ごう》といふのである。

さて行者《ぎようじや》が本尊《ほんぞん》に向《むか》つて端座《たんざ》し、手《て》に印《いん》を結《むす》び、口《くち》に眞言《しんごん》を誦《とな》へ、意《こころ》に本尊《ほんぞん》を念《ねん》ずれば、本尊《ほんぞん》の三密《みつ》と行者《ぎようじや》の三業《ごう》(三密《みつ》)とが、互《たが》ひに平等融和《びようどうゆうわ》するから、これを三三平等《びようどう》といひ、佛凡同體《ぶつぼんどうたい》といふ。又《また》かくしていよ／＼進《すゝ》めば、本尊《ほんぞん》が我《われ》に入《い》り、我《わ》れがまた本尊《ほんぞん》に入《い》り、本尊《ほんぞん》と行者《ぎようじや》とが一體《たい》となる、これを入我《にうが》、我入《がにう》といふ。卽《すなは》ち行者《ぎようじや》が本尊《ほんそん》の內《うち》に這入《はい》つて、行者《ぎようじや》の姿《すがた》が消《き》え、本尊《ほんぞん》だけになることもあれば、また本尊《ほんぞん》が消《き》えて行者《ぎようじや》だけになつたり、或《ある》ひは本尊《ほんぞん》が行者《ぎようじや》に變化《へんげ》して行者《ぎようじや》が二人《にん》になつたり、また行者《ぎようじや》が本尊《ほんぞん》に變化《へんげ》して、本尊《ほんぞん》が二體《たい》になるといふやうな不思議《ふしぎ》なこともある、それは新義眞言宗《しんぎしんごんしう》の宗祖《しうそ》興教大師《こうきようだいし》が不動《ふどう》尊《そん》の定《じよう》に入《い》つて、不動尊《ふどうそん》になつたことや、その他《た》いろ／＼傳說《でんせつ》がある、これは哲理上《せつりじよう》、不合理《ふごうり》ではなく、萬物《はんぶつ》悉《ことごと》く一大原理《だいげんり》、一大實體《だいじつたい》より顯現《けんげん》せるものであつて、共通點《きようつうてん》があるから互《たが》ひに融通《ゆうづう》が出來《でき》ることになる。從《したが》つて木佛《きぶつ》金佛《かなぶつ》、謂《い》はゆる偶像《ぐうざう》でも、實際《じつさい》、金《きん》ではないが金《きん》の代用《だいよう》として、兌換紙幣《だくわんしへい》が通用《つうよう》し、便利《べんり》に何《なん》でも買《か》へるやうに、代用的効果《だいようてきこうくわ》があるといふことになる。

次《つぎ》に大日經《だいにちきよう》やその疏《しよ》に、我《わ》が功徳力《くどくりき》を以《もつ》ての故《ゆゑ》に、如來《によらい》の加被力《かひりき》を以《もつ》ての故《ゆゑ》に、法界力《ほつかいりき》を以《もつ》ての故《ゆゑ》に、この三緣合《えんがつ》するを以《もつ》ての故《ゆゑ》に、能《よ》く不思議《ふしぎ》の業用《ごうよう》を爲《な》すと云《い》つてある。功徳力《くどくりき》、加被力《かひりき》、法界力《ほつかいりき》これを三力《りき》といふ、この三力《りき》が具足《ぐそく》すれば、どんな事《こと》でも出來《でき》る。例《たと》へば學生《がくせい》の勉強力《べんきようりよく》が我《わ》が功徳力《くどくりき》。教師《きようし》の教《をし》へが如來《によらい》の加被力《かひりき》。父兄社會《ふけいしやくわい》の後援保護《こうえんほご》が法界力《ほつかいりき》。自分《じぶん》の勉強《べんきよう》、教師《きようし》、父兄《ふけい》の三力《りき》が具足《ぐそく》して卒業《そつげふ》が出來《でき》、學者《がくしや》になれる。病人《びようにん》と醫者《いしや》と看護者《かんごしや》この三力《りき》が一致《ち》すれば病氣《びようき》は早《はや》く平癒《へいゆ》する、自力《じりき》だけでも不足《ふそく》、他力《たりき》と自力《じりき》と二つだけでも不足《ふそく》、社會國家《しやくわいこくか》一般的《はんてき》背後《はいご》の力《ちから》、即《すなは》ち法界力《ほつかいりき》が伴《とも》なはねば、萬事《はんじ》圓滿《ゑんまん》に迅速《じんそく》に成就《じようじゆ》しない、佛道《ぶつどう》を成《じよう》ずるには特《とく》にこの三力《りき》具足《ぐそく》が肝心《かんじん》である、また加持祈禱《かぢきとう》にはこの三力《りき》が具足《ぐそく》せねば更《さら》に効果《こうくわ》が現《あら》はれぬ、即《すなは》ち本尊《はんぞん》の靈力《れいりき》、行者《ぎようじや》の修法《しうはふ》力《りき》、信者依頼者《しんじやいらいしや》の熱誠《ねつせい》なる信力《しんりき》、この三つが一致《ち》すれば必《かなら》ず不思議《ふしぎ》の靈驗《れいけん》が現《あら》はれるのである。

二、祈禱の支度物と法器

祈禱《きとう》に要《えう》する支度物《したくもの》は、第《だい》一に本尊《ほんぞん》と經文《きやうもん》であるが、それは祈禱《きとう》の種類《しゆるゐ》によつてお經《きやう》を代《か》ゆることもあり、また本尊《ほんぞん》を異《こと》にする場合《ばあひ》もあるが、以下《いか》大要《たいえう》の物《もの》を記《しる》す。

一、曼荼羅《まんだら》。これは後《のち》に説《と》く金剛界胎藏界《こんがうかいたいざうかい》の掛物《かけもの》である。祈禱修法壇《きとうしうはふだん》、これは別《べつ》に造《つく》り方《かた》を説《と》く。壇具《だんぐ》、二十種物《しゆもつ》。供養物《くようもつ》。相應物《さうおうもつ》。燒料《せうれう》。加持物《かぢもつ》。雜具《ざつぐ》この内《うち》の二十種物《しゆもつ》とは、五寶《ほう》、五香《かう》、五藥《やく》、五穀《こく》の四五、二十である。

二、五寶《ほう》。これは金《きん》、銀《ぎん》、瑠璃《るり》、眞珠《しんじゆ》、琥珀《こはく》である、これで一切《さい》の寶《たから》を代表《だいへう》することになる、五香《こう》は沈香《ちんこう》、白檀《びやくだん》、丁字《ちようじ》、鬱金《うこん》、龍腦《りうなう》、これ亦《ま》た一切香《さいこう》の代《だい》表《ひよう》である。五藥《やく》は赤箭《せきせん》、人蔘《にんじん》、茯苓《ふくりよう》、石菖蒲《せきしようぶ》、天門冬《てんもんとう》にて一切《さい》の藥《くすり》を總《す》べ、五穀《こく》は稻《いね》、大麥《おほむぎ》、小麥《こむぎ》、小豆《あづき》、胡麻《ごま》である。この二十種《しゆ》を各々《おのおの》五瓶《へい》卽《すなは》ち二十瓶《へい》に入《い》れて供養《くよう》するのである。寶《たから》は無上最尊《なじようさいそん》の意《こころ》を表《へう》し、灌頂《かんちよう》または祈禱《きとう》の時《とき》に用《もち》ふ、香《かう》は不淨《ふじよう》を拂《はら》ふもの、藥《くすり》は消災《せうさい》の義《ぎ》、穀《こく》は一切《さい》種子《しゆじ》の代表《だいへう》、いづれも灌頂《かんちよう》、修法《しうはふ》、祈禱《きとう》に用《もち》ふ。

三、供養物《くようもつ》。これは百種供養《しゆくよう》、六十種供養《しゆくよう》、二十種供養《しゆくよう》、十種供養《しゆくよう》、八種供養《しゆくよう》六種供養《しゆくよう》の別《べつ》がある、六種《しゆ》は、閼伽《あか》、塗香《づこう》、華鬘《けまん》、燒香《しようこう》、飯食《はんじき》、燈明《とうめう》。これは布施《ふせ》、持戒《ぢかい》、忍辱《にんにく》、禪定《ぜんじよう》、般若《はんにや》、精進《せうじん》の六度《ど》に擬《ぎ》したものである、普通《ふつう》は六種供養《しゆくよう》でよい。

四、相應物《そうおうもつ》。これは增益祈禱《ぞうやくきとう》には柚子《ゆず》を用《もち》ふ、是《こ》れ氣力增長《きりよくぞうちよう》の義《ぎ》である、また延命修法《えんめいしうはふ》には仙藥《せんやく》を用《もち》ふといふが如《ごと》し。

次《つぎ》に修法祈禱《しうはふきとう》に用《もち》ふる秘密《ひみつ》の法器《はふき》と稱《しよう》するものは、大要左《たいえうさ》の如《ごと》くである。

大日經《だいにちきやう》には、金篦《きんぺい》、明鏡《めいきやう》、輪《りん》、法螺《はふら》
念誦經《ねんじゆきやう》には、輪《りん》を除《のぞ》き五股杵《こきは》を加《くは》ふ
又《また》一切《さい》の法器《はふき》を列記《れつき》すれば、
寶冠《はうくわん》、金剛杵《こんがうきは》、寶劔《はうけん》、弓箭《きうせん》、鈴《すゞ》、念珠《ねんじゆ》、寶捧《はうぼう》、寶戟《はうげき》、輪《りん》、明鏡《めいきやう》、瓶《かめ》、法螺《はふら》
柄香爐《えかうろ》、磬《けい》、散杖《さんじやう》、寶扇《はうせん》、金篦《きんぺい》、塗香《づかう》、白拂《ほつす》等《とう》とす
寶冠《はうくわん》は諸佛《しよぶつ》の冠《かんむり》、灌頂《かんちやう》のとき受者《じゆしや》に冠《かぶ》らしむ。金剛杵《こんがうきは》は自體堅固《じたいけんご》にして他《た》を摧破《さいは》す、種類《しゆるゐ》多《おほ》く各々《おの〳〵》その用《よう》を異《こと》にす。寶劔《はうけん》には利劔《りけん》と寶劔《はうけん》との別《べつ》あり、製作《せいさく》も異《こと》なれり。不動尊《ふどうそん》の調伏《てうぶく》、文殊菩薩《もんじゆぼさつ》の戯論《けろん》を斷《た》つ等《など》の意《こゝろ》を示《しめ》す。弓箭《きうせん》は惡魔《あくま》降伏用《ごうぶくよう》、愛染明王《あいぜんみやうわう》等《など》の標示《へうじ》。鈴《すゞ》は本尊《ほんぞん》を歡喜《くわんき》せしめ、また驚覺《きやうかく》せしむ、五種《しゆ》の鈴《すゞ》がある。念珠《ねんじゆ》は珠數《じゆず》にて、その百八顆《くわ》は百八煩惱《ぼんなう》と百八尊《そん》を示《しめ》し、母珠《ぼじゆ》は彌《み》陀《だ》、糸《いと》は觀音《くわんのん》、寶棒《はうぼう》は毘沙門天《びしやもんてん》の持物《もちもの》、寶戟《はうげき》や杵《きね》と同《どう》一義《ぎ》。輪《りん》は轉輪聖王《てんりんじやうわう》に象《かた》どり、成道《じやうどう》して法輪《はふりん》を轉《てん》ずるの意《い》。明鏡《めいきやう》は理智不二《りちふじ》、正覺《しやうかく》の證《しやう》。瓶《かめ》は水《すゐ》を盛《も》る

灌頂用《かんちようよう》の重器《ぢうき》。法螺《はふら》は正覺《しようかく》の證《しよう》と警悟《けいご》降伏《ごうぶく》の表示《へうじ》　磬《けい》も亦《ま》た同《おな》じ。柄《ゑ》香爐《こうろ》や散《さん》杖《じよう》は式上《しきじよう》の要器《えうき》。寶扇《ほうせん》は風天長養《ふうてんちようよう》の義《ぎ》を表《ひよう》し、金篦《きんぺい》は心眼《しんげん》を開《ひら》かしむるため、白拂《ほつす》は塵垢《ぢんく》を拂《はら》ふため、犛牛《りぎう》の毛《け》を以《もつ》て製《せい》す。この他《た》、臂釧《ひくん》、指環《ゆびわ》、珠鬘《しゆまん》等《とう》を要《えう》することもある。

密教《みつきよう》の法器《はふき》として尤《もつと》も重要《ぢうえう》なる金剛杵《こんがうきね》には、獨股杵《どつこきね》、三股杵《こきね》、寶杵《たからきね》、五股杵《こきね》蓮華杵《れんげきね》、塔杵《たふきね》、羯磨杵等《かつまきねとう》がある。

二、祈禱の秘密法壇

壇《だん》は土《つち》を積《つ》み場《じよう》を平《たひ》らにした處《ところ》であるから、平等《びようどう》の義《ぎ》を有《いう》し、本尊《ほんぞん》その他《た》の諸尊《しよそん》が壇上《だんじよう》に集合《しふごふ》する故《ゆゑ》、輪圓具足《りんゑんぐそく》の曼荼羅《まんだら》となるのである。諸經《しよきよう》に造壇《ざうだん》には先《ま》づ擇地《たくち》が肝要《かんえう》である。諸佛說法《しよぶつせつはふ》の勝處《しようしよ》、山林寂靜《さんりんじやくじよう》にして華菓《けくわ》多《おほ》き好地《かうち》、山頂《さんちよう》絕景《ぜつけい》、又《また》は淸流《せいりう》の河邊《かへん》、龍池《りうち》等《とう》、或《ある》ひは麋鹿《びろく》等《とう》の良獸名鳥《りようじうめいてう》群居《ぐんこ》の山林《さんりん》、寺院塔《じゐんたふ》廟《べう》の所在地《しよざいち》を擇《えら》び、法壇建立《はふだんこんりふ》の地《ち》となすを法《はふ》とする。

相地《そうち》が終《をは》れば、その地中《ちちう》の穢《ゑ》惡瓦石等《あくぐいしやくとう》を除去《ぢよきよ》し、地鎭《ちちん》の法《はふ》を修《しう》し、五寶等《ほうとう》を埋《うづ》め、五穀《こく》の粥《かゆ》二桶《おけ》を加持《ぢ》して、壇外《だんげ》と墻外《しようげ》とに沃《そゝ》ぎ、地主《ちしゆ》の神《かみ》に地《ち》を乞《こ》ひ受《う》け然《しか》る後《のち》、造壇《ざうだん》するのである。

壇《だん》には、大壇《たいだん》、四種壇《しゆだん》、聖天壇《しようてんだん》、十二天壇《てんだん》、神供壇《しんくだん》、一日事業《じつじごう》の水壇等《すいだんとう》あり又《また》七月作壇《ぐわつさだん》とて、灌頂川《くわんちようよう》のものあり、金胎兩部《こんたいりやうぶ》に分《わか》つてある。

大壇《たいだん》は兩部《りやうぶ》の灌頂壇《くわんちようだん》であるが、大法《たいほう》の時《とき》には護摩《ごま》壇《だん》や聖天壇等《しようてんだんとう》に對《たい》するものである。その形《かたち》は方形《はうけい》にて、阿字菩提心《あじぼだいしん》の大地《たいち》を表《あらは》し　四方面《はうめん》に蓮華《れんげ》を彫刻《てうこく》したるものと、單《たん》に四角《かく》なるものとある。華形壇《けぎやうだん》の十六葉《えう》は十六大菩薩《だいぼさつ》、四波羅《はら》密《みつ》、四攝等《せつとう》の十七大菩薩《だいぼさつ》を表《あらは》し、中間《ちうかん》の五色線《しきせん》は、五智《ち》三十七尊《そん》、四方《はう》四智《ち》を綜合《そうごう》して、法界體性智《ほつかいたいしようち》に歸《き》入《にう》する義《ぎ》を含《ふく》む。

この大壇《たいだん》の莊嚴《せうごん》は、四面器《めんき》、五色佛供《しきぶつく》、五種鈴《しゆれい》、三種《しゆ》の金剛杵《こんごうきね》、五瓶《へい》、輪《りん》、羯磨《かつま》、四橛《けつ》、四燈《とう》、金剛線《こんがうせん》を具《そな》ふるものとし、壇敷《だんふ》を爲《な》し、四肘《ひじ》以上《いじよう》の壇《だん》とす。

四種壇《しゆだん》とは、息災法《そくさいはふ》の祈禱《きとう》には、圓壇《ゑんだん》、增益祈禱《ぞうやくきとう》には方壇《はうだん》、敬愛祈禱《きやうあいきとう》には蓮華壇《れんげだん》、降伏《こうぶく》(調伏《てうぶく》)祈禱《きとう》には三角壇《かくだん》、鈎召祈禱《こうしようきとう》には半月壇《はんげつだん》を建立《こんりう》すべきものとす

また本尊《ほんぞん》が白色《はくしよく》なれば圓壇《ゑんだん》にして水輪《すいりん》を觀《くわん》じ、本尊《ほんぞん》が黃色《こうしよく》なれば方壇《はうだん》にして地《ち》觀《くわん》を修《しう》し、若《も》し本尊《ほんぞん》が赤色《せきしよく》なれば三角壇《かくだん》にして火輪《くわりん》を觀《くわん》じ、青色《せいしよく》なれば半月壇《はんげつだん》にして風輪《ふうりん》を觀《くわん》ずるものとす。

この各壇《かくだん》の造法《ざうはふ》、高低《かうてい》、大小《だいせう》、廣狹《こうけふ》や、作《つく》る時期《じき》等《など》がある、また壇上障礙《だんじやうしやうげ》といつて、魔事《まじ》の起《おこ》ることがある、これは行者《ぎやうじや》の妄念《まうねん》、又《また》は身體《しんたい》不淨《ふじやう》より來《きた》るものが多《おほ》いから、大《おほ》いに反省愼勤《はんせいしんごん》し、法《はふ》によつてその魔《ま》を防《ふせ》がねばならぬ。

また水壇《すゐだん》といふのは、實《じつ》は土壇《どだん》と木壇《もくだん》であるが、木壇《もくだん》は一日事業《にちじごう》のために用《もち》ふること多《おほ》く、水壇《すいだん》といつたのは水《みづ》の平《たひ》らかなるに喩《たと》へたので、灑水《れいすゐ》にて淨《きよ》めるからである、これを造《つく》るのは日月《じつげつ》の時節《じせつ》を擇《えら》ぶ必要《ひつえう》なく、淨地《じやうち》を求《もと》め、平正《へいせい》の地面《ぢめん》を造《つく》り、塗香《づかう》を以《もつ》てその地面《ぢめん》の上《うへ》に塗《ぬ》り、四角《よすみ》に標《くひ》を立《た》てて記《しるし》となすべ

し。これは急病《きふびやう》とか、兵亂《へいらん》とかに當《あた》り、俄《にはか》に家宅《かたく》の內《うち》に建壇《けんだん》してもよい、卽《すなは》ち水壇《すいだん》は臨時《りんじ》に急用《きふよう》の際造《さいつく》るものとする。尤《もつと》も自己祈禱《じこきとう》の時《とき》は强《し》ひて正式《せいしき》の造壇《ざうだん》でなくとも、その觀念《くわんねん》を以《もつ》て修行祈禱《しゆぎやうきとう》すればよろしい。

一三、金剛界と胎藏界

眞言密教《しんごんみつきやう》には、金剛界《こんがうかい》の曼荼羅《まんだら》、胎藏界《たいぞうかい》の曼荼羅《まんだら》といふがあり、それを合《あは》せて金胎兩部《こんたいりやうぶ》といふ。曼荼羅《まんだら》とは梵語《ぼんご》にて輪圓具足《りんゑんぐそく》と譯《やく》す、卽《すなは》ち宇宙萬有《うちうばんいう》の一切《さい》が具備《ぐび》して居《ゐ》るといふのである、そして胎藏界《たいぞうかい》の方《はう》は衆生凡夫《しゆじやうぼんぷ》の側《がは》より見《み》たるもので、凡夫《ぼんぷ》にも鬼畜《きちく》にも佛性佛智《ぶつしやうぶつち》を備《そな》へては居《ゐ》るが、それがいまだ現《あら》はれずして內《うち》に胎孕《こも》つて居《ゐ》るから胎藏界《たいぞうかい》といひ、胎藏界《たいぞうかい》の曼荼羅《まんだら》といふ掛繪《かけゑ》には、中《ちう》央《あう》に大日如來《だいにちによらい》があつて、その周圍《しうゐ》に十三大院《だいゐん》、又《また》は十二大院《だいゐん》ありて、多《おほ》くの諸《しよ》尊《そん》が住《じう》し、鬼畜《きちく》もありて、宇宙萬有《うちうばんいう》の森羅《しんら》たる實狀《じつじやう》を示《しめ》してある。また金剛界《こんがうかい》を九會《ゑ》に分《わか》ち、大日如來《だいにちによらい》は上方《じやうはう》に住《じう》す。胎界《たいかい》の大日《だいにち》は未《いま》だ修練作動《しうれんさどう》を開始《かいし》せぬから中《なか》にこもり、金界《こんかい》の大日《だいにち》は既《すで》に佛智《ぶつち》を開顯《かいけん》せるゆゑ上方《じやうはう》に立《た》ち、九會《ゑ》は皆《み》な佛智《ぶつち》の作動《さどう》する有樣《ありさま》を表示《ひようじ》したものである。

大日《だいにち》如來《にょらい》を吾人《ごじん》の精神《せいしん》とすれば、胎界《たいかい》の方《はう》は未《いま》だ修行《しゆぎやう》せぬ子供《こども》や未熟者《みじゆくもの》の心《しん》能力《のうりよく》と同《おな》じく、金界《こんかい》の方《はう》は學者《がくしや》大智《たいち》の大能力《だいのうりよく》に等《ひと》しきものである。故《ゆゑ》に金剛界《こんがうかい》胎藏界《たいぞうかい》と二部《ぶ》に分《わ》けても、物《もの》が二つあるのではなく、一物《ぶつ》の表裏《へうり》とか内外《ないげ》といふべきものであつて、内《うち》に在《あ》るのは胎《たい》、それが外《そと》に働《はたら》けば金《こん》。不智不能《ふちふのう》は胎《たい》、それが修練《しうれん》して有智有能《ゆうちゆうのう》となれば金剛界《こんがうかい》であるが、人間《にんげん》たることは同《どう》一人間《にんげん》である、それで金胎兩部不二《こんたいりようぶふじ》といひ、二にして二ならず等《など》といつてある。要《えう》するに胎藏界《たいぞうかい》は凡夫《ぼんぶ》の境界《きやうかい》、金剛界《こんがうかい》は佛《ほとけ》の境界《きやうかい》であるが、佛《ほとけ》と凡夫《ぼんぶ》は本來《ほんらい》二つある別物《べつもの》ではなく、凡夫《ぼんぶ》の中《なか》にも佛《ほとけ》が具《そな》はり、佛《ほとけ》の裏《うら》には凡夫《ぼんぶ》がある、凡夫《ぼんぶ》の中《なか》にある佛智《ぶつち》を開發《かいはつ》してゆけば、何《なに》ものも金剛界《こんがうかい》五智《ち》如來《にょらい》の如《ごと》く、大作用《だいさよう》を起《おこ》し得《う》るといふ次第《しだい》を圖繪《づゑ》に例示《れいじ》したものが金胎兩部《こんたいりうぶ》の大曼荼羅《だいまんだら》である、智慧《ちゑ》作用《さよう》より別《わか》てば兩部《りやうぶ》となるが、その本體《ほんたい》は一つであるから、兩部《りやうぶ》不《ふ》二《じ》致《ち》一であり、表《ひやう》裏關係《りくわんけい》に外《ほか》ならぬのである。

一四、五部法と三部法

金剛界《こんがうかい》を五部《ぶ》に分《わか》ち、その各部《かくぶ》をそれ〴〵目標《もくへう》として修法《しゆほふ》し祈禱《きとう》するのが五部法《ぶはう》である、五部《ぶ》とは、

一、佛部《ぶつぶ》。これは大寂靜《だいじやくじやう》の德《とく》、大日如來《だいにちによらい》の法界《ほつかい》に週遍《しうへん》し給《たま》へる偉大《ゐだい》なる作用《さよう》の總稱《そうしよう》である、弘法大師《こうぼうだいし》の著秘藏記《ちよひぞうき》に曰《いは》く、斯《こ》の理《り》、斯《こ》の智《ち》、凡位《ぼんゐ》には未《いま》だ現《あら》はれず、理智具足《りちぐそく》して、覺道圓滿《かくどうゑんまん》なるを佛部《ぶつぶ》と名《な》づくと。これは成道《じやうどう》の對象《たいしやう》とするのである。

二、金剛部《こんがうぶ》。堅固《けんご》の德《とく》、東方阿閦如來《とうはうあしゆくによらい》の不動不壞《ふどうふゑ》の妙用《みようよう》を指《さ》したるもの、不動《ふどう》明王祈禱《みやうわうきとう》の對象《たいしやう》である。

三、寶部《ほうぶ》。福聚《ふくじゆ》の德《とく》、南方寶生如來《なんぽうほうじやうによらい》の不二平等《ふじびやうどう》の妙用《みようこう》である、增益祈禱《ぞうやくきとう》の對象《たいしやう》

である。

四、蓮華部《れんげぶ》。清淨《しようじよう》の德《とく》、西方無量壽佛《さいはうむりようじゆぶつ》（阿彌陀如來《あみだによらい》）の說法斷疑《せつぽふだんぎ》して、本淨無垢《ほんじようむく》の菩提心《ぼだいしん》を顯現《けんげん》する妙用《みようよう》である、往生安樂《わうじようあんらく》を希《ねが》ふ對象《たいしよう》である。

五、羯磨部《かつまぶ》。作業《さごう》の德《とく》、北方不空成就佛《ほうはうふくうじようじゆぶつ》（釋迦如來《しやかによらい》）の所作成辨《しよさじようべん》の德《とく》である、これは一切《さい》の事業《じごう》に關《くわん》する對象《たいしよう》である。

以上《いじよう》の五部《ぶ》の祈禱修法《きとうしうほう》は、則《すなは》ち五智《ち》五佛《ぶつ》の內證《ないしよう》であつて、各自《かくじ》の希望目的《きはうもくてき》の異《こと》なるに從《したが》ひ、それに相當《そうたう》せる各部《かくぶ》を主尊《しゆそん》として祈禱《きとう》するものとする。

次《つぎ》に胎藏界《たいぞうかい》にて三部《ぶ》を建立《こんりう》し、金剛界《こんごうかい》の五部《ぶ》と對立《たいりつ》してあるが、未《いま》だ佛智開《ぶつちかい》顯《けん》せぬゆゑ、內在《ないざい》の佛性《ぶつしよう》を佛部《ぶつぶ》とし、寶部《ほうぶ》と羯磨《かつま》の事業《じごう》には到達《たうたつ》せぬゆゑ、これを省《はぶ》き三部《ぶ》としたのである。

一、佛部《ぶつぶ》。佛教各宗《ぶつきようかくしう》の顯教《けんぎよう》では、煩惱《ぼんのう》を斷《だん》じ終《をは》りて成佛《じようぶつ》するのであるが、密教《みつきよう》では煩惱《ぼんのう》を斷《だん》ぜずして涅槃《ねはん》に入《い》ることが出來《でき》るものと爲《な》し、衆生《しゆじよう》の本有《ほんぬ》の心《こころ》に佛《ほとけ》と同《どう》一の覺的能力《かくてきのうりよく》があるから、この可能性《かのうせい》を指《さ》して佛部《ぶつぶ》と爲《な》し、本能覺《ほんのうかく》性開發《しようかいはつ》を目的《もくてき》として修法祈禱《しうほうきとう》する對象《たいしよう》である。

二、蓮華部《れんげぶ》。これは清淨《しようじよう》、莊嚴《さうごん》、能藏《のうぞう》の三意《い》を有《ゆう》し、蓮《はちす》の泥《どろ》より出《い》でて泥《どろ》に染《そ》まざる本有清淨《ほんぬしようじよう》の德《とく》あることを示《しめ》して、その顯現《けんげん》に努《つと》めしむるためである。

三、金剛部《こんがうぶ》。如來實相《によらいじつさう》の智《ち》に、堅固《けんご》と不壞《ふゑ》の二德《とく》あることを示《しめ》したるもの。

胎藏界《たいざうかい》の三部《ぶ》は、本有覺性《ほんぬかくしよう》の開發《かいはつ》を目的《もくてき》とし、金剛界《こんがうかい》の五部《ぶ》は、既《すで》に成就《じようじゆ》せる作用《さよう》を對象《たいしよう》として、各自《かくじ》の成道《じようどう》を指導《しどう》するのである。而《しか》してまた胎藏界《たいざうかい》の佛《ぶつ》部《ぶ》は寶部《ほうぶ》と羯磨部《かつまぶ》を包容《ほうよう》し、これを開發《かいはつ》すれば佛《ぶつ》、寶《ほう》、羯《かつ》の各部《かくぶ》の作用《さよう》を爲《な》し得《う》るのである、更《さら》に寶部《ほうぶ》を金剛部《こんがうぶ》に攝《せつ》し、羯磨部《かつまぶ》を蓮華部《れんげぶ》に含《ふく》ませても差支《さしつか》へはない殊《こと》に各部《かくぶ》に他《た》の各部《かくぶ》を交互《かうご》に包攝《ほうせつ》するものと見《み》ても宜《よろ》しいのである。

佛部《ぶつぶ》は息災法《そくさいはふ》、蓮華部《れんげぶ》は觀音部《くわんのんぶ》として增益法《ぞうやくはふ》、金剛部《こんがうぶ》は調伏祈禱《ちようぶくきとう》の對象《たいしよう》とするを常《つね》とし、更《さら》にこれを人身《にんしん》に比例《ひれい》すれば、腋《わき》より頂《いたゞき》を上《うへ》として佛部《ぶつぶ》に配《はい》し、腋《わき》より臍《ほぞ》までを中《なか》として蓮華部《れんげぶ》に配《はい》し、臍以下《ほぞいか》を下《しも》として金剛部《こんがうぶ》に配《はい》し、三部《ぶ》布字觀《ふじくわん》、及《およ》び六供養《くやう》の悉地成就《しつぢじやうじゆ》の上中下《じやうちうげ》に應用《おうよう》する秘義《ひぎ》あり。要《えう》するに五部《ぶ》三部法《ぶほう》は一切修法《さいしうはふ》祈禱《きとう》の源泉《げんせん》であるから、能《よ》くその理《り》を會得《ゑとく》して、然《しか》る後《のち》に一切《さい》の威儀《いぎ》、作法《さほう》、祈念《きねん》を爲《な》すべきものとするのである。

一五、息災祈禱の樣式

息災《そくさい》の祈禱《きとう》とは、病氣《びやうき》平癒《へいゆ》を始《はじ》めとして一切《さい》の災難《さいなん》不幸《ふかう》不運《ふうん》を免《まぬ》がれやうとするのである、その祈禱《きとう》をなすには先《ま》づ息災《そくさい》の曼荼羅《まんだら》とて、息災《そくさい》に關《くわん》する諸尊《しよそん》の圖繪《づゑ》を製作《せいさく》せねばならぬ、その法《はふ》は瑜伽軌《ゆがき》に曰《いは》く、

五種《しゆ》の軍荼壇《ぐんだだん》は、應《まさ》に畫《ゑが》きて三重《ぢう》に作《つく》るべし、中院《ちうゐん》羯磨杵《かつまぎね》、四隅《すみ》に八葉《えう》の蓮《れん》華《げ》を畫《ゑが》き、第《だい》二院《ゐん》の四契《けい》は四波羅密《はらみつ》を云《い》ひ、四隅《すみ》に内供養《ないくやう》の四菩薩《ぼさつ》を置《お》く、第三院《だいいん》には應《まさ》に八方天眷屬《はうてんけんぞく》を描《ゑが》くべし、四隅《すみ》の四門《もん》に於《おい》て外供養《げくやう》の四菩薩《ほさつ》、四攝菩薩《せつぼさつ》の中《なか》に、遍照尊《へんじようそん》即《すなは》ち大日如來《だいにちによらい》を安《やす》んず、この息災軍荼《そくさいぐんだ》は餘《よ》の四軍荼《ぐんだ》

の相《さう》なり、軍茶《ぐんだ》は軍茶利明王《ぐんだりみやうわう》の略《りやく》にして、意譯《いやく》すれば甘露《かんろ》 或《ある》ひは安樂《あいらく》となる結界《けつかい》の主尊《しゆそん》、南方寶部《なんはうほうぶ》の忿怒身《ふんぬしん》なり。

この軍茶利明王《ぐんだりみやうわう》は、三部《ぶ》の辦事明王《べんじみやうわう》にして、佛部《ぶつぶ》に甘露軍茶利《かんろぐんだり》、蓮《れん》華部《げぶ》に蓮《れん》華《げ》軍茶利《ぐんだり》、金剛部《こんがうぶ》に金剛軍茶利《こんがうぐんだり》あり、故《ゆゑ》に四種曼荼羅《しゆまんだら》、鈎召曼荼羅《こうしようまんだら》もその三部《ぶ》の辦事《べんじ》に約《やく》して、これを軍茶相《ぐんださう》といふ、因《ちな》みに遍照尊《へんじようそん》を安《やす》んずといふは、觀《くわん》を以《もつ》て羯磨杵《かつまぎね》の上《うへ》に置《お》くものとす。

由來《ゆらい》、秘密佛教《ひみつぶつきよう》の修法祈禱《しゆほうきとう》は、これを世間的《せけんてき》に分類《ぶんるゐ》して四種法《しゆほう》、又《また》は五種法《しゆほう》としてゐるが、その實《じつ》は息災《そくさい》、增益《ぞうやく》、敬愛《きやうあい》、調伏《ちやうぶく》(降伏《かうぶく》ともいふ)鈎召《こうしよう》、延命《えんめい》の六種《しゆ》であるが、延命《えんめい》を增益《ぞうやく》に合《あは》せて五種《しゆ》とし、また鈎召《こうしよう》を敬愛《きやうあい》に合《あは》せて延命《えんめい》を別立《べつりつ》しても五種《しゆ》となり、鈎召《こうしよう》、延命《えんめい》を敬愛《きやうあい》と增益《ぞうやく》に攝《せつ》すれば四種《しゆ》となる。畢竟《ひつきやう》するに一切《さい》の修法祈禱《しゆほふきとう》はこの四種《しゆ》又《また》は六種《しゆ》を出《い》でず、而《しか》してこの法《はふ》は金胎兩部《こんたいりやうぶ》前《まへ》の五部《ぶ》三部《ぶ》法《はふ》に通《つう》ずるのである。

息災《そくさい》修法《しうはふ》祈禱《きとう》とは、三部法《ぶはふ》の上成就《じようじようじう》の法《ほう》であつて、四種法《しゆはふ》の通法《つうはふ》として修《しう》すべきものとす。秘藏記《ひざうき》に曰《いは》く、息《そく》災《さい》の法《ほう》は、白月《はくげつ》（月《つき》の上《かみ》の十五日《にち》）の中《なか》の、日月水木《にちげつすいもく》曜《えう》の日《ひ》、及《およ》び宿《しゆく》曜經《えうきやう》にある二十八宿星《しゆくせい》の和《わ》善《ぜん》に當《あた》る宿日《しゆくじつ》を取《と》りて、初夜《しよや》の時《とき》に起着《きちやく》し、行者《ぎやうじや》は北方《ほつはう》に向《むか》ひて箕座《きざ》し、右《みぎ》の足《あし》を以《もつ》て左《ひだり》の足《あし》を踏《ふ》み、自身《じしん》が法界《ほつかい》に遍《へん》じて白色《はくしよく》の圓壇《ゑんだん》となると觀《くわん》じ、我《わ》が身《み》は一法界《ほつかい》である、我《わ》が口《くち》は卽《すなは》ち爐《ろ》の口《くち》である、我《わ》が身《み》は一法界《ほつかい》の大日《だいにち》如來《によらい》となりて、我《わ》が毛孔《もうく》より乳雨《にうう》を注《そゝ》いで法界《ほつかい》に遍《へん》じて至《いた》ら

息災曼荼羅

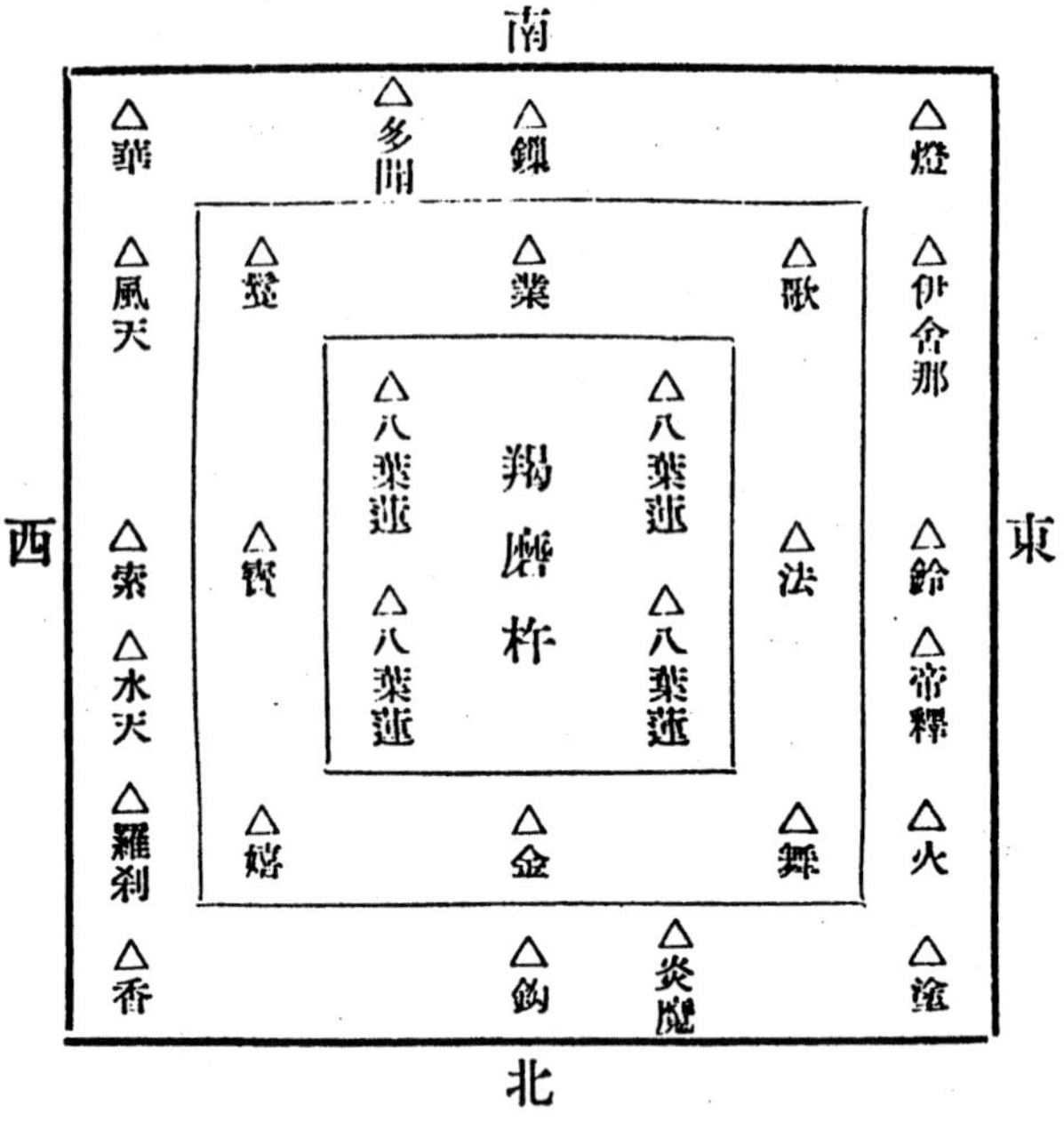

ざる所《ところ》なく、また大智光《だいちくわう》を放《はな》つて我《わ》が業煩惱《ごうぼんのう》を消除《せうじよ》し並《なら》びに甲某《なにがし》の爲《た》めに、その爲《な》す所《ところ》の惡事《あくじ》を除滅《じよめつ》して、自他平等《じたびやうどう》の法利《ほうり》を蒙《かうむ》り、大涅槃《だいねはん》を獲得《くわくとく》せんと。

それより眞言《しんごん》『唵《をん》、薩縛幡《さはは》、婆那加那《はなかな》、婆日羅也《はさらや》』を唱《とな》へ、次《つぎ》に四明《めう》卽《すなは》ち四攝菩薩《せつぼさつ》の眞言《しんごん》と印《いん》を結誦《けつじゆ》す。次《つぎ》に護摩《ごま》、次《つぎ》に某甲《なにがし》のために作《な》す所《ところ》の惡事《あくじ》悉《ことご》く消除《せうじよ》す、婆訶《そわか》(成就《じやうじゆ》)と唱《とな》へて終了《しうれう》す。

息災法《そくさいほう》を行《おこな》ふときは、心《こころ》は恬淡《てんたん》にして、壇《だん》は圓《ゑん》、色《いろ》は白色《はくしよく》を主《しゆ》とし、塗香《づかう》は白檀《びやくだん》に少《すこ》し欝金《うこん》を加《くは》へ、燒香《せうかう》は沈木《ちんもく》、燈油《とうゆ》は蓮《はちす》の油《あぶら》、時分《じぶん》は一日《にち》より八日《か》まで起首時《きちやくじ》は初夜《しよや》、方角《はうがく》は北方《ほつぱう》、座法《ざほう》は蓮及《はちすおよ》び薩埵《さつた》、念誦《ねんじゆ》は默誦《もくじゆ》、眼《め》は慈悲及《じひおよ》び慈悲堅固《じひけんご》、眞言《しんごん》の加句《かく》は、初《はじ》め唵《をん》、後《のち》婆訶《そわか》。

因《ちな》みに息災法《そくさいほう》にて如何《いか》なる災厄《さいやく》の消解《せうかい》を祈《いの》るも差支《さしつか》へなけれど、獨《ひと》り王難《わうなん》と惡意《あくい》を持《も》てる仇敵《きうてき》より受《う》くる災難《さいなん》を除去《じよきよ》するには、降伏祈禱法《かうぶくきとうほう》に依《よ》るを常《つね》とす、又《また》その方《はう》が捷徑《せうけい》であり、効驗確實《かうけんかくじつ》なりとす。

一六、増益祈禱の法式

瑜伽軌《ゆがき》に曰《いは》く、増益曼荼羅《ぞうやくまんだら》は中院《ちうゐん》に於《おい》て、羯磨寶《かつまほう》を畫《ゑが》くべし、四隅《ぐう》に蓮華《れんげ》を畫《ゑが》き　第二院《だいゐん》に寶生佛《ほうじようぶつ》の眷屬《けんぞく》を畫《ゑが》くべし、第三院《だいゐん》及《およ》び門《もん》にもまた前《まへ》の息災法《そくさいはふ》の第三院《だいゐん》の如《ごと》く畫《ゑが》く。

因《ちな》みに羯磨寶《かつまほう》とは、寶杵《ほうしよ》を交叉《かうさ》して羯磨杵《かつまきね》となせるものなり、また寶杵《ほうしよ》に一瓣《べん》と三瓣《べん》の寶珠《はうじゆ》あり、この杵《きね》の上《うへ》に寶生佛《ほうじようぶつ》を觀《くわん》ず

増益《ぞうやく》の修法祈禱《しうほうきとう》は、物《もの》を増長《ぞうちやう》せしむる法《ほう》にして、福徳聚集繁榮《ふくとくしうしふはんえい》を祈《いの》るのである。三部法《ぶほう》の中《うち》にて中成就《ちうじようじう》の法《ほう》としてある。増益法《ぞうやくほう》は白月《はくげつ》の日《ひ》の出《で》を以《もつ》て起首《きちやく》し行者《ぎようじや》は東方《とうほう》に向《むか》つて跏座《かざ》し、その福徳《ふくとく》を祈《いの》るには、卽《すなは》ち我《わ》が身《み》は法界《ほつかい》に遍《へん》し黄色《こうしよく》の圓壇《ゑんだん》となると觀《くわん》じ、また身《み》は降三世尊《こうざそん》となりて、極喜悅《ごくきえつ》の相《さう》ありと觀《くわん》じ、我《わ》が口《くち》は爐《ろ》の口《くち》となり、また身《み》は如意寶珠《によいほうにゆ》となりて、七寶《ほう》及《およ》び種々《しゆじゆ》の財物《ざいもつ》を雨《ふら》し、自界《じかい》の院内《ゐんない》及《およ》び法界《ほつかい》に滿《み》つと想《おも》ひ、また他《た》のために官位封爵《くわんゐほうしやく》を求《もと》むるには

國《こく》王《わう》大《だい》臣《じん》、某甲《なにがし》を愛念《あいねん》して、官祿《くわんろく》を授與《じゆよ》すと觀《くわん》じ、他《た》のために諸佛諸菩薩《しよぶつしよぼさつ》加被《かひ》し、國王大臣《こくわうだいじん》愛念《あいねん》して慶《よろこび》を與《あた》ふと觀《くわん》じ、若《も》し智慧《ちゑ》を修《しゆ》すれば、我《わ》が心《こゝろ》の智慧《ちゑ》の日輪《にちりん》より光明《くわうみやう》を出現《しゆつげん》して、法界《ほつかい》を照燿《しようよう》すと觀《くわん》じ、降三世《こうぜ》の眞言《しんごん》を誦《じゆ》すべし。眞言《しんごん》は、唵《をん》、曩莫《なうまく》、吽《うん》。次《つぎ》に四明《あう》。次《つぎ》に願《ねが》ふ所《ところ》を稱《とな》へ、次《つぎ》に曩莫《なうまく》と唱《とな》ふ。

増益曼荼羅

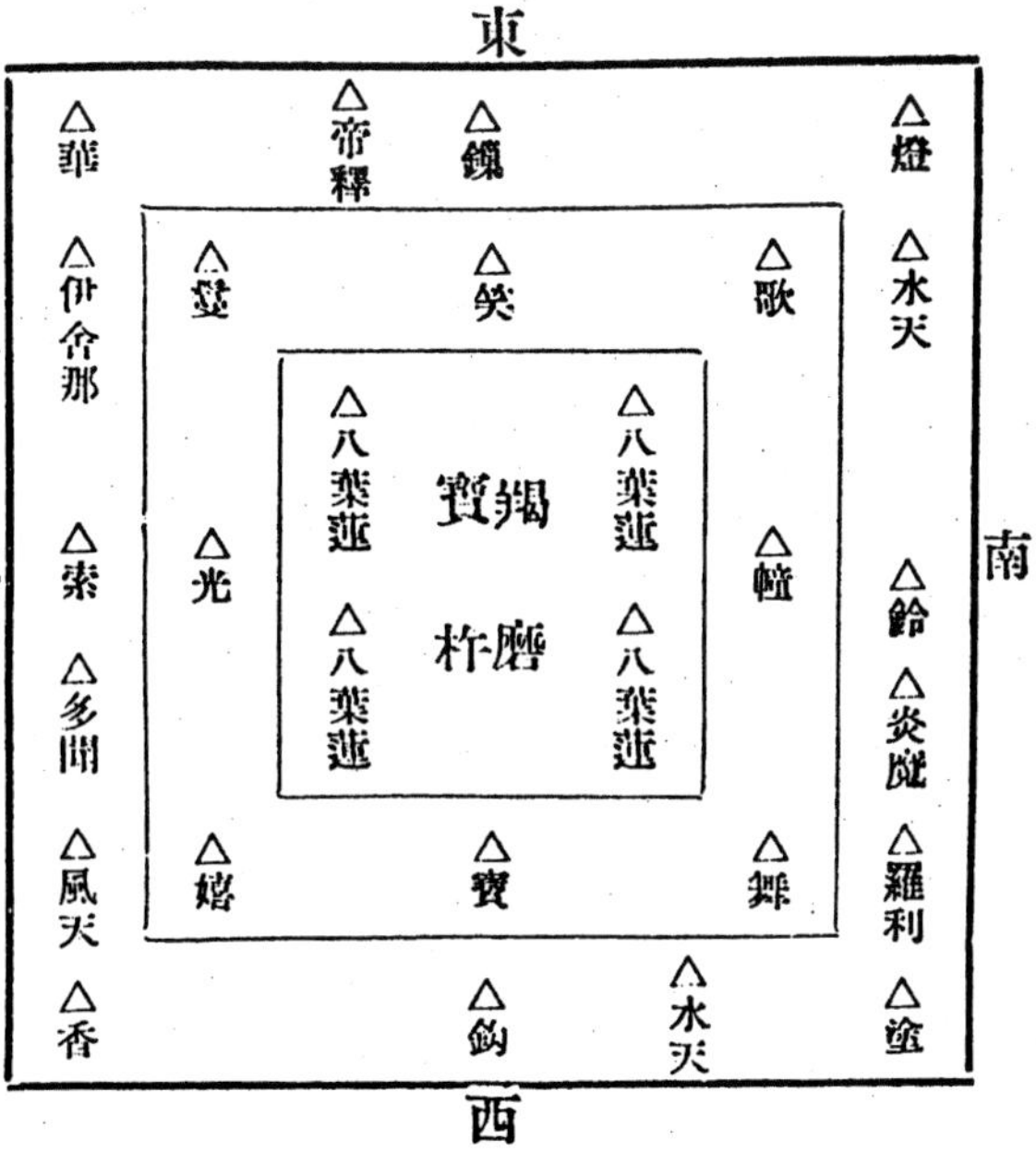

（延命曼荼羅も同一）

この増益法《ぞうやくほう》は、第《だい》一に福徳《ふくとく》増益《ぞうやく》にて、世間《せけん》の快樂《けらく》。第《だい》二に勢力増益《せいりよくぞうやく》にて官位爵祿《くわんゐしやくろく》。第《だい》三に延命増益《えんめいぞうやく》にて無病長壽《むびやうちやうじゆ》。第《だい》四に悉地増益《しつぢぞうやく》にて、轉輪聖王《てんりんじやうわう》の位《くらゐ》を獲得《かくとく》するものとす、他《た》は息災法《そくさいほう》に同《おな》じ。

增益法《ぞうやくほう》を行《おこな》ふときは、心《こゝろ》は悅樂《えつらく》にして、壇《だん》は方形《はうけい》、色《いろ》は黄色《こうしよく》、塗香《づこう》は白壇《びやくだん》、燒《しやう》香《こう》も亦《ま》た白壇《びやくだん》、燈油《とうゆ》は胡麻油《ごまゆ》、時分《じぶん》は九日《か》より十五日《にち》、起着時《きちやくじ》は初日《はつひ》の出《で》、方《はう》角《がく》は東方《とうほう》、座法《ざはふ》は吉祥《きちじやう》及《および》び蓮《はちす》、念誦《ねんじゆ》は不出聲《ふしゆつせい》、眼《め》は金剛《こんがう》及《および》び歡喜《くわんき》開敷《かいふ》並《なら》びに法《はう》眼《げん》、眞言《しんごん》加句《かく》は初《はじ》めも後《のち》も曩莫《なうまく》。

因《ちな》みに延命祈禱《えんめいきとう》は、この增益法《ぞうやくほう》によりて行《おこな》ふべきものにして、壇《だん》も曼荼羅《まんだら》も皆《み》な同《どう》一にてよろし。

一七、降伏祈禱の要式

降伏法《ごうぶくほう》は、折伏法《せつぷくほう》ともいひ普通《ふつう》には調伏法《こうぶくほう》といふ。本來《ほんらい》は自己《じこ》の煩惱《ぼんなう》の賊心《ぞくしん》を調伏《ちやうぶく》するのであるが、世間的《せけんてき》には、怨敵《をんてき》、惡人《あくにん》、魔魅《まみ》等《とう》を伏《ふく》する法《ほう》となつて居《を》る。三部法《ぶほう》にては下成就《げじやうじゆ》としてある。

瑜伽軌《ゆがき》に曰《いは》く、降伏《ごうぶく》は中院《ちうゐん》に獨股羯磨杵《どくこかつまきね》を描《ゑが》き、四隅《すみ》に蓮華《れんげ》を畫《ゑが》き、第《だい》二院《ゐん》に降《こう》三世《ぜ》の眷屬《けんぞく》、四種《しゆ》の忿《ふん》怒《ぬ》相《さう》を畫《ゑが》くべし、第《だい》三院《ゐん》及《およ》び門《もん》は前《まへ》の如《ごと》くにして忿《ふん》怒《ぬ》相《さう》なりと、併《しか》し現圖《げんづ》曼荼羅《まんだら》は、その配置《はいち》相違《さうゐ》せり、普通《ふつう》現圖《げんづ》を用《もち》ふ。

因《ちな》みに獨股《どくこ》羯磨《かつま》杵《ぎね》とは、獨股《どくこ》杵《きね》を十字《じ》に交叉《かうさ》したものである。

降伏法《ごうぶくほう》は教令輪明王《きようれいりんめうおう》の法《ほう》として最《もつと》も著《いちじ》るしく、身《み》の毛《け》も竪立《よだつ》ほど恐《おそ》ろしきものである。例《たと》へば人《ひと》を呪咀《じうそ》して死《し》に至《いた》らしむるが如《ごと》きも、この法《ほう》に含《ふく》まれて居《ゐ》る併《しか》しその本旨《ほんし》は惡心《あくしん》を降伏《ごうぶく》して善心《ぜんしん》に飜《かへ》さしむるに在《あ》る。

降伏法《ごうぶくほう》は黒月《こくげつ》(十四日《か》以《い》後《ご》)の日中《につちう》、又《また》は夜半《やはん》に起着《きちやく》すること、日《ひ》の善惡《ぜんあく》は論《ろん》ぜず、若《も》し急速《きうそく》を要《えう》する場合《ばあひ》は白月《はくげつ》にても差支《さしつか》へなし、但《たゞ》し火曜日《くわえうび》に當《あた》る日《ひ》を最《もつと》もよろしとし三時《じ》に行《ぎやう》じてはならぬ。行者《ぎやうじや》は南面《なんめん》して蹲居《そんきよ》し、右《みぎ》の足《あし》を以《もつ》て左《ひだり》の足《あし》を踏《ふ》み、自身法界《じしんほつかい》に遍《へん》して、青黒色《せいこくしよく》の三角《かく》の曼荼羅《まんだら》となると觀《くわん》じ、我《わ》が身《み》は一法界《ほつかい》である、我《わ》が口《くち》は爐《ろ》の口《くち》である、我《われ》は降《こう》三世《ぜ》忿怒尊《ふんぬそん》であつて、眷屬《けんぞく》が圍繞《ゐねう》して居《ゐ》る、彼《か》の惡人《あくにん》の身《み》を壇《だん》の上《うへ》に追《お》ひ載《の》せ、大智火《だいちくわ》を放《はな》ちて我《わ》が身中《しんちう》の業《ごう》、煩惱《ぼんのう》、及《およ》び彼《か》の惡人《あくにん》の貪瞋痴《とんじんち》、竝《なら》びに作《な》す所《ところ》のことを燒淨《しようじよう》し、彼此平等《ひしびようどう》に法《はう》の利益《りやく》を蒙《こうむ》り、長壽福樂《ちやうじゆふくらく》を獲得《くとく》すと念《ねん》じ、降三世《こうざんぜ》の眞言《しんごん》を誦《じゆ》す。眞言《しんごん》は吽《うん》の一語《ご》一字《じ》なり。次《つぎ》に四明《めう》、次《つぎ》に阿喜爾《あきに》、次《つぎ》に某甲《なにがし》の作《な》す所《ところ》の惡事《あくじ》皆《み》な消滅《しようめつ》せん、㗶吒《はつた》と唱《とな》ふ。

この法《はう》は第《だい》一に攝化降伏《せつけごうぶく》、人非人等《にんぴにんとう》を調伏《てうぶく》す。第《だい》二に除難降伏《じよなんごうぶく》、王難怨仇等《おうなんおんきうとう》を除《のぞ》く。第《だい》三に無明降伏《むめうごうぶく》、佛法《ぶつほう》の中《うち》の苦惱《くのう》を除《のぞ》き去《さ》る。第《だい》四に悉地降伏《しつちごうぶく》、諸々《もろもろ》の邪法障碍《じやほうしようげ》を除去《じよきよ》するのである。

この法《はう》を行《おこな》ふときは、心《こころ》は忿怒《ふんぬ》、壇《だん》は三角形《かくぎよう》、色《いろ》は青黑《せいこく》、塗香《づこう》は柏木《かしはぎ》、燒香《しようこう》は安悉香《あんしつこう》、燈油《とうゆ》は芥子油《けしゆ》、時分《じぶん》は十六日《にち》より末日《まつじつ》、又《また》十六日《にち》より二十三日《にち》、起《き》着時《ちやくじ》は日中或《にっちうある》ひは中夜《ちうや》、方角《ほうがく》は南《みなみ》、座法《ざほう》は蹲居叉《そんきよまた》は丁子立《ちようじたち》、念誦《ねんじゆ》は大聲《たいせい》、眼《め》は瞋恚《しんい》、顰眉破壞《ひんびはゑ》、また忿怒《ふんぬ》、眞言加句《しんごんかく》は初後共《しよごとも》に吽《うん》、㗶吒《はつた》。

佛敎《ぶつきよう》は慈悲《じひ》を主《しゆ》とするも、少數《せうすう》の惡《あく》を除《のぞ》き、大衆《たいしう》を救《すく》ふの要《えう》がある。また惡《あく》人《にん》を反省《はんせい》せしむる荒療治《あらりようち》として必要《ひつえう》の場合《ばあひ》もあり、大乗的平和《だいじようてきへいわ》の見地《けんち》より調《てう》伏《ぶく》すべきものとす。

この法《ほう》を行《おこな》ひたるときは、行者《ぎようじや》は一週間《しうかん》くらゐ謹慎《きんしん》して、懺悔法《さんげほう》を修《しう》すべし。

一八、鈎召祈禱の法式

瑜伽軌《ゆがき》に曰《いは》く、鈎召《こうしよう》は中院《ちうゐん》に金剛鈎《こんがうこう》を畫《ゑが》くべし、四隅《ぐう》に蓮華《れんげ》を畫《ゑが》き、第二院《だいゐん》に不動佛《ふどうぶつ》(阿閦佛《あしゆくぶつ》)の四眷屬《けんぞく》を畫《ゑが》くべし、第三院《ゐん》は四隅《ぐう》八方《はうおよ》及び四門《もん》は初《はじ》めの軍荼《ぐんだ》の如《ごと》くすべし。

降伏曼荼羅

(調伏)

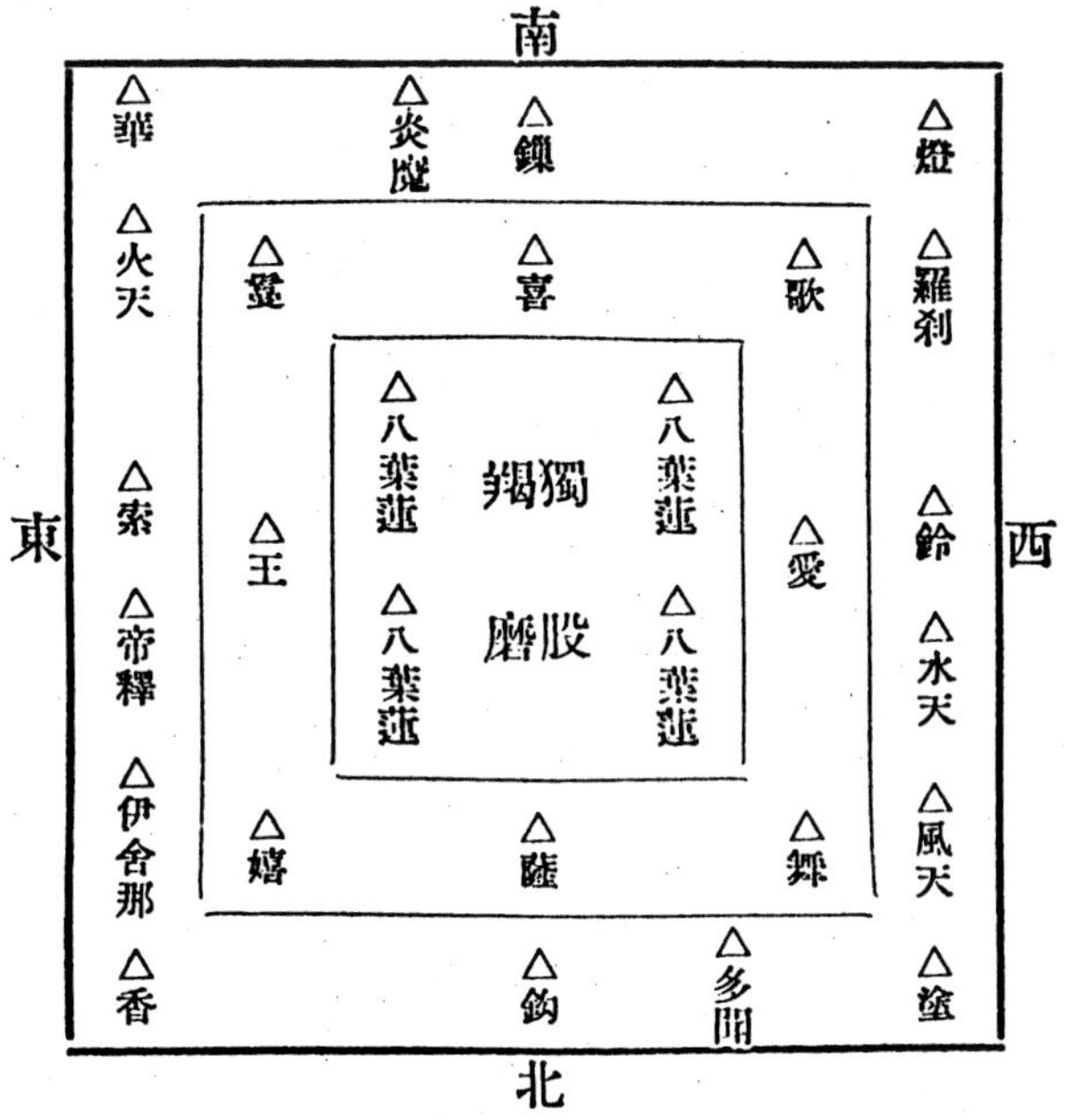

因《ちな》みに金剛鉤《こんごうこう》は、四攝菩薩《せっぽさつ》の三昧耶形《まやがた》にして、この金鉤《きんこう》の上《うへ》に阿閦佛《あしゅくぶつ》を觀《くわん》ず。

鉤召曼荼羅

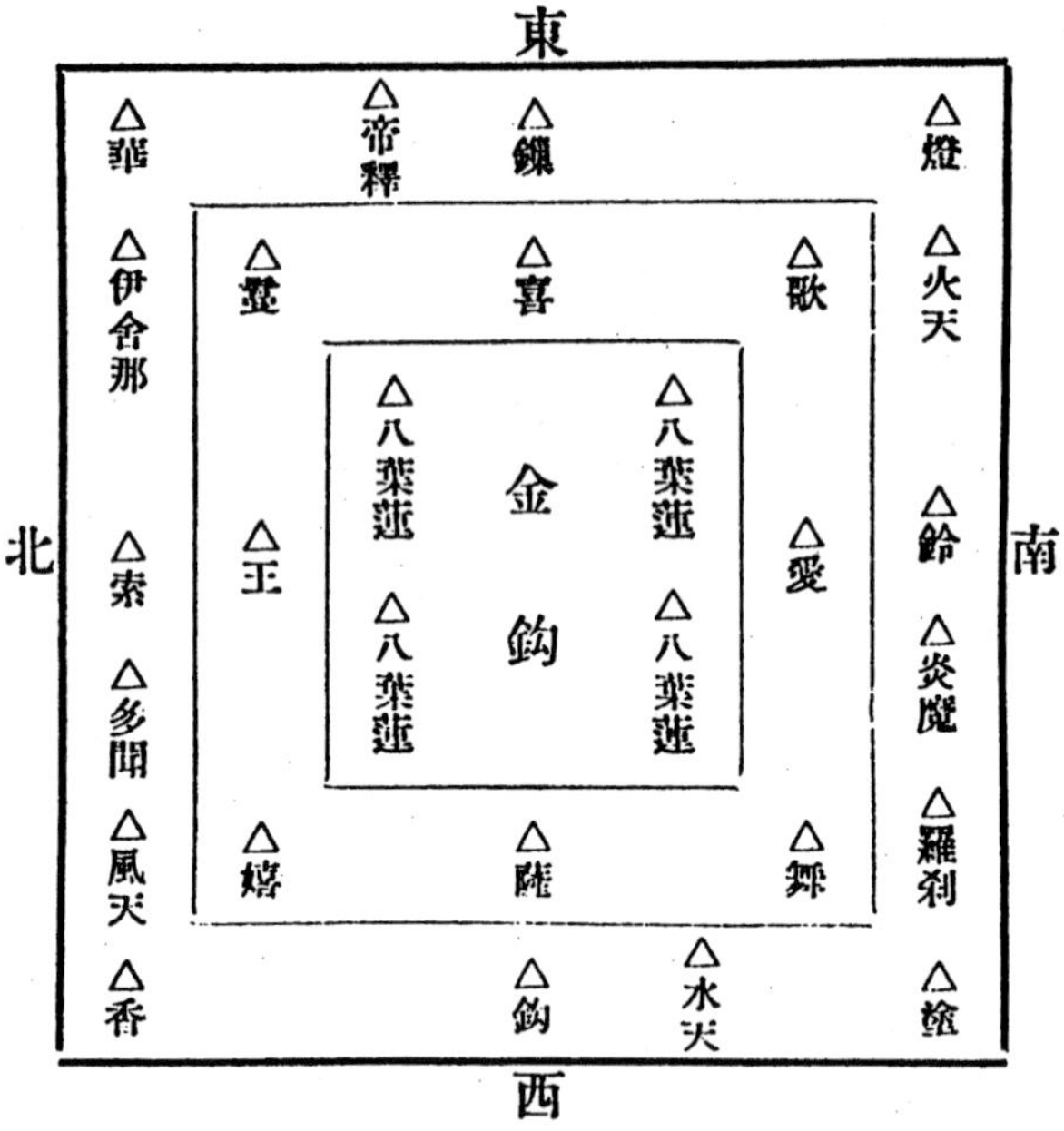

鉤召《こうしょう》の修法《しゅうほう》は、諸尊法《しょそんほう》により祈禱《きとう》するも利益《りやく》なき時《とき》、即《すなは》ち悉地不成就《しっちふじょうじゅ》の時《とき》に行《おこな》ふものとす。その修法《しゅうほう》は息災法《そくさいほう》により、鉤召《こうしょう》の眞言《しんごん》を誦《じゅ》するのである。例《たと》へば聖天《しょうてん》の法《ほう》驗《けん》なきときに、軍荼利法《ぐんだりほう》を能調伏《のうちょうぶく》尊《そん》として修法叱咤《しゅうほうしった》し、荼枳尼天《だきにてん》を鉤召《こうしょう》するには大黑天法《だいこくてんほう》を應用《おうよう》して修《しゅう》するが如《ごと》し、從《じゅう》は主《しゅ》に依《よ》りて鉤召《こうしょう》せらるるの理《り》である。

また天龍《てんりう》や鬼神《きじん》を攝召《せっしょう》せんとするときは、八葉《えう》の蓮華壇《れんげだん》を作《つく》り、諸々《もろもろ》の臺蘂《だいすい》を具足《ぐそく》して、行者《ぎやうじや》は身《み》に黄色《こうしよく》の衣《ころも》を着《き》て、西《にし》に向《むか》ひ賢半跏足《けんはんかそく》を結《むす》び、壇《だん》は東《ひがし》に位《くらゐ》し、月《つき》の十六日《にち》より起《おこ》り、華菓《けくわ》は皆《み》な赤色《せきしよく》、飲食《おんじき》も亦《ま》た赤を用《もち》ふべし、後夜《こうや》に至《いた》りて、法相應《ほうそうおう》す、眞言《しんごん》は、唵《おん》、阿嚕佉《あろきや》、噎醯呬《いけへつ》、莎訶《そわか》。

この法《ほう》を行《おこな》ふときは、總《すべ》ての態度法式《たいどほうしき》は、次《つぎ》に示《しめ》す敬愛祈禱法《きやうあいきとうほう》に準《じゆん》ずべきものとす、要《えう》するに獨立《どくりつ》したる修法《しうほう》とするよりは、息災《そくさい》、增益《ぞうやく》、敬愛《きやうあい》の祈禱《きとう》をなして効力《こうりよく》なきとき、特《とく》に行《おこな》ふべきものとす。

一九、敬愛祈禱の格式

瑜伽軌《ゆがき》に曰《いは》く、敬愛《きやうあい》は中院《ちうゐん》に蓮華羯磨《れんげかつま》を畫《ゑが》く、四隅《すみ》に三股杵《こきね》、第《だい》二院《ゐん》に無量《むりやう》壽《じゆ》の四眷屬《けんぞく》を畫《ゑが》くべし、第《だい》三院《ゐん》の隅《すみ》の八方及《はうおよ》び四門《もん》は前《まへ》の如《ごと》し。

因《ちな》みに蓮華羯磨《れんげかつま》とは、獨股杵《どくこきね》の兩端《りやうたん》に九葉開敷《えうかいふ》の蓮華《れんげ》を附《つ》けたるものを以《もつ》て十字《じ》に交叉《こうさ》したるものをいふ。

敬愛法《きやうあいほう》は一に和合成就《わごうじやうじゆ》といふ、俗《ぞく》に愛敬《あいきやう》といふは、これより出《い》でたものである

この和《わ》合相《ごうそう》は歡喜《くわんき》であるから、増益《ぞうやく》の一種《しゆ》ともなる、この法《ほう》は後夜《ごや》を以《もつ》て起首《きしゆ》す

敬愛曼荼羅

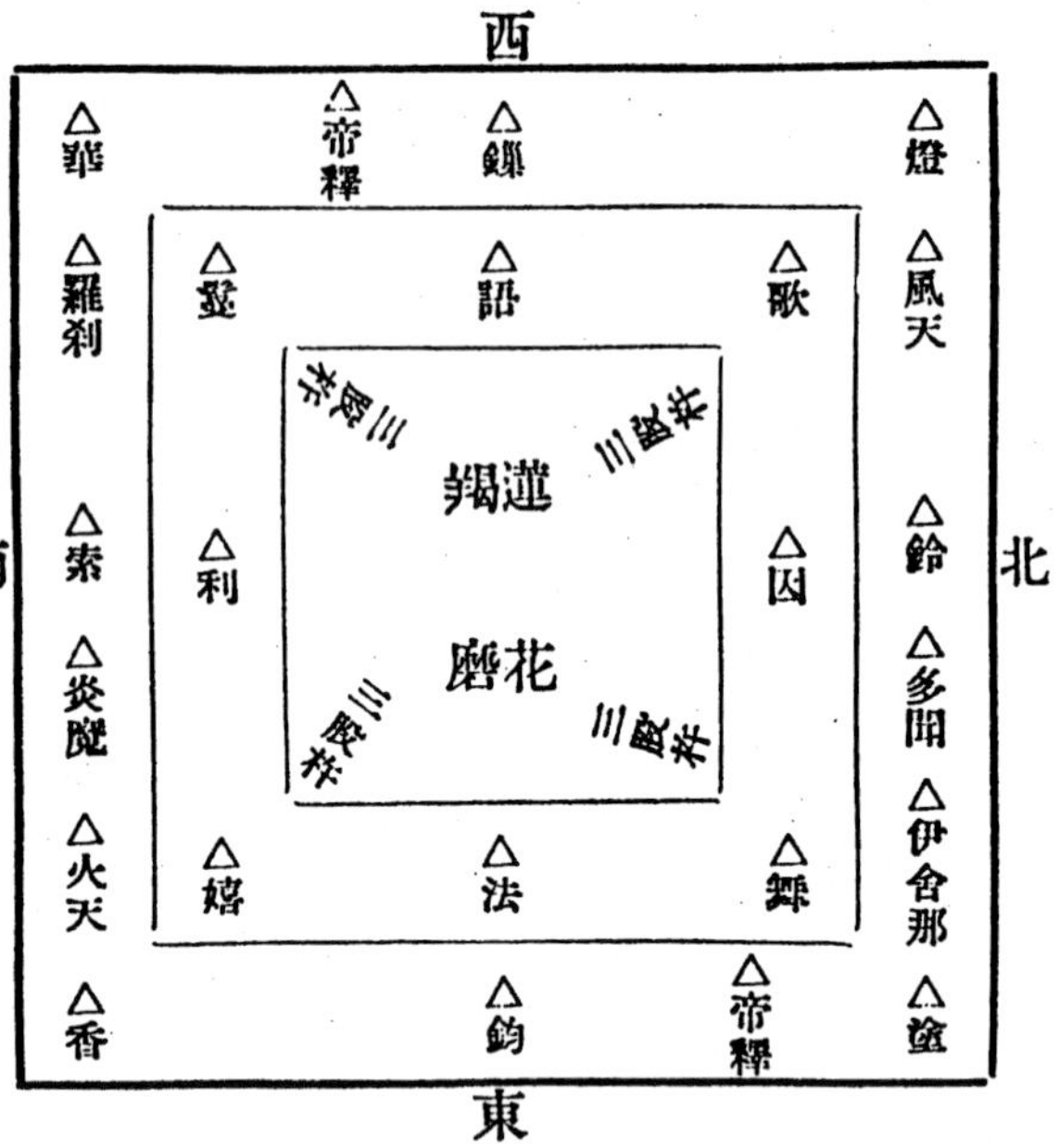

行者《ぎやうじや》は面《おもて》を西方《せいはう》に向《む》けて箕座《きざ》す、二つの足《あし》を並《なら》べて踏《ふ》み、我《わ》が身《み》は法界《ほつかい》に遍《あま》ねくして、赤色《せきしよく》八葉《えう》の蓮《れん》華《げ》となると觀《くわん》ず、また我《わ》が身《み》は降《かう》三世《ぜ》尊《そん》なりと觀《くわん》ずべし、前《まへ》の増益《ぞうやく》よりも一層悦咲《そうえつげ》の相《そう》とす、増益《ぞうやく》の法《ほう》に準《じゆん》じて種々《しゆ〴〵》の行事《ぎやうじ》を爲《な》し、眞《しん》言《ごん》の始《はじ》めにも終《をは》りにも弱《じやく》と稱《しよう》す。

また息災《そくさい》の法《ほう》に準《じゆん》じて病《やまひ》を治《ぢ》するときは、鑁字《はんじ》を觀《くわん》じ、寂靜《じやくじやう》の眞《しん》言《ごん》を誦《じゆ》す、眞言《しんごん》は唵《をん》、縛薩羅《はさら》、薩怛縛《さたら》、吽《うん》。

この敬愛法《きやうあいほう》は鈎召法《こうしようほう》と倶《とも》に、觀念《くわんねん》、懺悔《さんげ》、發願《はつぐわん》、印明《いんめう》、四明《めう》、阿喜爾《あきに》、成就《じやうじゆ》等《とう》の次第《しだい》あり、媚嚴敬愛《びごんきやうあい》とて媚《こ》びて相愛《さうあい》すること、信伏敬愛《しんぷくきやうあい》、和合敬愛《わごうきやうあい》、鈎召《こうしよう》敬愛《きやうあい》とて、彼此召入《ひししようにう》の別《べつ》あり。

この法《ほう》を行《おこな》ふ時《とき》は、心《こゝろ》は喜《き》と怒《ぬ》と双合《さうがふ》し、壇《だん》は蓮華形《れんげがた》、色《いろ》は赤《あか》、塗香《づこう》は鬱金《うこん》燒香《しようこう》は丁字香等《ちようじこうとう》。燈油《とうゆ》は諸菓《しよくわ》、時分《じぶん》は十六日《にち》より二十二日《にち》、又《また》二十四日《か》より盡《じん》日《じつ》、起首時《きしゆじ》は後夜《ごや》、方角《はうがく》は西《にし》、座方《ざはう》は賢《けん》、念誦《ねんじゆ》は出聲《しゆつせい》、眼《げん》は明目《めいもく》、極惡動搖《ごくあくどうえう》、熾盛《しじやう》、眞言加句《しんごんかく》は初《はじ》め唵《をん》、後《のち》は吽《うん》、發《はつ》。

二〇、入道場の法式

祈禱修法《きとうしうほう》する行者《ぎやうじや》が道場《だうぢやう》、即《すなは》ち祈禱場《きとうぢやう》に入《い》るには、その前《まへ》に先《ま》づ手《て》を洗《あら》ひ、口《くち》を嗽《すゝ》ぎ、浄衣《じやうえ》を着《ちやく》し、香水《こうすい》を身《み》に灑《そゝ》ぎ　塗香《づこう》を兩手《りやうて》に塗《ぬ》り、また金剛水《こんごうすい》を以《もつ》て口《くち》をすすぐ、その時《とき》の眞言《しんごん》は、

唵《をん》、跋折羅《ばさら》、娜伽吒《なかだ》

印契《いんかい》は金剛拳《こんごうけん》なり、斯《か》くて金剛薩埵《こんごうさつた》の威儀《いぎ》に住《ぢう》し、心《こころ》に吽字《うんじ》を觀《くわん》じ、薩埵身《さつたしん》と爲《な》り、足《あし》に蓮華《れんげ》を踏《ふ》むと想《おも》ひ、心《こころ》に慈悲《じひ》を想《おも》ふて徐歩《じよほ》すべし。

堂前《だうぜん》に至《いた》りて吽《うん》の聲《こゑ》を發《はつ》し、右手《みぎて》を以《もつ》て指彈《しだん》し、門戸《もんこ》にあてて三たび振《ふる》ひて門戸《もんこ》を開《ひら》くと想《おも》ふべし、門戸《もんこ》は衆生《しゆじやう》と佛《ほとけ》との異執《いしう》、吽聲《うんせい》を出《だ》すはその異執《いしう》を驚覺《きやうかく》するの義《ぎ》、風空《ふうくう》の二指《し》を以《もつ》て指彈《しだん》するは、印《いん》と言《ごん》と意《い》の三密相應《みつそうおう》の體《てい》である。

戸《と》を開《ひら》いて入《い》りたる上《うへ》は、眼《め》に麼吒《はた》の字《じ》を觀《くわん》じ、光明遍照《くわうみやうへんしやう》せりと想《おも》ひ、右《みぎ》に麼字《はじ》が變《へん》じて日《ひ》と爲《な》り、左《ひだり》に吒《た》が變《へん》じて月《つき》となる、この淨《きよ》き眼《め》を以《もつ》て道場《だうぢやう》の内《うち》を見《み》るに、諸佛遍滿《しよぶつへんまん》せり、即《すなは》ち頭面《づめん》を以《もつ》てその佛《ほとけ》の海會《かいゑ》(集會《しふくわい》)を禮《らい》す、この時《とき》は普禮眞言《ふらいしんごん》。

唵《をん》、薩縛怛陀孽多《さつはたたぎやた》、播那滿娜《はなまだ》、曩迦引《のうきやいん》・弭《み》

同時《どうじ》に合剛合掌《こんごうがつしやう》、次《つぎ》に着座《ちやくざ》、結跏趺座《けつかふざ》、又《また》は半跏座《はんかざ》、次《つぎ》に普禮《ふらい》、印《いん》と眞言《しんごん》は前《まへ》の如《ごと》し、次《つぎ》に塗香《づこう》、先《ま》づ右手《みぎて》の大指頭《だいしとう》を以《もつ》て香《こう》を摘《つま》み、香《こう》を右手《みぎて》の掌中《しやうちう》に入《い》れ、左右《さいう》に三遍《べん》これを移《うつ》す、次《つぎ》に兩手《りやうて》の腕臂《うでひぢ》等《とう》に塗香《づこう》す、こ《こ》の際《さい》五分《ぶ》の法身《ほつしん》、即《すなは》ち五智《ち》如來《にょらい》を摩瑩《まけい》すると想《おも》ふべし。

次《つぎ》に三密觀《みつくわん》、己《おの》が舌《した》と心《こゝろ》と身《み》と兩手《りやうて》の中《なか》に於《おい》て吽字《うんじ》を想《おも》ひ、その字《じ》變《へん》じて金《こん》剛《ごう》となると觀《くわん》ず、次《つぎ》に蓮華合掌《れんげがつしやう》を爲《な》し、掌中《しやうちう》に月輪《げつりん》あり、その中《なか》に蓮華《れんげ》あり、上《うへ》に吽字《うんじ》あり變《へん》じて五股杵《こきね》となると觀《くわん》ず、吽字《うんじ》は金色《こんじき》なり、斯《か》くてそれより六法《ほう》、十八道法《だうほう》に移《うつ》る

二、六法行事の軌範

秘密《ひみつ》の修法祈禱《しゆほうきとう》に、諸尊《しよそん》といふことがあるが、諸尊《しよそん》とは祈禱《きとう》によつてそれぞれ本尊《ほんぞん》が違《ちが》ひ、その各本尊《かくほんぞん》と、それに附屬《ふぞく》するものをいふのであつて、諸尊《しよそん》の中《なか》には、佛《ぶつ》、菩薩《ぼさつ》、明王《みやうわう》は固《もと》より、天部《てんぶ》、夜叉《やしや》、人《にん》、非人《ひにん》、餓鬼《がき》等《とう》も加《くは》はつて居《ゐ》る。これはいづれもその本源《ほんげん》は大日如來《だいにちにょらい》であつて、大日尊《だいにちそん》の普門萬德《ふもんまんとく》の一門《もん》一德《とく》として、活動《くわつどう》の一部《ぶ》を表現《ひやうげん》するものである、忿怒身《ふんぬしん》の如《ごと》きも忿怒《ふんぬ》そのもの

は惡《あく》としても、忿怒《ふんぬ》を以《もつ》て事《こと》を治《をさ》むる必要《ひつえう》がある。故《ゆゑ》に開《ひら》けば諸尊《しよそん》、閉《と》づれば大日《だいにち》一尊《そん》となる、左《さ》れば餓鬼《がき》も阿修羅《あしゆら》も是《こ》れ大日尊《だいにちそん》の等同流類《とうどうりうるい》なりと觀《くわん》じ、餓鬼《き》は大日尊《だいにちそん》の飢餓《きが》に苦《くる》しみ給《たま》ふ體《てい》なりと想《おも》ふべきである、左《さ》れば夜叉《やしや》でも、餓《が》鬼《き》でも、阿修羅《あしゆら》でも、荼枳尼《だきに》でも供養《くやう》し、修法祈禱《しうほうきとう》の相手《あひて》とするのに、何等《なんら》の不合理《ふがふり》も不思議《ふしぎ》もないのである。

金剛界胎藏界《こんごうかいたいぞうかい》、即《すなは》ち金胎兩部《こんたいりやうぶ》の九會《ゑ》九尊《そん》を合《がつ》すれば十八となるから、十八道《だう》の行事《ぎやうじ》、十八印契《いんかい》を生《しやう》じ、この十八道《だう》を約《やく》すれば六法《ほう》となり、六法《ほう》を細別《さいべつ》すれば十八道《だう》となる。元來《ぐわんらい》この六法《ほう》十八道《だう》は、印度《いんど》の俗法《ぞくほう》に準《じゆん》じ、本尊《ほんぞん》を召請《しやうせい》して供養《くやう》するものである。大賓饗應《たいひんきやうおう》、所願祈念《しよぐわんきねん》の儀式《ぎしき》であると共《とも》に、深密《じんみつ》の義《ぎ》で云《い》へば、遮情《しやじやう》即《すなは》ち消極的《せうきよくてき》には大般若《だいはんにや》の十八宮《ぐう》を表《ひやう》し、表徳門《ひやうとくもん》即《すなは》ち積極的《せききよくてき》には吾人《ごじん》衆生《しゆじやう》の十八界《かい》とて、眼《げん》、耳《に》、鼻《び》、舌《ぜつ》、身《しん》、意《い》の六根《こん》の所依《しよゑ》と、六根智覺《こんちかく》の六識《にん》と、その對境《たいきやう》たる色《しき》、香《かう》、味《み》、觸《しよく》、法《ほう》、聲《しやう》の六境《きやう》、即《すなは》ち六根《こん》六識《にん》六境《きやう》の三六、十

八を表《ひよう》し、これを本尊《ほんぞん》の內證《ないしよう》の法門《ほうもん》となし、法身《ほつしん》大日如來《だいにちによらい》の功德《くどく》を表《ひよう》したものである。さて六法《ほう》の要綱《えうこう》を示《しめ》せば、

一、莊嚴行者《しやうごんぎやうじや》の法《ほう》。これは行者信者祈禱者《ぎやうじやしんじやきとうしや》が、先《ま》づ自分《じぶん》の心身《しんしん》を淸淨《しやうじやう》にし、威儀《いぎ》を正《ただ》しくすることである、この中《うち》に五つあり、淨三業《じやうさんごう》、佛部《ぶつぶ》、蓮華部《れんげぶ》、金剛部《こんごうぶ》、被甲護身《ひこうごしん》、これ卽《すなは》ち秘密門《ひみつもん》に入《い》らんとするには、先《ま》づ身《しん》、口《く》、意《い》の三業《ごう》を滌《きよ》めて佛法《ぶつほう》の器《うつわ》となる行法《ぎやうほう》を示《しめ》せるものである。

二、結界《けつかい》。この中《うち》に二つあり、地界《たかい》、金剛墻《こんごうしやう》、卽《すなは》ち自分《じぶん》の心身《しんしん》が既《すで》に調《ととの》へば、次《つぎ》に土地《とち》の不淨《ふじやう》を淸《きよ》めて、佛法修行《ぶつほうしゆぎやう》の淨地《じやうち》たらしむるのである。

三、莊嚴道場《しやうごんどうぢやう》の法《ほう》。この中《うち》に二あり、道場觀《どうぢやうくわん》、大虛空藏《だいこくうぞう》、本尊《ほんぞん》の道場《どうぢやう》を設《まう》け、掃除《さうぢ》や飾《かざ》り物《もの》などを精神的《せいしんてき》に觀想《くわんさう》する次第《しだい》である。

四、勸請《くわんじやう》の法《ほう》。この中《うち》に三あり、送車輅《そうしやらく》、諸車輅《しよしやらく》、迎請《げいしやう》、卽《すなは》ち本尊《ほんぞん》を召《よ》び降《おろ》す方式《ほうしき》である、車《くるま》を以《もつ》て迎《むか》へ、事終《ことをは》れば車《くるま》にて送《おく》るといふ義《ぎ》にて、謂《い》はゆる降《こう》

神法《しんぽう》である。

五、結護法《けつごほう》。この中《うち》に三あり、降三世《こうさんぜ》、金剛網《こんごうもう》、火院《くわゐん》、これは內外《ないげ》の魔障《ましやう》を除《のぞ》く法《ほう》なり、降三世《こうさんぜ》は猛將《まうしやう》として護衞《ごゑい》、金剛網《こんごうもう》は鐵條網《てつでうもう》、火院《くわゐん》は場內《ぢやうない》を明《あき》らかにして惡魔《あくま》の隱《かく》れ潜《ひそ》む餘地《よち》なからしむるため、また修法中《しゆほうちう》に外部《ぐわいぶ》、或《ある》ひは自《じ》分《ぶん》の心中《しんちう》より起《おこ》る障碍《しやうげ》を豫防《よぼう》すべきである。

六、供養法《くやうほう》。この中《うち》に三あり、閼伽《あか》、華座《けざ》、普供養《ふくやう》、普供養《ふくやう》には理供養《りくやう》と事供《じく》養《やう》との別《べつ》あり、これは殊勝《しゆしよう》の妙供《めうく》を以《もつ》て、本尊《ほんぞん》を供養《くやう》する法《ほう》なり、閼伽《あか》は水《みづ》である、世俗《せぞく》のお客《きやく》に手足《てあし》や顏《かほ》の洗《すゝ》ぎ水《みづ》を出《だ》すとか、搾《しぼ》り手拭《てぬぐひ》を出《だ》すに同《おな》じ、又《また》お茶《ちや》を出《だ》すとしてもよろしい、華座《けざ》は座蒲團《ざぶとん》を出《だ》すに同《おな》じ、理供養《りくやう》は精神《せいしん》的歡待《てきくわんたい》、事供養《じくやう》は御馳走《ごちそう》を並《なら》べること。

斯《か》くて修法《しゆほう》の順序《じゆんじよ》が整《とゝの》ひ、供養《くやう》が終《をは》れば、それより所願《しよぐわん》の祈念《きねん》を行《おこな》ふことは云《い》ふまでもない　世俗《せぞく》と同《おな》じく鄭重《ていちよう》に招待歡迎《せうたいくわんげい》し、充分御馳走《じゆうぶんごちそう》をして、さて御馳《ごち》走《そう》の済《よ》んだ上《うへ》で、何々《なに〱》の要件《えうけん》を申《まう》し出《い》で、助力加護《じよりよくかご》を御願《おねが》ひする、といふ次第《しだい》である。

二二、十八道建立

秘密修法祈禱《ひみつしうほうきとう》をなすには、その事柄《ことがら》の大小如何《だいせういかん》に關《かゝ》はらず、正式本格《せいしきほんかく》の祈禱《きとう》には必《かなら》ず十八道《だう》の行事《ぎやうじ》を建立《こんりう》し、それを順序正《じゆんじよただ》しく而《し》かも悠々《ゆう〱》たる內《うち》に極《きは》めて迅速《じんそく》に執行《しぎやう》せねばならぬ、卽《すなは》ち外見《ぐわいけん》には極《きは》めて優雅《いうが》にして、內實《ないじつ》は一生懸命《しやうけんめい》、奔馬《ほんま》の勢《いきほ》ひにて邁進《まいしん》すべきである、この十八道《だう》の行事《ぎやうじ》は祈念《きねん》する事前《じぜん》の禮儀作《れいぎさ》法《ほふ》である。すべて物事《ものごと》を依賴《いらい》し請願《せいぐわん》するには、最初《さいしよ》よりの禮儀《れいぎ》が大切《たいせつ》であり萬事愼重《はんじしんちよう》でなくては折角《せつかく》の願望《ぐわんまう》も聽屆《きゝとゞ》けられぬことになるから、非常《ひじやう》に注意《ちうい》せねばならぬ、以下《いか》十八道法《だうほう》の大要《たいえう》を順記《じゆんき》すべし。

一、淨三業《じようごう》。自分《じぶん》の身口意《しんくい》の三業《ごう》を淸淨《しようじよう》にして、本尊《ほんぞん》の身口意《しんくい》三密《みつ》と平等《びやうどう》なりと觀《くわん》ずべし、この時《とき》の印《いん》は蓮華合掌《れんげがつしやう》、眞言《しんごん》は、

唵《をん》、娑《さ》縛《は》々々《ゝゝ》、枳《きつ》駄《だ》、薩《さ》縛《は》、達磨《だるま》、娑《さ》縛《は》々々《〱》、枳《きつ》度《ど》、憾《かん》

これは衆生《しゆじやう》たる自《じ》他《た》ともに、三業清淨《ごうしやうじやう》にして平等《びやうどう》なりといふ意《い》の眞言《しんごん》、卽《すなは》ち梵語《ぼんご》の陀羅尼《だらに》である。

二、佛部三昧耶《ぶつぶさんまや》。佛部《ぶつぶ》の諸尊《しよそん》を、我《わ》が身《み》の上《うへ》に開顯《かいけん》し、身業《しんごう》の罪障《ざいしやう》を除《のぞ》き、福《ふく》智《ち》增進《ぞうしん》を意味《いみ》する方式《はうしき》である、印《いん》は虛心合掌《きよしんがつしやう》、眞言《しんごん》は、

唵《をん》、怛他《たた》誐《が》都《と》、納婆縛耶《なうははや》、娑婆訶《そわか》

この眞言《しんごん》は、法報應《ほつほうおう》三身《しん》の如來《によらい》を發生《はつしやう》して、成就圓滿《じやうじゆゑんまん》せしむるといふ義《ぎ》である

三、蓮華部三昧耶《れんげぶさんまや》。蓮華部《れんげぶ》の衆聖《しうしやう》を、行者《ぎやうじや》の語業《ごごう》に涉入《しやうにう》せしめ、語業清淨《ごごうしやうじやう》にして説法自在《せつぽうじざい》なるの意《い》を表《ひやう》する行事《ぎやうじ》なり。印《いん》は虛心合掌《きよしんがつしやう》、又《また》は指《ゆび》の端《はし》を少《すこ》し屈《くつ》し蓮華《れんげ》の形《かたち》に象《かたど》るもよし、眞言《しんごん》は、

唵《をん》、跛娜漠《にだまく》、納婆縛耶《なほははや》、娑婆訶《そわか》

これは本有《ほんぬ》の心蓮華發生《しんれんげはつしやう》の意《い》なり。

四、金剛部三昧耶《こんごうぶさんまや》。これは意業清淨《いごうしようじよう》にして菩提心發得《ぼだいしんほつとく》の義《ぎ》を現《あら》はす方式《ほうしき》である、

印《いん》は三鈷印《さんこいん》、眞言《しんごん》は、

唵《おん》、縛日羅《ばさら》、儗儞《ぎに》、鉢羅《はら》、捻跛跢那《ねんはたな》、娑婆訶《そわか》

これは金剛智火《こんごうちくわ》の極《きは》めて威耀《いよう》ある義《ぎ》を示《しめ》せるものである。

五、被甲護身《ひこうごしん》。これは大悲門《だいひもん》を出《い》でて、一切衆生《さいしゆじよう》を利益《りやく》せんがため、堅固《けんご》の甲《かつ》冑《ちう》を着《ちやく》し、四魔《ま》降伏《ごうぶく》の相《そう》となるのである。

前《まへ》の三は自行《じぎよう》、被甲《ひこう》は化他《けた》である。或《ある》ひは一が自行《じぎよう》、二三四五は化他《けた》を云《い》ふ。

印《いん》は被甲《ひこう》の形《かたち》、眞言《しんごん》は前《まへ》の金剛部三昧耶《こんごうぶさんまや》に同《おな》じ、この被甲護身法《ひこうごしんほう》には十數種《すうしゆ》の方式《ほうしき》あり、印《いん》も眞言《しんごん》もそれ〴〵異《こと》なるものを用《もち》ひ、又《また》一の上《うへ》に更《さら》に第《だい》二第《だい》三の法《ほう》を加重《かちう》して行《おこな》ふことあり。

六、金剛橛《こんごうけつ》。地結《ちけつ》または地界《ちかい》ともいふ、結界法《けつかいほう》である、大地《だいち》に橛《くひ》を打《う》ち込《こ》み、堅《けん》固《ご》なる金剛座《こんごうざ》を造《つく》る意《い》を以《もつ》て行《おこな》ふべし、印《いん》は火炎金剛杵《くわえんこんごうきね》の形《かたち》、眞言《しんごん》は、

唵《をん》、枳里枳里《きりきり》、縛日羅《はさら》、部律《ふりつ》、滿駄《まんた》々々《〳〵》、吽《うん》、發吒《はつた》

これは堅固《けんご》金剛《こんごう》の定慧《じやうゑ》を以《もつ》て、天魔《てんま》外道《げどう》を禁罰《きんはつ》し、結縛《けつばく》して恐怖《きようふ》せしむる義《ぎ》である。

七、金剛墻《こんごうしやう》。これも結界法《けつかいほう》にして前《まへ》より一層具體的直接的《そうぐたいてきちよくせつてき》である、地結《ちけつ》とも四方結《はうけつ》ともいふ、行者《ぎやうじや》が自身《じしん》軍荼利明王《ぐんだりみやうわう》と觀《くわん》じ　一切《さい》の魔《ま》を除《のぞ》き、善神《ぜんしん》を招《まね》くために行《おこな》ふ方式《はうしき》なり、印《いん》は墻《かき》を四方《はう》に廻《めぐ》らす形《かたち》、眞言《しんごん》は、

唵《をん》、薩羅《さらさ》々々《〳〵》、縛日羅《はさら》、鉢羅迦羅《はらから》、吽《うん》、發吒《はつた》

これは金剛墻《こんごうしやう》を廻《めぐ》らして、諸魔《しよま》を摧破《さいは》すといふ義《ぎ》である。

八、道場觀《どうぢやうくわん》。これは莊嚴道場《そうごんどうぢやう》の法《ほう》にして、實《じつ》は道場觀《どうぢやうくわん》と大虚空藏《だいこくうざう》の二つになつて居《ゐ》る、由來《ゆらい》、道場《どうぢやう》と云《い》ふのは曼荼羅《まんだら》の義《ぎ》であつて、十界《かい》の一切《さい》が皆《み》な一つの曼荼羅《まんだら》に集《あつ》まると觀《くわん》ずるのである、卽《すなは》ち器界《きかい》、樓閣《ろうかく》、蓮華《れんげ》、月輪《げつりん》、種《しゆ》、三尊《そん》等《とう》、皆《み》な週遍《しうへん》すと想《おも》ひ、欠字《けつじ》の靑光空輪《せいくわうくうりん》、憾字《かんじ》の黑光風輪《こくくわうふうりん》、囕字《らんじ》の赤光火輪《せきくわうくわりん》

鑁字《はんじ》の白光水輪《はくくわうすゐりん》、暗字《あんじ》の黄光地輪《くわうくわうちりん》、波羅字《はらじ》の金龜《きんき》、蘇字《そじ》の須彌山《しゆみせん》、欠字《けつじ》の七金山《こんせん》、大小鐵圍山《だいせうてつゐせん》、紇利字《きりじ》の八乘大蓮華《じようだいれんげ》、噁字《あくじ》の廣大宮《くわうだいぐう》、紇利字《きりじ》の蓮華臺《れんげだい》、阿字《あじ》の滿月輪《まんげつりん》、鑁字《はんじ》の法界塔婆《ほつかいたうば》、塔婆《たうば》變《へん》じて大日如來《だいにちによらい》となると觀《くわん》ずるのである

印《いん》は如來《によらい》の拳印《けんいん》にして、理智冥合《りちめいがふ》、兩部不二《りやうぶふじ》の義《ぎ》を表《ひよう》す、眞言《しんごん》は、

唵《をん》、僕欠《ぼくけん》、人嚩羅《じんばら》、吽《うん》、

これは胸《むね》より喉《のど》の中《なか》の聲《こゑ》にて、牛《うし》の吼《ほ》ゆるが如《ごと》く、三たび唱《とな》ふべし、唵《をん》、僕《ぼく》、欠《けん》は大日如來《だいにちによらい》の三字《じ》の眞言《しんごん》であつて、法報應《ほつほうおう》三身《じん》を表《ひよう》す、三身淨土《しんじようど》の義《ぎ》も含《ふく》まれて居《ゐ》る、この報印《はういん》にて、左右《さいう》の肩《かた》、心《むね》、額《ひたひ》、喉《のど》、頂《いたゞき》と壇《だん》の七箇所《かしよ》を加持《かぢ》すべし。

九、大虚空藏《だいこくうぞう》。虚空藏菩薩《こくうぞうぼさつ》の德《とく》に依《よ》りて、諸種《しよしゆ》の供養《くやう》、及《およ》び樓閣宮殿《ろうかくきうでん》を生《しよう》ずることを意味《いみ》する作法《さはふ》である、印《いん》は摩尼供養印《まにくやういん》とて、二手《しゆ》虚心合掌《きよしんがつしやう》して二中指《ちうし》を外《そと》に相叉《あひこまぬ》きて手《て》の背《せ》に着《つ》け、その頭指《とうし》を相蹙《あひちぢ》めて寶形《ほうぎやう》の如《ごと》くす、眞言《しんごん》は、

唵《をん》、誐《が》々《ゝ》囊《のう》、三婆《さんば》縛《ば》、縛日羅《ばさら》、斛《こく》

これは虚空《こくう》の如《ごと》く諸寶《しよほう》を能生《のうしよう》し、衆生《しゆじよう》を歡喜《くわんき》せしむといふ義《ぎ》である。

次《つぎ》に又《また》二手《しゆ》金剛拳《こんがうけん》を結《なす》び、

唵《をん》、縛日羅《ばさら》、斫訖羅《きやたら》、吽《うん》、弱吽《じやくうん》、鑁《ばん》、斛《こく》。

と三遍唱《べんとな》へて、印《いん》にて地《ち》、曼荼羅《まんだら》、上方《じようはう》、額《ひたひ》、喉《のど》を加持《かぢ》し、また口《くち》に印《いん》を接《せつ》して供養《くやう》の意《い》を表《ひよう》す。

十、送車輅《そうしやらく》。寶車輅《ほうしやらく》。又《また》は金剛駕《こうがうが》とも云《い》ふ、本尊《ほんぞん》を勸請《くわんじよう》する法《ほう》の一つである。

この車《くるま》を引《ひ》く尊《そん》は、佛部《ぶつぶ》にては不《ふ》動明王《どうめうわう》、金剛部《こんがうぶ》にては金剛軍荼利明王《こんがうぐんだりめうわう》、又《また》は金剛童子《こんがうどうじ》、蓮華部《れんげぶ》にては蓮華軍荼利《れんげぐんだり》である、印《いん》は車《くるま》を引《ひ》く形《かたち》、眞言《しんごん》は、

唵《おん》、都嚕《とろ》々々《〳〵》、吽《うん》

唵《おん》は歸命《きみよう》、とろ〳〵は車《くるま》の轉《てん》ずる音《おと》、吽《うん》は輪《りん》の種字《しゆじ》である。

十一、請車輅《しようしやらく》。本尊《ほんぞん》の途《と》中行路《ちうかうろ》の具《ぐ》である、前《まへ》の印《いん》をそのままにして、次《つぎ》の眞《しん》

言《ごん》を唱《とな》ふ。
嚢莫《なうまく》　悉底哩耶《しつちりや》、地尾迦南《ちびきやなん》、跢他蘗多南《たたぎやたなん》、唵《おん》、縛日羅《はさら》、擬孃《ぎによう》、迦羅灑也《からしやや》、
娑婆訶《そわか》。
これは三世《ぜ》の諸如來《しよによらい》に歸命《きみよう》し奉《たてまつ》りて、金剛智火《こんがうちくわ》の使者《ししや》を以《もつ》て、召請《しようせい》し奉《たてまつ》るといふ義《ぎ》である。

十二、迎請《げいせい》。召請《しようせい》ともいふ。この召請《しようせい》の加持《かぢ》によりて、本尊《ほんぞん》が車輅《しやらく》より下《くだ》りて壇上《だんじよう》に座《ざ》し賜《たま》ふのである、印《いん》は佛部《ぶつぶ》は佛部三昧耶《ぶつぶさんまや》の印《いん》、蓮華部《れんげぶ》は蓮華三昧耶《れんげさんまや》印《いん》、金剛部《こんがうぶ》は金剛三昧耶印《こんがうさんまやいん》を用《もち》ふ、眞言《しんごん》は、
佛部《ぶつぶ》は、唵《おん》、爾嚢邇迦《になうにか》。二十五遍唱《へんとな》ふ。
蓮華部《れんげぶ》は、唵《おん》、阿路力迦《あろりききや》。二十五遍唱《へんとな》ふ。
金剛部《こんがうぶ》は、唵《おん》、縛日羅《はさら》、特勤《とくごん》、迦《きや》。二十五遍唱《へんとな》ふ。
これは皆《み》な各部《かくぶ》の意《い》を表《ひよう》したる眞言《しんごん》である。

十三、結界《けつかい》。佛部《ぶつぶ》は不動明王《ふどうめうわう》、蓮華部《れんげぶ》は馬頭明王《まとうめうわう》、金剛部《こんがうぶ》は降三世明王《こうさんぜめうわう》である、各明王《かくめうわう》の印《いん》と眞言《しんごん》とを用《もち》ふ、いづれも降魔防護《こうまはうご》のためである。

十四、金剛網《こんごうもう》。又《また》は虚空網《こくうもう》ともいふ、虚空《こくう》に網《あみ》を張《は》りて諸魔《しよま》の入《い》るを防《ふせ》ぎ、且《か》つ又《また》、本尊《ほんぞん》に附隨《ふずゐ》したる魔《ま》をも防《ふせ》ぐ意《い》である、印《いん》は虚空《こくう》に網《あみ》を張《は》りたる形《かたち》、眞言《しんごん》は、

唵《をん》、尾婆普羅《びしやふら》、捺羅乞灑《なつらこつれい》、縛日羅《ばさら》、吽《うん》、惹羅《じやら》、吽《うん》、發吒《はつた》

これは金剛網《こんがうもう》を虚空《こくう》に普遍《ふへん》ならしめて、諸魔《しよま》を防《ふせ》ぎ壇上《だんじよう》を擁護《えうご》する意《い》である。

十五、火院《くわゐん》。又《また》は金剛炎《こんがうえん》ともいふ、忿怒尊《ふんぬそん》の火生三昧《くわしようまい》にして、火《ひ》を圍繞《ゐによう》せしめて魔《ま》の入《い》るを防《ふせ》ぐのである、印《いん》は三角印《かくいん》、火《ひ》の燃《も》ゆる形《かたち》、眞言《しんごん》は、

唵《をん》、阿三莽《あさんもう》、儗寧《ぎねい》、吽《うん》、發吒《はつた》

これは智徳猛利《ちとくめうり》の火《ひ》が、諸魔《しよま》を摧破《さいは》するの義《ぎ》である。

次《つぎ》に第三摩耶印《だいさまやいん》を結《むす》ぶ、これは十八印契《いんかい》にはなきも、阿闍利《あじやり》これを加《くは》ふ、本《ほん》

尊《ぞん》印《いん》を結《むす》ぶとも云《い》ふ、眞言《しんごん》は、

唵《おん》、商迦禮《しよかれい》、摩訶《まか》、三麼炎《さんはえん》、盤陀《はんた》々々《〱》、娑婆訶《そはか》。

これは軍荼利《ぐんだり》の結界《けつかい》にて、堅固《けんご》不壞《ふゑ》の義《ぎ》を表《ひよう》したものである。

十六、閼伽《あか》。閼伽《あか》、華座《けざ》、普供養《ふくやう》の三を供養法《くやうはふ》と云《い》ふ、閼伽《あか》は最初《さいしよ》に供《きよう》する香《かう》水《すゐ》である、閼伽《あか》は無垢《むく》といひ、或《ある》ひは水輪《すゐりん》の體《たい》に随《したが》つて圓滿《ゑんまん》ともいふ、この行事《ぎやうじ》の印《いん》は寶珠《ほうじゆ》の印《いん》にして、一滴《てき》の閼伽《あか》より雲海《うんかい》の如《ごと》き多《おほ》くの供養《くやう》を流出《るしゆつ》するの意《い》あり、眞言《しんごん》は、

誐《が》々《ゝ》曩《のう》、虚空《こくう》三麼《さんは》。阿三麼《あさんは》。又《また》は唵《をん》、縛日羅《はさら》、娜迦《たきや》、吽《うん》

これは一滴《てき》の閼伽《あか》が虚空《こくう》と等《ひと》しく一切處《さいしよ》に遍《へん》するの義《ぎ》である。

十七、蓮華座《れんげざ》。諸々《もろ〱》の聖衆《せいしう》、本尊《ほんぞん》が各々《おの〱》その位《くらゐ》に座《ざ》し給《たま》ふと觀《くわん》じ、印《いん》は蓮華座《れんげざ》の印《いん》を用《もち》ふ、眞言《しんごん》は、

唵《おん》、縛日羅《はさら》、健吒都使也《けんたとしや》、解《かい》。又《また》は唵《おん》、加麼羅《かはら》、娑婆訶《そわか》

これは行者《ぎやうじや》が當《まさ》に金剛座《こんがうざ》を得《え》て、佛《ほとけ》の加持力《かぢりき》により、金剛蓮華身《こんがうれんげしん》を證《さと》るの覺《かく》位《い》を得《う》るといふ義《ぎ》を含《ふく》むものである。

十八、普供養《ふくやう》。六種供養《しゆくやう》の內《うち》、十六に示《しめ》したる閼伽《あか》を除《のぞ》きて、餘《よ》の塗香《づかう》、華鬘《けまん》、燒香《せうかう》、飯食《はんじき》、燈明《とうみよう》の五つを供養《くやう》する方法《はうはふ》である、今《いま》その一々《いち〳〵》を順記《じゆんき》す。

塗香《づかう》は本尊《ほんぞん》に供《きよう》するものと、行者《ぎやうじや》が自身《じしん》に使用《しよう》するものとの二つある、印《いん》は本尊《ほんぞん》の御身《おんみ》に香《かう》を塗《ぬ》る形《かたち》にて、その觀念《くわんねん》をなす、眞言《しんごん》は、

尾《び》輒《す》馱《た》、健度《けんど》、納婆《なうは》縛《は》野《や》、娑《そ》婆《わ》訶《か》。

これは烦香《じやうかう》を發生《はつしやう》する義《ぎ》である。

花鬘《けまん》、時《とき》の花《はな》を献《けん》ずるのである、惡《あ》しき香《か》のある花《はな》や、不祥《ふしやう》の花《はな》は降伏法《かうきはふ》以外《いぐわい》に用《もち》ひてはならぬ、鬘《まん》は糸《いと》を以《もつ》て花《はな》を貫《つらぬ》きたるを云《い》ふ、印《いん》は花鬘《けまん》の形《かたち》にて、眞言《しんごん》は、

曩莫《なうまく》、三滿多《さんまんた》、沒《ぼ》馱《だ》南《なん》、摩《ま》訶《か》、味《ま》吒《た》里《り》也《や》、毘《び》瘦《そ》納《な》櫱《ぎや》帝《てい》、莎《そ》婆《わ》訶《か》。

は大慈《だいじ》の蔓《まん》より妙好華《めうかうげ》を生《しやう》ずるの義《ぎ》である。

燒香《せうかう》。各部各法《かくぶかくはふ》によりて香《かう》を異《こと》にするが、それは既《すで》に前《まへ》に說《と》きたる如《ごと》くである、印《いん》は香爐《かうろ》の形《かたち》、眞言《しんごん》は、

　達磨《だるま》、馱縛怛《たたはく》、弩㜸帝《かきやてい》、娑婆訶《そわか》

これは、我《わ》れ燒香《せうかう》を奉《たてまつ》るによりて、佛《ほとけ》の無礙智《むげち》を得《え》、この香雲《かううん》を法界《ほつかい》に周《しう》遍《へん》せしむるといふ義《ぎ》を含《ふく》むものとす。

飯食《はんじき》。香味《かうみ》あり、淸潔《せいけつ》にして甘甜《かんてん》なるものを用《もち》ゆべし、臭穢《しうゑ》、辛苦《しんく》、澁味《しぶみ》、殘《のこ》り物《もの》、不祥《ふしやう》の食《しよく》を忌《い》む。飯食《はんじき》は無上《むじやう》の甘露《かんろ》にて、不生不死《ふしやうふし》の味《あぢ》といひ、この果德成熟《くわとくせいじゆく》して、更《さら》に無上無邊《むじやうむへん》の味《あぢ》を服《ふく》する時《とき》を證《しやう》に入《い》るとなす、その印《いん》は虛心合掌《きよしんがつしやう》にして、眞言《しんごん》は、

　阿羅々《あらゝ》、迦羅々《からゝ》、末隣《みり》、捺娜《なだ》、尾《び》、沫隣捺帝《まりなてい》、摩訶沫里《まかまり》、娑婆訶《そわか》。

これは、我《わ》れ諸々《もろ〳〵》の煩惱《ぼんのう》の喧爭《けんさう》を止《や》むる食《しよく》を以《もつ》て施《ほどこ》し奉《たてまつ》る、これを受《う》けて

我《わ》れに廣大豐美《くわうだいほうび》なる不老不死《ふらうふし》の妙食《めうじき》を還《かへ》し給《たま》へとの義《ぎ》なり、また奉献《ほうけん》の際《さい》にこの義《ぎ》を觀《くわん》ずべし。

燈明《とうめう》。如來《によらい》の光明《くわうめう》にして破闇《はあん》の義《ぎ》である、果地《くわち》に至《いた》る時《とき》は、心《こゝろ》の障《さは》りは都《すべ》て盡《つ》き、無量《むりやう》の慧《ゑ》を轉《てん》じて、遍《あま》ねく衆生《しゆじやう》を照《て》らすゆゑに燈《あかし》といふのである各部各法《かくぶかくほう》に用《もち》ふる油《あぶら》は、それ〳〵前《まへ》に記《しる》せるが如《ごと》し、印《いん》は燈明印《とうめういん》、眞言《しんごん》は、

怛多蘖多《たたぎやた》、羅脂《らし》、婆頗羅額《ははらねい》、縛婆娑曩《ははしやなう》、比哩耶《たりや》、娑婆訶《そわか》。

これは如來《によらい》の光炎《くわうえん》は、もろ〳〵の暗《やみ》を破《は》し、遍《へん》じて虛空《こくう》に等《ひと》といふ義《ぎ》である。

次《つぎ》に四智讃《ちさん》、附《つ》けて拍掌《はくしやう》す、金剛合掌《こんがうがつしやう》、金剛歌《こんがうか》を唱《とな》ふ。

唵《おん》、縛日羅《はさら》、薩埵《さつた》、僧蘖羅賀《そうきやらか》。

合掌《がつしやう》のまま臂《ひぢ》を伸《の》べて額《ひたひ》を安《あん》ず、次《つぎ》に法雅《ほうが》の調《てう》にて、

縛日羅《はさら》、達磨誐也奈《だるきがやな》

前《まへ》の印《いん》にて頂《いたゞき》より口《くち》に至《いた》り加持《かぢ》す、また歌《うた》を奏《そう》す。

縛日羅《ばさら》、羯磨《かつま》、迦路婆縛《かろはば》と唱《とな》へ、三度舞儀《たびぶぎ》し、一拍《はく》、迦路《かろ》、又《また》一拍《はく》、婆《は》、又《また》一遍《ぺん》、縛《ば》、初《はじ》めの二度《ど》は音《おと》なく、三度目《どめ》には音《おと》あらしむ。

次《つぎ》に本尊讃《ほんぞんさん》　金剛合掌《こんがうがつしやう》して、大慈大悲《だいじだいひ》云々《うんぬん》と唱《とな》ふ。

次《つぎ》に廣大不空摩尼供《くわうだいふくうまにく》、これは廣大《くわうだい》なる寶珠《ほうじゆ》より無量《むりやう》の供物《くもつ》を出《い》だして供養《くやう》する意《い》である、印《いん》は虚心合掌《きよしんがつしやう》、眞言《しんごん》は、

唵《おん》、阿謨伽《あぼきや》、布惹《ふじや》、摩尼《まに》、跛納摩《はなま》、縛日羅《ばさら》、怛他蘗多《たたぎやた》、尾路枳帝《びらきてい》、三満多《さんまんた》、鉢羅薩羅《はらさら》、吽《うん》。

これは供養《くやう》する寶珠《ほうじゆ》は、三部《ぶ》諸尊《しよそん》を觀照《くわんせう》し、普《あまね》く供養《くやう》を舒《の》べ展《のぶ》るの義《ぎ》である。

次《つぎ》に前《まへ》の印《いん》を散《さん》ぜずして三力偈《さんりきげ》。

次《つぎ》に禮佛《らいぶつ》。

次《つぎ》に入我我入觀《にふががにふくわん》。

次《つぎ》に本尊《ほんぞん》の根本印《こんぽんいん》。

次《つぎ》に心中心印《しんちうしんいん》。

次《つぎ》に正念誦《しやうねんじゆ》。

次《つぎ》に旋轉眞言《せんてんしんごん》。

次《つぎ》に字輪觀《じりんくわん》。

次《つぎ》に念誦《ねんじゆ》百八遍《べん》より千八十遍《べん》に至《いた》る、この間《かん》、本尊《ほんぞん》の三摩地《まち》に住《ぢう》す。

次《つぎ》に普供養《ふくやう》の印《いん》、迎請印《げいせいいん》、解界《かいかい》、發遣《はつけん》、三部三摩耶《ぶさんまや》、被甲護身《ひこうごしん》、普禮《ふらい》と、前《まへ》の法《ほう》を逆《ぎやく》に行《おこな》ひ、出道場《しゆつだうぢやう》の作法《さはふ》を行《おこな》ふべきものとする。

以上《いじやう》は眞言事相《しんごんじさう》の略儀《りやくぎ》と、普《あま》ねく通用《つうよう》する加持祈禱《かぢきとう》の綱要《かうえう》を述《の》べたのであるが、本尊《ほんぞん》の異《こと》なるに從《したが》ひ、それ〴〵法式《はふしき》や、印《いん》や、眞言《しんごん》も違《ちが》ふのであるから、それは特殊《とくしゆ》の修法方式《しうはふはうしき》について修練《しうれん》すべきである。

十八契印(一)

(淨三業)

二

佛部三昧耶

三

四

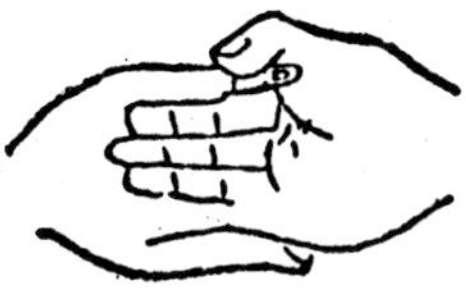

(剛部三昧耶)

五

(被甲護身)

六

七

(四方結)

八

(道場觀)

九

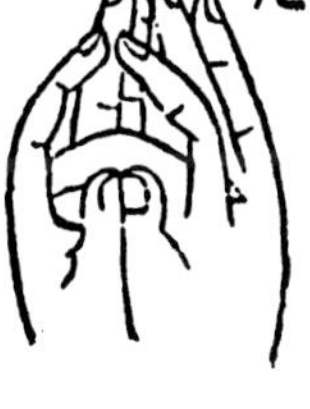

二三、十八印契圖

十八契印(二)

十

(送車輅)

十三

(部主結界)

十六

(金剛輪)

十一

(請車輅)

十四

(虛空網)

十七

(普供養)

十二

(召請)

十五

(火炎)

十八

(金剛起)

二四、略念誦の要法

前擧《ぜんこ》十八道《だう》の修法《しうはふ》は、上《かみ》は佛菩薩《ぶつぼさつ》より下《しも》は夜叉《やしや》人非人《にんぴにん》に至《いた》るまで、總《すべ》てに應用《おうよう》すべき正式《せいしき》の行法《ぎやうほう》であるが、行《おこな》ふことが餘《あま》り莊重《さうちよう》であり鄭寧《ていねい》であつて、充分《じうぶん》の準備《じゆんび》が無《な》くてはならぬ上《うへ》に、相當時間《さうたうじかん》も長《なが》くかゝるのであるから、急《きふ》を要《えう》する場合《ばあひ》や、豫《あらかじ》め準備《じゆんび》がしてなかつた時《とき》は、直《たゞ》ちに執行《しつかう》する譯《わけ》にゆかぬ。そこで正式《せいしき》の曼荼羅《まんだら》や壇《だん》も造《つく》らず、護摩《ごま》も燃《た》かず、供物《くもつ》も簡略《かんりやく》して、隨時《ずゐじ》に即應《そくおう》するため、弘法大師《こうはうだいし》が特《とく》に略念誦法《りやくねんじゆはう》を製作《せいさく》せられた、即《すなは》ち略式祈禱法《りやくしききとうはう》である、弘法《こうはう》大師《だいし》の著書秘藏記《ちよしよひざうき》に曰《いは》く、

略念誦《りやくねんじゆ》の法《はう》は、行道及《ぎやうだうおよ》び草々《さう〳〵》(急速《きふそく》のこと)の時《とき》の念誦法《ねんじゆはう》なり、先《ま》づ護身《ごしん》せよ、器世間《きせけん》より被甲《ひかふ》に至《いた》る、小金剛輪《せうこんがうりん》の印《いん》を結《むす》んで、左《さ》の眞言《しんごん》を誦《じゆ》せよ。

この印《いん》は十八印契《いんかい》には無《な》し、印相《いんさう》は二手金剛拳《しゆこんがうけん》にして、二頭指《とうし》と二小指《せうし》を相立《あひた》て、頭《かしら》を相鈎《あこう》す、これを圓壇《ゑんだん》の形《かたち》とす、或《ある》ひは八瓣《べん》の肉團心《にくだんしん》、又《また》は八幅《ふく》

輪《りん》の形《かたち》となす。

眞言《しんごん》は、

唵《おん》、縛日羅《ばさら》、斫訖羅《ききつら》、吽《うん》、弱《じやく》、鑁《ばん》、斛《こく》、

次《つぎ》に根本印《こんぽんいん》を結《むす》んで、根本眞言《こんぽんしんごん》を誦《じゆ》し、心《こころ》、額《ひたひ》、喉《のど》、頂《うなじ》の四處《しよ》を加持《かぢ》せよ。

根本印《こんぽんいん》とは本尊《ほんぞん》とせる不動尊《ふどうそん》なれば不動尊《ふどうそん》の印《いん》、大黑天《だいこくてん》なれば大黑天《だいこくてん》の印《いん》をいふ、根本眞言《こんぽんしんごん》も亦《ま》た修法本尊《しうはうほんぞん》の眞言《しんごん》なり。

次《つぎ》に金剛合掌《こんがうがつしよう》を頂上《ちようじよう》に置《お》きて、唵字《おんじ》二十一遍《ぺん》を誦《じゆ》せよ、これ供養法《くやうはう》なり。

唵《おん》は歸命《きめう》の義《ぎ》にて、唵《おん》を唱《とな》ふれば一切《さい》の罪惡《ざいあく》消滅《せうめつ》し、諸佛歡喜《しよぶつくわんき》し給《たま》ふ、この他《た》に驚覺《きようがく》、除垢《じよく》、攝伏《せつぷく》、三身等《しんとう》の意《い》あり、故《ゆゑ》に佛身及《ぶつしんおよ》び佛性《ぶつしよう》となる。

次《つぎ》に根本印《こんぽんいん》（本尊《ほんぞん》の印《いん》）を結《むす》んで、根本《こんぽん》の眞言《しんごん》（修法祈禱《しうはうきとう》の本尊《ほんぞん》）を二十一遍《ぺん》念誦《ねんじゆ》せよ。

以下《いか》は必《かなら》ずしも珠數《じゆず》を捻《ねん》せず、これより以後《いご》は宜《よろ》しきに從《したが》つて修行《しゆぎやう》せよ。

これは主観的精神的《しゆくわんてきせいしんてき》に重《おも》きを置《お》きて、客観的形式《きやくくわんてきけいしき》を省略《しやうりやく》せるものである、故《ゆゑ》に弘法大師《こうぼうだいし》はこの略念誦《りやくねんじゆ》を行《おこな》ふに當《あた》り、注意《ちうい》を與《あた》へて曰《いは》く、

念誦《ねんじゆ》の時《とき》の焼香《せうかう》の法《ほう》は、最初《さいしよ》と現智身《げんちしん》と、また道場觀《だうぢやうくわん》の始《はじ》めと、將《まさ》に念誦《ねんじゆ》に入《い》らんとする時《とき》と、觀念《くわんねん》し了《をは》りて將《まさ》に供養《くやう》せんとする時《とき》、若《も》し散心《さんしん》あらば、出入《しゆつにう》の息《そく》を觀《くわん》じて一法界《ほつかい》と爲《な》し、我《わ》が身《み》と本尊《ほんぞん》を一法界《ほつかい》に攝《せつ》し、一切諸法《さいしよほう》をこの一法界《ほつかい》に攝《せつ》して後《のち》に念誦《ねんじゆ》せよと。

またこれ一種《しゆ》の阿字觀《あじくわん》である。

又《また》金輪時處軌《こんりんじしよき》に曰《いは》く、

極略念誦儀《ごくりやくねんじゆぎ》は、瑜伽者《ゆがしや》(修法者《しうほうしや》のこと)が多法《たほう》を好《この》まず、樂《たのし》まず、又或《またある》ひは衆衆《しう》の世務《せな》に迫《せま》られて、廣《ひろ》く法《ほう》を用《もち》ひば闕《か》げんことを恐《おそ》るるが爲《た》めに、先《ま》づ智拳印《ちけんいん》を結《なす》び、卽勝身《そくしようしん》を加持《かぢ》せよ、

闕《か》げんことを恐《おた》るるとは、法《ほう》の如《ごと》く修行《しゆぎよう》することが出來《でき》ず、また修法《しうほう》するも

六つかしくて、失敗《しつぱい》があつたりして、却《かへ》つて功力《くりき》に闕《か》ぐる所《ところ》があるかも知《し》れぬ故《ゆゑ》、それ等《ら》は寧《むし》ろ略式《りやくしき》の方《はう》がよいといふのである。また卽勝身《そくしようしん》とは身《み》の五處《しよ》を加持《かぢ》するのである、五處《しよ》は前《まへ》に出《い》づ、この智拳印《ちけんいん》の時《とき》は大日如來《だいにちによらい》の眞言《しんごん》を唱《とな》ふべし。

次《つぎ》に供養《くやう》の儀《ぎ》を陳《ちん》ぜよ。

水《みづ》や花《はな》や香《かう》や飯食《はんじき》等《とう》の事供養《じくやう》が出來《でき》ねば、理供養《りくやう》とて心《こころ》にそれ等《ら》の物《もの》を獻《けん》ずる想《おもひ》をなして祈念《きねん》すれば、それでよろしいのである。

この略念誦法《りやくねんじゆほう》は弘法大師《こうぼうだいし》の略念誦法《りやくねんじゆほう》よりも、一層簡略《そうかんりやく》であり、これであるならば行者《ぎやうじや》でなくとも、一般《ぱん》の信者在家《しんじやざいけ》の者《もの》にも可能《かのう》である。

また普通《ふつう》の略法《りやくほう》には、先《ま》づ第《だい》一に烏樞沙摩明王《うすさまみやうわう》の解穢《かいゑ》の印《いん》を結《むす》び、その眞言《しんごん》を唱《とな》ふ、この明王《みやうわう》とその印《いん》と明《みやう》とは不淨《ふじやう》を淸淨《しやうじやう》ならしむるものゆゑ、これにて土地道場《とちだうぢやう》を淸淨《しやうじやう》ならしめ、それから淨三業《じやうごう》の印《いん》を結《むす》び、眞言《しんごん》を唱《とな》ふ、これにて自己《じこ》の心身《しんしん》が清淨《しようじよう》になる。それから金輪時處軌《こんりんじしよき》の如《ごと》く、智拳印《ちけんいん》を結《むす》び、大日如來《だいにちによらい》の眞言《しんごん》を唱《とな》ふれば、前後首尾《ぜんごしゆび》一貫《くわん》する譯《わけ》である、併《しか》しこれだけでは餘《あま》りに簡《かん》に失《しつ》して、常住不斷《じようぢうふだん》の觀念《くわんねん》としてはよいが、祈念《きねん》といふことになれば、在家《ざいけ》としても物足《ものた》らぬ心地《こゝち》がするので、後《のち》に至《いた》り在家祈念方式《ざいけきねんはうしき》を記《しる》すことにする。

二五、不動護摩の次第

護摩の實義

秘密佛教《ひみつぶつきよう》の修法祈禱《しうほうきとう》には、何事《なにごと》によらず護摩《ごま》を燃《た》くのが本格《ほんかく》である。併《しか》し護摩《ごま》の行事《ぎようじ》はなか〳〵手數《てすう》もかかり、時間《じかん》も永《なが》く要《えう》するので、普通《ふつう》の修法祈禱《しうほうきとう》や不動尊《ふどうそん》を本尊《ほんぞん》として祈禱《きとう》する他《た》の修法《しうほう》には、大抵護摩法《たいていごまほう》を用《もち》ひず、護摩《ごま》と云《い》へば不動護摩《ふどうごま》といふに限《かぎ》るが如《ごと》く見做《みな》されて居《ゐ》る。

全體《ぜんたい》、護摩《ごま》は火《ひ》に神聖不思議《しんせいふしぎ》の威力《いりき》ありとして、これを崇拜《すうはい》する心理《しんり》より起《おこ》つたものであつて、何《いづ》れの國《くに》でも如何《いか》なる民族《みんぞく》でも、上古《じようこ》は大抵《たいてい》、火《ひ》を神視《しんし》せぬものはなかつた、印度《いんど》では波羅門教《はらもんきよう》の中《なか》にも大切《たいせつ》の行事《ぎやうじ》となつて居《ゐ》る、その主旨《しゆし》は、火《ひ》は一切《さい》のものを清浄《しやうじやう》ならしむる力《ちから》がある、また火《ひ》は福徳《ふくとく》を左右《さう》する力《ちから》があると信《しん》じ、護摩《ごま》を焚《た》いてその功徳《くどく》により、物質的《ぶつしつてき》の幸福《かうふく》を得《え》やうとするのが第《だい》一。次《つぎ》に火《ひ》の靈力《れいりき》により死後《しご》、天上界《てんじやうかい》に生《うま》れて、幸榮《かうえい》を得《え》たいといふのが最《さい》後《ご》の希望《きばう》であり目的《もくてき》であつた、故《ゆゑ》に佛教《ぶつきよう》では、これを事火下道《じくわげだう》と云《い》つて居《ゐ》る。それは同《おな》じ護摩《ごま》でも波羅門《はらもん》の方《はう》は最大《さいだい》の物的幸福《ぶつてきかうふく》に在《あ》るが、佛教《ぶつきよう》の方《はう》は物的幸《ぶつてきかう》福《ふく》は方便《はうべん》であつて、眞《しん》の目的《もくてき》は心的煩悶《しんてきはんもん》を斷《た》ち佛道《ぶつだう》を成就《じやうじゆ》する手段《しゆだん》とするのであるから、佛教《ぶつきよう》の根本義《こんぽんぎ》に相違《さうゐ》するものは、たとへ形式《けいしき》は同《おな》じでも趣意《しゆい》が相反《あひはん》する故《ゆゑ》、外道《げだう》といつたのである。佛教《ぶつきよう》は内道《ないだう》、即《すなは》ち自分《じぶん》の内《うち》のもの、佛教《ぶつきよう》に反《はん》するものは他《た》の道《みち》、即《すなは》ち外道《げだう》といつて、内外《ないげ》を分《わか》つたのである。

波斯《ペルシヤ》には拜火教《はいくわきよう》といふのがある、これは國教的《こくきようてき》でなか〱盛《さか》んであるが、印《イン》度《ド》の事火外道《じくわげだう》と大抵同《たいていどう》一程度《ていど》のものである。支那《しな》でも日本《につぽん》でも古來《こらい》より焼火祭《せうくわさい》とか、火《ひ》渡法等《わたりほうとう》があつて、火《ひ》を尊重《そんちよう》し、忌火等《いみびなど》と喧《やか》ましく云《い》つたものである。

佛教《ぶつきよう》の護摩《ごま》には、内護摩《ないごま》と外護摩《げごま》との二つがある。内護摩《ないごま》といふのは、精神《せいしん》界内《かいない》の一切《さい》の不浄煩悩《ふじようぼんのう》を焼《や》き盡《つく》して、成道《じようだう》に到《いた》らしむるため、外護摩《げごま》は爐《ろ》を設《まう》け、薪《たきぎ》を焼《や》き、油《あぶら》を注《そゝ》ぎ、一定《てい》の方儀《はうぎ》を行《おこな》ひ、以《もつ》て物質的増益《ぶつしつてきぞうやく》、又《また》は息災《そくさい》、又《また》は調伏等《ちようぶくとう》を目的《もくてき》として、世間的《せけんてき》の幸福《かうふく》を祈念《きねん》するのである、従《したが》つてその形式等《けいしきとう》は大體《だいたい》、事火外道《じくわげだう》の所作《しよさ》と異《こと》なることはない。

但《たゞ》し事火外道《じくわげだう》の方《はう》は世間的幸福《せけんてきかうふく》そのものが目的《もくてき》であるが、佛教《ぶつきよう》の方《はう》は衣食足《いしよくた》つて禮節《れいせつ》を知《し》るといふやうに、貧困《ひんこん》のものや難化《なんげ》のものに、先《ま》づ世間的《せけんてき》の幸福《かうふく》を與《あた》へ、それを機縁《きえん》として漸次《ぜんじ》に解脱佛道《げだつぶつだう》の本城《ほんじよう》に引《ひ》き入《い》れんとするのである、それゆゑに行者即《ぎようじやすなは》ち僧侶法印《そうりよほういん》といふ人《ひと》は自分《じぶん》に物質慾《ぶつしつよく》や、生天等《しようてんとう》の考《かんが》へはない、又《また》あつてはならぬ、唯《た》だ〱忿怒尊《ふんぬそん》の大悲心《だいじしん》を楯《たて》に、身《み》を忿怒尊《ふんぬそん》に捧《さゝ》げて、衆《しゆ》生濟度《じようさいど》の方便《はうべん》として修法祈念《しゆうはうきねん》するといふ最高至上《さいかうしじよう》の信念《しんねん》を以《もつ》て行《おこな》ふべきである護摩《ごま》は梵語《ぼんご》にては阿祇爾《あぎに》といふ、護摩《ごま》と漢譯《かんやく》したが、實《じつ》は漢語《かんご》でもない、日《に》本語《ほんご》では燒《や》くといふのに當《あた》る。本來《ほんらい》から云《い》へば護摩《ごま》は一切《さい》の修法祈禱《しうほうきとう》に伴《ともな》ふべきものであつて、その意義作法《いぎさはふ》もなか〳〵複雜《ふくざつ》であるから、簡單《かんたん》に解説《かいせつ》してもなか〳〵分《わか》りにくい故《ゆゑ》、別《べつ》に第《だい》二篇《へん》として詳述《しやうじゆつ》するから不充分《ふじうぶん》不明《めい》の點《てん》は、その方《はう》で考究《かうきう》するやうにして、今《いま》こゝには不動護摩《ふどうごま》の大要《たいえう》だけを略記《りやくき》する事《こと》とする次第《しだい》である。

先《ま》づ第《だい》一に護摩壇《ごまだん》を裝置《さうち》し、薪《たきぎ》その他《た》一切《さい》の用具《ようぐ》を整備《せいび》する。

第《だい》二に導師《だうし》以下《いか》伴衆規定《はんしうきてい》の威儀《ゐぎ》を整《とゝの》へ、法式《ほうしき》の如《ごと》く着坐《ちやくざ》す、斯《か》くて不動尊《ふどうそん》は常《つね》に火生三昧《くわしやうさんまい》に住《じう》し、煩惱《ぼんのう》を燒《や》くの義《ぎ》あり、故《ゆゑ》にこの護摩法《ごまほう》に相應《さうおう》するを以《もつ》て、特《とく》に本尊《ほんぞん》と崇《あが》め奉《たてまつ》ると觀念《くわんねん》し、

先《ま》づ灑淨水《しやじやうすゐ》。三鈷印《こいん》を結《むす》び、軍荼利明王《ぐんだりみやうわう》の小呪《せうじゆ》を唱《とな》ふ、呪卽《じゆすなは》ち眞言《しんごん》は、

阿密哩帝《あみりてい》、吽《うん》、發吒《はつた》。

次《つぎ》に嗽口水《そうこうすゐ》。一鈷印《こいん》、眞言《しんごん》は、
縛日羅曩《ばさらなう》。

次《つぎ》に灑浄水《しやじようすゐ》を諸々《もろ〳〵》の供物《くもつ》の上《うへ》に灑《そゝ》く。

次《つぎ》に嗽口水《そうこうすゐ》を爐《ろ》の口《くち》に嗽《そゝ》ぐこと三度《たび》。

次《つぎ》に羯磨加持《かつまかぢ》。羯磨杵《かつまきね》の印《いん》を結《むす》び、その眞言《しんごん》を唱《とな》ふべし。

次《つぎ》に爐口《ろこう》を加持《かぢ》す、軍荼利《ぐんだり》の三鈷印《こいん》、枳里《きり》の眞言《しんごん》を唱《とな》ふべし。

次《つぎ》に薪《たきぎ》を積《つ》む時《とき》は、火《ひ》を扇《あふ》ぐ、薪《たきぎ》には檀木《だんぼく》及《およ》び乳木《にうぼく》あり、また祈禱《きとう》の種類《しゆるゐ》によりて木《き》を異《こと》にす。

以上《いじやう》は供養《くやう》以前《ぜん》の儀式《ぎしき》である。斯《か》くて念誦畢《ねんじゆおは》らば珠数《じゆず》を本《もと》の所《ところ》に置《お》く。

第一　火天段

本尊《ほんぞん》と爐《ろ》と行者《ぎやうじや》の身《み》と、これを護摩法《ごまほふ》の三種《しゆ》といふ、この三種《しゆ》にまた各々《おの〳〵》身口《しんく》意《い》の三を具《ぐ》す、即《すなは》ち本尊《ほんぞん》の三密《みつ》と爐《ろ》の三密《みつ》と行者《ぎやうじや》の三密《みつ》とである、また心《こゝろ》を本尊《ほんぞん》となし、口《くち》を眞言《しんごん》となし、身《み》を印契《いんかい》となす。この事《じ》即理《そくり》にして、事《じ》と理《り》と不二《ふじ》なり事《じ》を示《しめ》して理《り》を說《と》き、理《り》を以《もつ》て事《じ》を顯《あら》はし、外《そと》を引《ひ》きて內《うち》に入《い》るれば理即《りすなは》ち圓滿《ゑんまん》し、內《うち》を引《ひ》きて外《そと》に趣《おもむ》けば事《じ》は即《すなは》ち軌則《きそく》となる、これを行法《ぎようほふ》の本義《ほんぎ》とする

次《つぎ》に定印《じよういん》。法界定印《ほつかいじよういん》を結《なす》んで、心月輪《しつげつりん》の上《うへ》に鑁字《はんじ》あり、變《へん》じて卒覩婆《そとは》となる、卒覩婆《そとは》變《へん》じて大日《だいにち》の羯磨形《かつまぎよう》となると觀念《くわんねん》す。

次《つぎ》に智《ち》奉印《ほういん》を結《なす》び、大日《だいにち》の眞言《しんごん》二十一遍《へん》を唱《とな》へ、身《み》の四處《しよ》を加持《かぢ》す、四處《しよ》は前《まへ》に出《い》づ。

次《つぎ》に本尊《ほんぞん》の三摩地《まぢ》(定《じよう》)に入《い》り、根本印《こんほんいん》を結《なす》んで四處《しよ》を加持《かぢ》す、本尊《ほんぞん》三摩地《まぢ》は入我我入《にふがゝにふ》なり、根本印《こんほんいん》は無所不至印《むしよふしいん》にて、眞言《しんごん》は前《まへ》の如《ごと》く二十一遍唱《へんとな》ふ。

次《つぎ》に定印《じよういん》を結《むす》んで、心月輪《しんげつりん》に嚂字《らんじ》あり、變《へん》じて火輪《くわりん》となる、我《わ》が身《み》は擧體火《こたいくわ》輪《りん》なりと觀《くわん》ずる、即《すなは》ち火天《くわてん》の大印《たいいん》(右手《みぎて》を竪《た》て四指《し》を散《さん》じ立《た》て、大指《たいし》を掌中《しようちう》にし、左手《ひだりて》は大指《たいし》と中指《ちうし》相捻《あひねん》し、三角《かく》の形《かたち》をなし、胸《むね》に置《お》く)を結《なす》んで四處《しよ》を加《か》

持《ぢ》す、この時《とき》は火天《くわてん》の小呪《せうじゆ》。

阿《あ》擬《ぎ》曩《なう》、娑《そ》婆《わ》訶《か》を百遍《べん》唱《とな》ふ。

次《つぎ》に加持《かぢ》芥子《けし》。芥子《けし》は堅辛《けんしん》の性《しやう》ありて降伏《ごうぶく》の用《よう》を爲《な》す、乃《すなは》ち眞言《しんごん》加持《かぢ》を添《そ》へ降魔《がうま》結界《けつかい》の用《よう》をなす。十方《はう》に芥子《けし》を投《な》ぐるは十方《はう》の魔軍《まぐん》を破《やぶ》るのである、作法《さはふ》は劔印《けんいん》を結《むす》び、不動尊《ふどうそん》の慈救呪《じくじゆ》七遍《へん》、一字《じ》憾《かん》を唱《とな》ふること二十一遍《べん》、左《ひだり》の珠數《じゆず》に數《かず》を記《しる》し、加持《かぢ》了《をは》りて、右《みぎ》の大指《だいし》頭指《とうし》中指《ちうし》を以《もつ》て芥子《けし》を取《と》り、丑寅《うしとら》の角《すみ》より十方《はう》に投《な》げ、行者《ぎやうじや》、前《まへ》より後《うしろ》に投《な》ぐ、上下《じやうげ》する時《とき》は一度《ど》に芥子《けし》を取《と》り、二度《ど》に天《てん》地《ち》に投《な》ぐ、天《てん》に投《な》ぐるときは手《て》を仰《あほ》むけず只《た》だ指《ゆび》の末《すへ》を少《すこ》し擧《あ》げてこれを投《な》ぐ地《ち》は爐《ろ》と爐盤《ろはん》との間《あひだ》に投《な》ぐるものとす。

次《つぎ》に茅草指環《ほうさうしくわん》。金剛頂祇祇經《こんがうちやうゆぎきやう》に曰《いは》く。青茅《せいばう》をとり一旋《せん》の茅環《ほうくわん》を作《つく》り、左右《さゆう》の指頭《しとう》を釧《くん》し、能《よ》くもろ〳〵の不祥《ふしやう》を降《くだ》すと、これは息災《そくさい》なり、また忍願《にんぐわん》の節《ふし》を釧《くん》して能《よ》く一切《さい》の苦《く》を除《のぞ》くと、これは降伏《ごうぶく》なり、また禪智《ぜんち》度《ど》を釧《くん》して能《よ》く那羅延《ならえん》

(大力《たいりき》)を奪《うば》ふと、これは増益《ぞうやく》なり、また戒方《かいはう》の指《ゆび》を釧《くん》して、能《よ》く本尊《ほんぞん》を喜《よろこ》ばしむれば、一切《さい》の願《ねがひ》を授《さづ》かり、一切《さい》は成就《じようじゆ》すと、これは敬愛《きようあい》なり、檀慧《だんゑ》の節《ふし》を釧《くん》すれば、親近《しんごん》の諸々《もろく》の悉地《しつち》に親近《しんごん》すと、これは鈎召《こうしよう》なり。

次《つぎ》に調薪《てうしん》して火《ひ》を扇《あふ》ぐ。

次《つぎ》に浄水《じようすゐ》を薪《たきぎ》の上《うへ》に灑《そゝ》ぐ。

次《つぎ》に羯磨《かつま》加持《かぢ》。

次《つぎ》に爐《ろ》の口《くち》を加持《かぢ》す、杵《きね》を取《と》りて三度抽擲《たびちうちやく》するなり。

次《つぎ》に一華《げ》を採《と》り、火天《くわてん》の小呪《せうじゆ》を誦《じゆ》し、爐中《ろちう》に投《とう》じ、定印《じよういん》を結《むす》ぶ、この華《はな》が荷《か》葉坐《せうざ》となる、坐《ざ》の上《うへ》に囕字《らんじ》あり、變《へん》じて賢瓶《けんぺい》となる、賢瓶《けんぺい》變《へん》じて赤黒色《せきこくしよく》の火天《くわてん》の身《み》となる、四臂《ひ》具足《ぐそく》せり、右《みぎ》の第《だい》一の手《て》は施無畏《せむゐ》、即《すなは》ち臂《ひぢ》を擧《あ》げて五指《し》を伸《の》べ掌《たなごころ》を外《そと》にして物《もの》を與《あた》ふる形《かたち》。第《だい》二手《しゆ》には珠數《じゆず》を持《も》ち、左《ひだり》の第《だい》一手《しゆ》に仙杖《せんじよう》を取《と》り、第《だい》二手《しゆ》に軍持《ぐんぢ》を執《と》る、火炎身《くわえんみ》に遍《へん》せりと、斯《か》くの如《ごと》く觀念《くわんねん》すべし、觀念畢《くわんねんをは》つて卽《すなは》ち大印《たいいん》を結《なす》び、不動尊《ふどうそん》の大眞言《だいしんごん》を唱《とな》ふ、眞言《しんごん》の末《すへ》に四攝《せつ》の印明《いんめう》並《なら》びに勸《くわん》請《じやう》の句《く》を加《くは》へ、娑婆訶《そわか》の聲《こゑ》と倶《とも》にこれを招《まね》き、曼荼羅《まんだら》の火天《くわてん》の身《み》と、爐中《ろちう》の火《くわ》天《てん》と冥合《めいがふ》せしむ。

次《つぎ》に、唯願火天《ゆゐぐわんくわてん》、降臨此座《かうりんしざ》、哀愍納受《あいみんなうじゆ》、護摩妙具《ごまめうぐ》、と唱《とな》ふ、これを四句《く》の偈《げ》といふ。

次《つぎ》に嗽口《そうこう》。

次《つぎ》に塗香《づかう》。

次《つぎ》に乳木《にうぼく》、二十一枝《し》。

次《つぎ》に飯《はん》、大杓《たいしやく》。

次《つぎ》に五穀《こく》、小杓《せうしやく》。

次《つぎ》に華《はな》。

次《つぎ》に丸香《ぐわんかう》。

次《つぎ》に散香《さんかう》。

次《つぎ》に蘇油《そゆう》。

次《つぎ》に普供養《ふくやう》の印《いん》、眞言《しんごん》、三力偈《りきげ》。

次《つぎ》に嗽口《そうこう》、火天《くわてん》の口《くち》を洗《あら》ふ。

次《つぎ》に一華《げ》を以《もつ》て火天《くわてん》の小呪《せうじゆ》を誦《じゆ》して、曼荼羅《まんだら》の方《はう》に投《な》げ坐《ざ》となす、印《すなは》ち前《まへ》に誦《じゆ》せし大眞言《だいしんごん》の勸請《くわんじやう》の句《く》を改《あらた》め、決邪《けつじや》の句《く》を置《お》き、外《そと》に向《むか》つてこれを撥《はつ》す。

次《つぎ》に金剛合掌《こんがうがつしやう》して、唯願火天等《ゆゐぐわんくわてんとう》の祈念文《きねんもん》を誦《じゆ》す。

已上《ゐじやう》にて火天段《くわてんだん》畢《をは》る。

第二部母段

先《ま》づ薪《たきゞ》を調《とゝの》へて火《ひ》を扇《あふ》ぐ。

次《つぎ》に淨香水《じやうかうすゐ》を灑《そゝ》ぎて、供物《くもつ》に散《さん》ず。

次《つぎ》に羯摩加持《かつまかぢ》。

次《つぎ》に爐《ろ》の口《くち》を加持《かぢ》す。

次《つぎ》に定印《じやういん》を結《むす》んで、我《わ》が心月輪《しんげつりん》の上《うへ》に吽字《うんじ》あり、變《へん》じて五股《こ》となる、體《たい》みな五股《こ》なり、變《へん》じて降三世《かうさんぜ》となる、八臂《び》にして四面《めん》ありと觀《くわん》ず。

次《つぎ》に本尊印《ほんぞんいん》を結《むす》び、眞言《しんごん》を誦《じゆ》して、四處《しよ》を加持《かぢ》し、一華《げ》を取《と》りて爐《ろ》の中《なか》に投《な》げて坐《ざ》とし、その上《うへ》に吽字《うんじ》あり五股《こ》となる、又變《またへん》じて降三世《かうさんぜ》となると觀《くわん》じ、即《すなは》ち降三世《かうさんぜ》の眞言《しんごん》を唱《とな》ふ。

蘇婆儞蘇婆《そはにそは》、縛日羅《はさら》、吽《うん》、發吒《はつた》
斯《か》くてまた勸請《くわんじやう》の句《く》を加《くは》へてこれを招《まね》き、曼荼羅《まんだら》の中《なか》の降三世尊《かうさんぜそん》と同《おな》じと想《おも》ひ觀《くわん》ず。

次《つぎ》に唯願明王《ゆゐぐわんめうわう》、降臨此坐《かうりんしざ》の偈《げ》を誦《じゆ》す（火天《くわてん》に同《おな》じ）

次《つぎ》に嗽口《そうこう》。

次《つぎ》に塗香《づかう》。

次《つぎ》に蘇油《そゆう》。

次《つぎ》に乳木《にうぼく》。

次《つぎ》に飯《はん》。

次《つぎ》に五穀《こく》。

次《つぎ》に華《はな》。

次《つぎ》に丸香《ぐわんかう》。

次《つぎ》に散香《さんかう》、この次《つぎ》に再《ふたゝ》び蘇油《そゆう》を注《そゝ》ぐことあり。

次《つぎ》に普供養《ふくやう》。

次《つぎ》に嗽口《そうこう》。

次《つぎ》に一華《げ》を以《もつ》て本尊《ほんぞん》の眞言《しんごん》の末《すへ》に奉送《ほうそう》の句《く》を加《くは》へてこれを送《おく》り、唯願明王《ゆゐぐわんみやうわう》、還着本坐《げんちやくほんざ》の偈《げ》を唱《とな》ふ。

已上《ゐじやう》にて部母段《ぶもだん》畢《をは》る。

第三　本尊段

薪《たきゞ》を調《とゝな》ふ。

次《つぎ》に淨水《じようすゐ》を灑《そゝ》ぐ。

次《つぎ》に羯磨加持《かつまかぢ》。

次《つぎ》に爐《ろ》の口《くち》を加持《かぢ》す。

次《つぎ》に本尊觀《ほんぞんくわん》、我《わ》が心月輪《しんげつりん》に囕字《らんじ》あり、變《へん》じて利劍《りけん》となる、利劍《りけん》變《へん》じて不動尊《ふどうそん》となる、忿怒《ふんぬ》暴惡《ばうあく》の相《さう》なりと觀《くわん》ず。

次《つぎ》に刀印《たういん》を結《なす》んで眞言《しんごん》を誦《じゆ》して、身《み》を加持《かぢ》す、部印《ぶいん》は大慧力印《だいゑりきいん》にして、大日如來《だいにちによらい》の無所不至印《なしよふしいん》なり、眞言《しんごん》は不動尊《ふどうそん》の大呪《たいにゆ》とす。

次《つぎ》に爐《ろ》の中《なか》に囕字《らんじ》ありと、前《まへ》の如《ごと》く觀《くわん》じ、一華《げ》を以《もつ》て本尊《ほんぞん》の大呪《たいじゆ》を誦《じゆ》し、火《ひ》の中《なか》に投《な》げ、本尊《ほんぞん》の御座《ぎよざ》なりと想《おも》ひ、更《さら》に大呪《たいじゆ》の末《すへ》に勸請《くわんじよう》の句《く》を加《くは》へてこれを招《まね》く、我今奉請《がこんほうじよう》、不動明王《ふどうめうわう》、唯願大悲《ゆゐぐわんだいひ》、以本願故《いほんぐわんこ》、加持此處《かぢししよ》、受我微供《じゆがびく》、また大《だい》鈎召《こうしよう》の眞言《しんごん》、印《いん》を用《もち》ふることもあり。

次《つぎ》に塗香《づかう》。

次《つぎ》に蘇油《そゆう》。

次《つぎ》に乳木《にうぼく》。

次《つぎ》に飯食《はんじき》。

次《つぎ》に五穀《こく》。

次《つぎ》に華鬘《けまん》。

次《つぎ》に丸香《ぐわんかう》。

次《つぎ》に散香《さんかう》。

次《つぎ》に蘇油《そゆう》。

次《つぎ》に普供養《ふぐやう》、眞言《しんごん》、印《いん》、三力偈《りきげ》。

次《つぎ》に塗香《づかう》、蘇油《そゆう》、乳木《にうぼく》（百八遍《へん》）、飯《はん》（五杓又《しやくまた》は七杓《しやく》）、五穀《こく》（同上《どうじやう》）、華《はな》、丸香《ぐわんかう》、

散香《さんかう》(供《そな》への残《のこ》りは皆《み》な混合《こんがふ》す)蘇油《そゆう》、普供養《ふくやう》、芥子《けし》(先《ま》づ乳木《にうぼく》六枝《し》を投《な》ぐ)また普《ふ》供養《くやう》、印明《いんめう》、嗽口《そうこう》三度《ど》、撥遣《はつけん》、即《すなは》ち一華《げ》を以《もつ》て本位《ほんゐ》の方《はう》に投《な》げて坐《ざ》と成《な》し、本《ほん》尊《ぞん》の眞言《しんごん》の末《すへ》に奉送《ほうそう》の句《く》を加《くは》へて、これを撥《はつ》し、唯願本尊《ゆゐぐわんほんぞん》、我今奉請云々《がこんほうじやううんぬん》の讃《さん》偈《げ》を誦《じゆ》す。

本尊段《ほんぞんだん》は入念《にふねん》にて他《た》の段《だん》にて一回行《くわいおこな》ふことを二回《くわい》又《また》は三回行《くわいおこな》ふ。

已上《ゐじやう》にて本尊段畢《ほんぞんだんをは》る。

第四　諸　尊　段

薪《たきゞ》を調《とゝの》へ、火《ひ》を扇《あふ》ぐ。

次《つぎ》に淨水《じやうすゐ》を灑《そゝ》ぐ。

次《つぎ》に羯磨加持《かつまかぢ》。

次《つぎ》に爐《ろ》の口《くち》を加持《かぢ》す。

次《つぎ》に定印《ぢやういん》を結《むす》んで、爐《ろ》の中《なか》に五大尊《だいそん》(五大明王《だいめうわう》)の種子《しゆじ》あり、變《へん》じて各々《おのおの》の尊《そん》となる、無量《むりやう》の眷屬《けんぞく》ありと觀《くわん》ず、而《しか》して數本《すうほん》の華《はな》を取《と》りて爐《ろ》の中《なか》に投《とう》じ、座《ざ》となし、それに各々《おの〳〵》が坐《ざ》し賜《たま》ふと想《おも》ふ。

次《つぎ》に鈎召《こうしやう》の眞言《しんごん》を誦《じゆ》し、末《すゑ》に勸誘《くわんいう》の句《く》を加《くは》ふ。

薩縛沒馱《さらはぼた》、烏瑟貳沙翳醯呬翳《うしよにしやえいけいきえい》。

次《つぎ》に嗽口《そうこう》、塗香《づかう》、蘇油《そゆう》、乳木《にうぼく》、飯《はん》、五穀《ごこく》、華《はた》、丸香《ぐわんかう》、散香《さんかう》(混合《こんがふ》して献《けん》ず)蘇油《そゆう》、普供養《ふくやう》の明等《めいとう》、順次前《じゆんじまへ》に準《じゆん》じて行《おこな》ふ。

次《つぎ》に嗽口《そうこう》、次《つぎ》に數華《すうげ》を取《と》つて、不動《ふどう》の眞言慈救呪《しんごんじくじゆ》を念誦《ねんじゆ》し、末《すへ》に奉送《ほうそう》の句《く》を加《くは》へ、五大尊《だいそん》は不動尊《ふどうそん》と皆共《みなとも》にこれを撥遣《はつけん》すと觀想《くわんさう》す。

已上《ゐじやう》にて諸尊段畢《しよそんだんをは》る。

第五　世天段（又は後火天段とも云ふ）

次《つぎ》に薪《たきゞ》を調《とゝの》へ、火《ひ》を扇《あふ》ぐ。

次《つぎ》に淨水《じやうする》を灑《そゝ》ぐ、次《つぎ》に羯磨加持《かつまかぢ》、次《つぎ》に爐《ろ》の口《くち》を加持《かぢ》す。

次《つぎ》に定印《じやういん》を結《なす》んで、爐《ろ》の中《なか》に不動尊《ふどうそん》、幷《なら》びに十二天等《てんとう》の種子《しゆじ》あり、これ短聲《たんせい》の吽字《うんじ》なり、形相《ぎやうさう》常《つね》の如《ごと》しと觀《くわん》ず。

次《つぎ》に數華《すうげ》を取《と》つて爐《ろ》の中《なか》に投《とう》じ、座《ざ》となり、明王各天等《めうわうかくてんとう》各々《おのおの》これに坐《ざ》し給《たま》ふと想《おも》ひ、卽《すなは》ち大鈎召《だいこうしやう》の印《いん》を結《なす》び、鈎召《こうしやう》の眞言《しんごん》を誦《じゆ》し、末《すへ》に勸請《くわんじやう》の句《く》を加《くは》へてこれを招《まね》く。

次《つぎ》に嗽口《そうこう》（明王天等《めうわうてんとう》の口《くち》を嗽《すゝ》ぐ）次《つぎ》に塗香《づかう》（不動明王《ふどうめうわう》の慈救呪《じくじゆ》を誦《じゆ》す）。

次《つぎ》に十天《てん》、七曜《えう》、二十八宿《しゆく》の各々《おのおの》の大明《たいめう》（根本眞言《こんぽんしんごん》）を誦《じゆ》して獻《けん》ず。

次《つぎ》に蘇油《そゆう》（慈救呪《じくじゆ》を誦《じゆ》す）次《つぎ》に乳《にう》、次《つぎ》に飯《はん》、次《つぎ》に普供養《ふくやう》の眞言《しんごん》。

次《つぎ》に嗽口《そうこう》、次《つぎ》に數華《すうげ》を取《と》つて空中《くうちう》に投《な》げ座《ざ》となると觀《くわん》じ、鈎召《こうしやう》の印《いん》を結《むす》び、眞言《しんごん》を誦《じゆ》して決邪《けつじや》の句《く》を加《くは》へ、これを奉送《ほうそう》す、常《つね》の奉送《ほうそう》の眞言《しんごん》にてもよろし。

次《つぎ》に一字明《じめう》、卽《すなは》ち不動明王《ふどうみやうわう》の一字眞言《じしんごん》、憾《かん》、それより薩縛《さらは》沒駄《ぼた》、烏瑟貳沙《うしよにしや》、翳醯《えいけい》、呬翳《きえい》。

諸法從緣生《しよはふじうゑんじよう》、如來說是因《によらいせつぜいん》、此法隨緣滅《しはふずゐゑんめつ》、是大沙門說《ぜだいしやもんぜつ》。

と誦《とな》ふべし。以上《いじよう》の如《ごと》く諸段《しよだん》終《をは》れば、最後《さいご》に護摩壇等《ごまだんとう》を破斥《はしやく》する作法《さはふ》あり、併《しか》し壇《だん》は常設《じようせつ》のもの多《おほ》き故《ゆゑ》、眞言《しんごん》を誦《じゆ》してその型《かた》を行《おこな》ふものとす、先《ま》づ作壇《さだん》の際《さい》に於《お》ける打橛《だけつ》の眞言《しんごん》は、

唵《おん》、虎嚕《ころ》々々、吽《うん》、泮《はつた》。

これは四百遍《べん》誦《とな》ふべきものとす。

神線眞言《しんせんしんごん》　唵《おん》、地里《ちり》々々、微廢羅《みはら》、迦哩《きやり》、吽《うん》、吽《うん》、泮吒《はつた》。

掃壇上掃地《そうだんじようそうち》の眞言《しんごん》。唵《おん》、賀羅《から》々々、祖仡羅《そきら》、賀羅拏野《からだや》、莎訶《そわか》。

二六、五佛と五大明王等の對比

不動護摩法《ふどうごまはふ》や、これまでに述《の》べ來《きた》つた五智《ち》とか五佛《ぶつ》とか、五大明王《だいめうわう》とか五部《ぶ》又《また》は五法《はふ》、五處等《しよとう》につき、左《さ》にこれを表示《へうじ》して一見對比《けんたいひ》し得《う》るやうにしておく。

因《ちな》みに不空如來《ふくうによらい》は釋迦如來《しやかによらい》、阿彌陀如來《あみだによらい》は無量壽佛《なりようじゆぶつ》としたのもある。

五智	法界體性智	大圓鏡智	平等性智	妙觀察智	成所作智
五佛	大日如來	阿閦如來	寶生如來	阿彌陀如來	不空如來
五座	獅子	象	馬	孔雀	迦樓羅
自性輪	大日如來	阿閦如來	寶生如來	阿彌陀如來	不空如來
正法輪	般若菩薩	金剛薩埵	虚空藏菩薩	觀世音菩薩	彌勒菩薩
教令輪	不動明王	降三世明王	軍荼利明王	大威德明王	金剛夜叉明王
五部	佛部	金剛部	寶部	蓮華部	羯磨部
五種此	息災	降伏	增益	敬愛	鉤召
五處	身	心	額	口	頂
五字	鑁、佉	吽、阿	怛落、嚩	紇哩、囉	噁、訶
五大	空	地	水	火	風
三形	塔婆	五股	寶珠	蓮華	羯磨
成身	佛身圓滿	通達菩提心	修菩提心	成金剛心	證金剛身
數珠	菩提子	金剛珠	寶珠	蓮子	雜
持念	空風二指	空火二指	空水二指	空水地二指	定四指
五相	寂靜	瞋怒	歡喜	清涼	種々
五點	究竟	發心	修行	菩提	涅槃
八識	第九識	第八識	第七識	第六識	第五識
五色	白	青	黃	赤	雜々
方位	中央	東	南	西	北
四季	土用	春	夏	秋	冬
五官	口	眼	鼻	舌	耳
五臟	脾	肝	肺	心	腎

猶《なほ》十二天《てん》といふことが、前《まへ》の護摩法《ごまほふ》に出《で》て居《ゐ》るが、十二天《てん》とは、一、梵天《ぼんてん》　二、地天《ちてん》。三、月天《げつてん》。四、日天《につてん》。五、帝釋天《たいしやくてん》。六、火天《くわてん》。七、閻魔天《えんまてん》、八、羅刹天《らせつてん》。九、水天《すゐてん》。十、風天《ふうてん》。十一、毘沙門天《びしやもんてん》。十二、大自在天《だいじざいてん》。この他《た》、大黑天《だいこくてん》、荼枳尼天《だきにてん》、歡喜天《くわんきてん》（聖天《しようでん》）、持國天《ぢこくてん》、等《とう》あり、四天王《てんわう》、三十三天等《てんとう》といろ〳〵分別《ふんべつ》す。

二七、不動尊一切成就法

火生三昧

聖無動大威怒王秘密陀羅尼經《しようむどうだいゐぬわうひみつだらにきよう》に曰《いは》く、金剛手菩薩《こんがうしゆぼさつ》、火生三昧《くわしようざんまい》に入《い》り、その光《ひか》り普《あま》ねく無邊《むへん》の世界《せかい》を照《て》らす、火焔熾盛《くわえんしじよう》にして諸魔《しよま》を焚燒《ぼんせう》す、內外《ないげ》の魔軍恐怖《まぐんくふ》馳走《ちそう》して、山林《さんりん》に入《い》らむと欲《ほつ》すれども能《あた》はず、聲《こゑ》を擧《あ》げて大《おほ》いに叫《さけ》び唯《た》だ佛《ぶつ》の所《ところ》に到《いた》りて救護《くご》を請《こ》ふ、その魔業《まごう》を捨《す》て大慈悲心《だいじひしん》を發《はつ》す、釋提桓因梵天王《しやくだいかんいんぼんてんわう》等《ら》深《ふか》く禪定《ぜんじよう》の業《ごう》を捨《す》てゝ此處《ここ》に來入《らいにふ》し、天龍《てんりう》八部皆悉《ぶみなことごと》く菩薩《ぼさつ》の所《ところ》に來至《らいし》して禮《らい》を爲《な》す。

火生三昧《くわしようさんまい》とは火中《くわちう》に住《ぢう》して一切障《さいしよう》を燒《や》いて、大智火《だいちくわ》を成《じよう》ぜしむる三昧《さんまい》である三昧《さんまい》は定《じよう》と譯《やく》す、靜慮《せいりよ》の意《い》である、佛教《ぶつきよう》の禪定《ぜんじよう》は煩惱《ぼんなう》を斷《た》ち一切智《さいち》を覺《さと》るため外道《げだう》の禪定《ぜんじよう》は天《てん》に生《うま》るることを求《もと》むるための故《ゆゑ》に、前《まへ》に釋提桓因梵天王《しやくだいかんいんぼんてんわう》等《とう》が外道生天《げだうしようてん》の定《じよう》を捨《す》て、佛道《ぶつだう》の眞《しん》の禪定《ぜんじう》に入《い》りたることを示《しめ》し、釋提云々帝釋《しやくだいうんぬんたいしやく》天《てん》や自在天《じざいてん》等《とう》のこと。金剛手《こんがうしゆ》とは大日如來《だいにちによらい》の侍從長《じじうちよう》である。内外《ないげ》の魔軍《まぐん》とは、内魔《ないま》とて心中《しんちう》の賊《ぞく》と、外魔《げま》とて鬼畜《きちく》その他《た》、惡邪《あくじや》の神等《かみとう》がいろ〳〵の妨害《はうがい》を爲《な》すをいふ。

不動尊の由來と法力

前《まへ》の經《きやう》に續《つゞ》けて曰《いは》く、爾時《そのとき》に金剛手三昧《こんがうしゆさんまい》より起《た》つて、妙吉祥菩薩《めうきちじようぼさつ》に告《つ》げて曰《いは》く

大威怒王《だいゐぬわう》あり、名《な》づけて、

阿利耶《ありや》、阿闍羅挐多《あじやらだた》、尾地耶阿羅惹《びちやあらじや》

これは不動明王《ふどうみやうわう》の梵名《ぼんめい》である。

この大明王《だいめうわう》、大威怒王《だいゐぬわう》は大威力《だいゐりき》あり、智慧《ちゑ》の火《ひ》を以《もつ》て、もろ〱の障礙《しやうげ》を燒《や》き、亦《ま》た法水《ほうすゐ》を以《もつ》て諸々《もろ〱》の塵垢《じんく》に濺《そゝ》ぐ、或《ある》ひは大身《たいしん》を現《げん》じて虚空《こくう》の中《なか》に滿《み》ち、或《ある》ひは小身《せうしん》を現《げん》じて衆生《しゆじやう》の意《い》に隨《したが》ふ、金翅鳥《きんしてう》の如《ごと》く諸々《もろ〱》の毒惡《どくあく》を噉《くら》ふ、亦《ま》た大《たい》龍《りゆう》の如《ごと》く大智《たいち》の雲《くも》を起《おこ》して法雨《はふう》を灑《そゝ》ぐ、大力劔《たいりきつるぎ》の如《ごと》く魔軍《まぐん》を摧破《さいは》す、亦《ま》た羂索《けんさく》の如《ごと》く大力《たいりき》の魔《ま》を縛《ばく》す、また親友《しんいう》の童子《どうじ》の如《ごと》く行人《ぎやうにん》に給仕《きふじ》す。

これは不動明王《ふどうめうわう》が種々《しゆ〱》に變化《へんげ》して、隨時即應《ずゐじそくおう》、如何《いか》なる障害《しやうがい》をも打破《だは》して、福《ふく》德智慧《とくちゑ》を授《さづ》け、また、直接《ちよくせつ》に行者信者《ぎやうじやしんじや》を加護《かご》する威力《ゐりき》と妙力《めうりき》とを示《しめ》せるものである。

不動明王は行者の心中に住す

同經《どうきやう》の次《つぎ》に曰《いは》く、その心《こゝろ》驚《おどろ》かず、不動定《ふどうじやう》に住《ぢう》すればなり、この大明王《だいめうわう》はその所居《しよこ》無《な》し、但《た》だ衆生《しゆじやう》の心想《しんそう》の中《うち》に住《ぢう》す、所以《ゆへ》は如何《いかに》となれば、虚《こ》空廣《くうひろ》きが故《ゆゑ》に世界無邊《せかいむへん》なり、世界無邊《せかいむへん》なるが故《ゆゑ》に、衆生界廣《しゆじやうかいひろ》し、衆生界廣《しゆじやうかいひろ》きが故《ゆゑ》に、無相《むさう》を以《もつ》て體《たい》と爲《な》す、無相《なさう》にして相《さう》あれば行者《ぎやうじや》の意《い》に隨《したが》つて形體《けいたい》を現《あら》はす、その身《み》有《う》にあらず無《む》にあらず、因《いん》にあらず、界《かい》にあらず、方《はう》にあらず、圓《ゑん》にあらず、長《ちやう》にあらず、短《たん》にあらず、出《しゆつ》にあらず、沒《もつ》にあらず、生《しやう》にあらず、滅《めつ》にあらず、造《ざう》にあらず、無作《むさ》にあらず、坐《ざ》にあらず、臥《ぐわ》にあらず、行生《ぎやうしやう》にあらず、轉《てん》にあらず、閑靜《かんじやう》にあらず、進《しん》にあらず、退《たい》にあらず、安危《あんき》にあらず、是《ぜ》にあらず、得《とく》失《しつ》にあらず、彼《かれ》にあらず、此《これ》にあらず、去來《こらい》にあらず、靑《せい》にあらず、黃《くわう》にあらず、赤《せき》にあらず、白《はく》にあらず、紅《こう》にあらず、紫《し》にあらず、種々《しゆ〻》の色《しき》にあらず、唯《た》だ大定智悲《だいじやうちひ》を圓滿《ゑんまん》して具足《ぐそく》せざることなし、卽《すなは》ち大定德《だいじやうとく》の故《ゆゑ》に金剛《こんがう》の磐石《ばんじやく》に坐《ざ》し、大智慧《だいちゑ》を以《もつ》ての故《ゆゑ》に、迦樓羅焰《かるらえん》を現《げん》す、迦樓羅《かるら》は金翅鳥《きんしてう》なり、智火《ちくわ》をこの鳥《とり》の惡毒《あくどく》を食《くら》うに喩《たと》ふ、大悲德《だいひとく》を以《もつ》ての故《ゆゑ》に、種々《しゆ〻》の相貌《さうばう》を現《あらは》す、その形《かたち》は靑《しやう》黑《こく》にして暴惡《ばうあく》の相《さう》に似《に》たり、智慧《ちゑ》の劍《けん》を執《と》つて、貪嗔痴《とんじんち》を害《がい》し、或《ある》ひは三昧《さんまい》の索《さく》を持《ぢ》して難伏《なんぷく》の者《もの》を繫縛《けばく》す、常《つね》に天龍《てんりう》八部《ぶ》の爲《た》めに恭敬《くぎやう》せらる、若《も》しわづかに此《こ》の尊《そん》を憶念《おくねん》すれば、能《よ》く一切《さい》の障碍《しやうげ》を作《な》すものをして、皆悉《みなことごと》く斷壞《だんゑ》せしむ、一切《さい》の魔衆《ましゆ》必《かなら》ず親近《しんごん》せず、常《つね》に當《まさ》に是《こ》の修行者處住《しゆぎやうじやしよぢう》の所《ところ》を遠離《をんり》して、一百由旬《ゆじゆん》の内《うち》に魔事《まじ》及《およ》び鬼神《きじん》等《とう》あることなし。

形《かたち》あるものは容易《ようい》に形《かたち》を易《か》ゆることは出來《でき》ぬ、無形《むけい》のものは信《しん》ずる人《ひと》の意志《いし》に從《したが》つて、如何《いか》やうにも出沒變化《しゆつもつへんげ》することが出來《でき》る、不動尊《ふどうそん》は靈力《れいりき》として宇宙到《うちういた》る所《ところ》に存在《そんざい》するが、信《しん》ぜねば現《あら》はれぬ、信《しん》ずるものは遠《とほ》きに求《もと》むる必要《ひつえう》はなく信者《しんじや》の心想《しんさう》の中《うち》に住《す》んで居《ゐ》る。

本來無形《ほんらいむけい》であるから、長短《ちやうたん》もなく、色相《しきさう》もない、併《しか》し定徳《じやうとく》と智徳《ちとく》と悲徳《じとく》とが具備《ぐび》して居《ゐ》るから、如何《いか》なる働《はたら》きも出來《でき》、また如何《いか》なる姿《すがた》をも現《あら》はし得《う》るのであるといふ不動尊《ふどうそん》の神變不思議《しんぺんふしぎ》の靈性《れいせい》と威力《ゐりき》とを說《と》き示《しめ》されたのである。（一百由旬《ゆじゆん》は約《やく》四千里《り》）

不動尊の大呪

時《とき》に金剛手《こんがうしゅ》、最勝根本大陀羅尼《さいしょうこんほんだいだらに》を説《と》いて曰《いは》く、

曩莫《なうまく》(南無《なむ》ともいふ歸命《きみやう》すること)薩縛《さらは》(一切《さい》)怛他蘗帝《たたぎやてい》毗藥《びやく》(如來等《にょらいとう》)薩縛目契《さらはもけ》毗藥《びやく》(一切門等《さいもんとう》)薩縛怛《さらはた》(一切處《さいしょう》)他羅吒《たらた》(叱呵《しつか》)贊拏《せんだ》(暴惡《はうあく》)摩訶路灑拏《まかろしやた》(大忿怒《だいふんぬ》)欠《けん》(空《くう》)佉呬佉呬《きよききよき》(噉食《かんじき》)薩縛尾覲南《さらはびきんな》(一切障《さいしょう》)吽《うん》(恐怖《きようふ》)怛羅吒《たらた》(叱呵《しつか》)悍漫《かんまん》(種字《しゅじ》)

この眞言《しんごん》は不動尊《ふどうそん》の大呪《たいじゅ》、又《また》は火界呪《くわかいじゅ》といひ、大智火《だいちくわ》を以《もつ》て一切《さい》の魔障《ましよう》を燒《や》き拂《はら》ひ、信者《しんじや》に福徳智慧《ふくとくちえ》と安穩《あんのん》を得《え》せしむるといふ義《ぎ》である。纔《わづ》かにこの眞言《しんごん》を誦《じゅ》すれば、大智火《だいちくわ》を出《いだ》して一切《さい》の魔軍《まぐん》を焚燒《ほんせう》す、三千大《だい》千世界《せかい》みな大忿怒王《だいふんぬわう》の威光《ゐくわう》に燒《や》かれて、大火聚《たいくわじゅ》となる、唯《た》だ十地《ち》の菩薩等《ほさつとう》と一切《さい》の佛土《ぶつど》とを除《のぞ》いて、諸々《もろもろ》の冥衆《めいしう》を燒《や》き、後《のち》に法樂《ほうらく》を以《もつ》て安穩《あんのん》を得《え》せしむ。

時《とき》に金剛手偈《こんがうしゅげ》を説《と》いて曰《いは》く、若《も》しこの眞言《しんごん》を持《ぢ》せば、無傾動《むけいどう》を成就《じようじゅ》してもろもろの苦《く》を燒《や》き、大魔王《だいまわう》を降伏《がうぶく》せん、所求《しよぐ》の一切《さい》の事《じ》、持《ぢ》に隨《したが》つて成就《じようじゅ》を得《え》ん、十二天等《てんとう》は常《つね》に來《きた》りて加護《かご》せん、東北《とうほく》の伊舍那《いじやな》、東方《とうはう》の帝釋天《たいしやくてん》、東南《とうなん》の火光尊《くわくわうそん》

南方《なんはう》の閻魔天《えんまてん》、西南《せいなん》の羅刹王《らせつわう》、西方《せいはう》の水雨天《すゐうてん》、西北《せいほく》の吹風天《すゐふうてん》、北方《ほくはう》の多聞天《たもんてん》、上方《じやうはう》の大梵天《だいぼんてん》、下方《げはう》の持國天《ぢこくてん》、日天《につてん》照衆闇《せうしうあん》、月天《げつてん》清涼光《せいりやうくわう》、是《か》くの如《ごと》き大力《たいりき》の天《てん》（大《たい》力《りき》とはその威力《ゐりき》の増大《ぞうだい》なるをいふ）常《つね》に來《きた》りて彼《かれ》を圍繞《ゐねう》せん。或《ある》ひは明王《めうわう》の伏《ぶく》を蒙《かうむ》り還《かへ》つて敬《つゝし》みて擁護《えうご》を作《な》す。

以上《いじやう》大呪《たいじゆ》根本《こんぽん》眞言《しんごん》の威力《ゐりき》功徳《くどく》を示《しめ》せるものである。

不動尊の使者

又曰《またいは》く、使者《ししや》矜羯羅《こんがら》、及《およ》び制吒迦《せいたか》と倶利迦羅《くりから》龍王《りうわう》と、藥厠捉使者《やくそくていししや》、是《か》くの如《ごと》き大眷屬《だいけんぞく》或《ある》ひは隱《かく》れ、或《ある》ひは顯《あら》はれ來《きた》りて、修行者《しゆぎやうしや》に奉仕《ほうし》すること、世尊《せそん》を敬《うやま》ふが如《ごと》くならん、若《も》し大根《たいこん》（大《だい》なる機根《きこん》の者《もの》）の者《もの》のためには、聖者《しやうじや》の忿怒《ふんぬ》を現《あら》はし根性《こんしやう》中根《ちうこん》の者《もの》は二童子《どうじ》を見《み》ることを得《え》ん、若《も》し下根《げこん》の行人《ぎやうにん》は怖《おそ》れを生《しやう》じて見《み》ること能《あた》はず、この故《ゆゑ》に大明王《だいめうわう》ために親友《しんいう》の形《かたち》を現《げん》じ給《たま》ふ、是《か》くの如《ごと》く根性《こんしやう》に隨《したが》ひて而《しか》も大利《だいり》益《やく》を作《な》し、漸々《ぜん／＼》に彼《かれ》を誘引《いういん》して阿字門《あじもん》に入《い》らしむ。

使者《ししや》とか眷屬《けんぞく》といふのは、重要《ぢうえう》の家來《けらい》、卽《すなは》ち侍從《じじう》とか、秘書《ひしよ》とか、傳令《でんれい》といふやうなものである。矜迦羅《こんがら》は隨順《ずゐじゆん》と譯《やく》し、恭敬小心者《くぎやうせうしんしや》卽《すなは》ち善性《ぜんせい》である。制吒《せいた》迦《か》は難苦語惡者《なんくごあくしや》といひ、二童子《どうじ》を善惡兩性《ぜんあくりやうせい》の代表《だいひやう》、攝收《せつしう》・折伏《せつぷく》の二門《もん》を表示《ひやうじ》したのである、俱利迦羅《くりから》は不動尊《ふどうそん》の劍《けん》と索《さく》と示《しめ》し、藥厠《やくし》抳《に》は夜叉女《やしやによ》にして暴惡又《ばうあくまた》は盡《じん》と譯《やく》す、暴威《ばうゐ》を以《もつ》て惡魔《あくま》を啖《くら》ひ盡《つく》す、能《よ》く念誦《ねんじゆ》すれば信者《しんじや》に服從《ふくじう》してこれを守《まも》るのである。

以上《いじやう》、大眞言《だいしんごん》の功德《くどく》にて、この眞言《しんごん》を受持《じゆぢ》すれば、不動尊《ふどうそん》の眷屬《けんぞく》が常《つね》に信者《しんじや》を守護《しゆご》することを明示《めいじ》したのである。

阿字門《あじもん》とは、大日如來《だいにちによらい》の光明心殿《くわうみやうしんでん》、又《また》は密嚴國土《みつごんこくど》といふ意味《いみ》で、眞理《しんり》の本源《ほんげん》絕對《ぜつたい》の境界《きやうがい》を指《さ》す究竟《くきやう》の法門《はふもん》といふことである。

正身の不動尊

爾時《そのとき》に金剛手菩薩《こんがうしゆぼさつ》、是《こ》の偈《げ》を說《と》き已《をは》つて、普《あまね》く大衆生《だいしゆじやう》を觀《み》て、これに告《つ》げて曰《いは》く、喜《よろこ》ばしい哉《かな》〳〵大衆《たいしう》は皆《み》な宿善《しゆくぜん》に由《よ》るが故《ゆゑ》に、今來《いまきた》つて是《か》くの如《ごと》き明王《めうわう》及《およ》び大力《たいりき》の神呪《しんじゆ》を聞《き》くことを得《え》たり、若《も》し是《こ》の大明王《だいめうわう》を見奉《みたてまつ》らむと欲《おも》ふ者《もの》は、應《まさ》に捨身《しやしん》修行《しゆぎやう》の法《ほう》を修《しう》すべし。

宿善《しゆくぜん》とは過去《くいこ》即《すなは》ち前世《ぜんせ》に何《なに》か善《よ》い事《こと》をしたのだといふこと。不動尊《ぶどうそん》の生身《しやうしん》を見《み》やうと思《おも》へば、捨身《しやしん》の修行《しゆぎやう》とて、命《いのち》がつきてもこの座《ざ》を立《た》たぬといふ大決《だいけつ》心《しん》を以《もつ》て、一生懸命《しやうけんめい》に祈念《きねん》することを云《い》ふ、即《すなは》ち願《ぐわん》が叶《かな》はねばこの身《み》を火《ひ》に燒《や》いて仕舞《しま》うといふ了見《れうけん》になれば、その火焔《くわえん》の中《なか》に、生身《しやうしん》の不動明王《ふどうめうわう》が出現《しゆつげん》し、我《わ》が身《み》もそのまま火生三昧《くわしやうさんまい》の明王《めうわう》となることも出來《でき》るのである。

不動尊の慈救呪

復《ま》た眞言《しんごん》を說《と》いて曰《いは》く、

曩莫《なうまく》（歸命《きみやう》）、三曼多《さんまんだ》（普遍《ふへん》）、縛日羅赧《はさらたん》（諸金剛《しよこんがう》）、怛羅吒《たらた》（叱呵《しつか》）、婀慕伽戰拏《あぼぎやせんた》（不空暴惡《ふくうはうあく》）、摩訶路灑拏《まかろしやた》（大忿怒《だいふんぬ》）、娑破吒也《そはたや》（破壞《はゑ》）、婀曩也《あなうや》（將來《しやうらい》）、阿娑荷《あそか》

（成就《じようじゆ》）、阿三忙銀爾《あさんはうぎに》（護身《ごしん》）、吽《うん》、吽《うん》、尾覲南《びぎな》（障碍《しようげ》）、吽《うん》（恐怖《きようふ》）、怛羅吒《たらた》（堅固《けんご》）。

これは不動尊《ふどうそん》の中呪《ちうじゆ》にして、慈救呪《じくじゆ》とも云《い》ふ、但《たゞ》し中呪《ちうじゆ》だけではなく、それに護身《ごしん》の意《い》を加《くは》へてある、普通《ふつう》の中呪《ちうじゆ》は、阿呆伽《あぼか》、婀農也《あなうや》、阿娑荷《あそか》、阿三忙銀《あさんぼぎ》爾等《にとう》と約《やく》してある、また怛羅吒《たらた》は大日經《だいにちきよう》には怛羅迦《たらか》としてある、要《えう》するに大忿《だいふん》怒《ぬ》、大勇猛《だいゆうめう》の利劔《りけん》を揮《ふる》つて、一切《さい》の障害《しようがい》を摧破《さいは》し、恐怖《くふ》を遠離《おんり》して、行者《ぎようじや》の身《み》を守護《しゆご》し、一切《さい》の所求《しよぐ》を成就《じようじゆ》せしむるといふ義《ぎ》である。

この眞言《しんごん》はまた護身《ごしん》の眞言《しんごん》といひ常《つね》に念誦《ねんじゆ》すれば天下《てんか》恐《おそ》るるものなしと云《い》ふ

不動尊の居住安穩呪

亦《ま》た眞言《しんごん》あり、加護住處《かごぢうしよ》と名《な》づく、諸々《もろ／＼》の惡怖《あくふ》を遠離《おんり》し、常《つね》に勝安處《しようあんじよ》を得《う》る、彼《か》の大眞言《だいしんごん》に曰《いは》く、

曩莫《なうまく》、三曼多《さんまんた》、縛日羅赧《はさらたん》、怛羅吒《たらた》、阿慕伽《あぼうか》、贊拏《せんだ》、摩訶路灑拏《まかろしやだ》、安頗吒也《あはたや》、薩縛尾覲南《さらはびぎな》、摩訶娑縛娑底扇底《まかそはそていせんてい》、始鑁茗《しはんめい》、阿左羅黨《あさらとう》、矩嚕怛羅摩也《くろたらまや》、怛羅摩《たらま》

也《や》、吽《うん》、怛《た》羅《ら》吒《た》、悍漫《かんまん》。

これは前《まへ》の兩眞言《りようしんごん》の意《い》を合攝《がつしよう》して、更《さら》に住處安穩《ぢうしよあんのん》の句《く》を加《くは》へたものである、大呪卽《たいじゆすなは》ち火界呪《くわかいじゆ》は、自己《じこ》の修養解脫《しうようげだつ》を主《しゆ》として、煩惱燒盡《ぼんのうせうじん》を示《しめ》し、中呪《ちうじゆ》は護身《ごしん》を主《しゆ》とし、戰爭《せんさう》その他《た》、危險《きけん》の場所《ばしよ》にて危難《きなん》を免《まぬ》がれ、又《また》一身《しん》の一切《さい》の災厄《さいやく》を拂《はら》ふに在《あ》り、第《だい》三の住所安穩呪《ぢうしよあんのんじゆ》は、盜難《たうなん》、火難《くわなん》、風水難等《ふうすゐなんとう》を消除《せうぢよ》する威力《ゐりき》あるものとせらる。

因《ちな》みに不動尊《ふどうそん》の小呪《せうじゆ》は、南莫三滿多縛日羅赧《なうまくさんまんたばさらた》、憾《かん》といふ、一切《さい》の金剛尊《こんがうそん》、卽《すなは》ち明王《めうわう》に歸命《きみよう》して奉信《ほうしん》するといふ義《ぎ》である。憾《かん》は不動尊《ふどうそん》の一字《じ》の眞言《しんごん》、種子《しゆじ》であるから、憾《かん》と唱《とな》ふれば、大聖不動明王《だいしようふどうめうわう》に歸信《きしん》しまつるといふことになるのである。

不動尊の功德と修法

金剛手《こんがうしゆ》曰《いは》く、一切衆生《さいしゆじよう》の意想不同《いさうふどう》なり、是《こ》の故《ゆゑ》に如來《によらい》は或《ある》ひは慈體《じたい》を現《あら》はし或《ある》ひは忿怒《ふんぬ》を現《あら》はして、衆生《しゆじやう》を教化《けうけ》すること各々《かく〳〵》不同《ふどう》なり、衆生《しゆじやう》の意《い》に隨《したが》つて利《り》益《やく》を作《な》し給《たま》ふ、魔《ま》軍《ぐん》を破《は》すといへども、後《のち》には法樂《ほうらく》を與《あた》へ、忿怒《ふんぬ》を現《げん》ずといへども內心《ないしん》は慈悲《じひ》なり、摩醯首羅《まけしゆら》の如《ごと》きもの第《だい》八地《ち》を得《え》て、慈善《じぜん》の根力《こんりき》あり、應《まさ》に以《もつ》てこれを知《し》るべしと。

この語《ご》を說《と》き已《をは》つて、復《ま》た大衆《たいしゆう》に告《つ》げ給《たま》はく、若《も》し是《か》くの如《ごと》き法《ほう》を成就《じやうじゆ》せんと欲《ほつ》する者《もの》は、山林寂靜《さんりんじやくじやう》の處《ところ》に入《い》つて、清淨《しやうじやう》の地《ち》を求《もと》め、壇場《だんじやう》を建《た》て、諸々《もろ〳〵》の梵行《ぼんぎやう》(淨行《じやうぎやう》)のことを修《しゆ》し、念誦《ねんじゆ》の法《ほう》を作《な》さば、卽《すなは》ち本尊《ほんぞん》を見奉《みたてまつ》りて、悉地《しつち》を圓滿《ゑんまん》すべし。

或《ある》ひは河水《かすゐ》に入《い》つて念誦《ねんじゆ》を爲《な》し、若《も》しくば山頂樹下塔廟《さんちやうじゆげたふびやう》に於《おい》て念誦《ねんじゆ》を爲《な》さば、速《すみや》かに成就《じやうじゆ》を得《え》ん。

或《ある》ひは般若經《はんにやきやう》を安置《あんち》する處《ところ》に於《おい》て、これを爲《な》さば成就《じやうじゆ》すべし、是《か》くの如《ごと》く修《しゆ》せん時《とき》に、その身口意《しんくい》の三業《ごう》を整《とゝ》のへて、衆惡《しゆあく》を造《つく》らず、亦《ま》た諸餘《しよよ》の惡人《あくにん》に親《しん》近《ごん》せず、諸々《もろ〳〵》の護摩《ごま》の事《こと》を作《な》さば、速《すみや》かに悉地《しつち》を得《え》ん。

五辛《しん》酒肉《しゆにく》を食《しよく》せず、これを作《な》さば成就《じやうじゆ》すべし。

若《も》し能《よ》く是《こ》の行《ぎやう》を行《ぎやう》せば、功徳《くどく》量《はか》るべからず、如法《によほふ》に念誦《ねんじゆ》を作《な》さば、即《すなは》ち大悉《だいしつ》地《ち》を得《え》ん、行者《ぎやうしや》苦行《くぎやう》を修《しう》し、或《ある》ひは心想《しんさう》清淨《しやうじやう》にして三洛叉《さんらくしや》(無數《なすう》の義《ぎ》)の數《すう》を滿《まん》ぜば、常《つね》に本尊《ほんぞん》を見奉《みたてまつ》ることを得《え》ん。

法成《ほふじやう》を驗《けん》せんとせば、能《よ》く山《やま》を移《うつ》し、及《およ》び動《どう》ぜしめ、能《よ》く水《みづ》を逆流《ぎやくりう》せしめ、意《こころ》に隨《したが》つて諸事《しよじ》を作《な》さん、諸佛《しよぶつ》の土《ど》を見《み》んと欲《ほつ》すれば、明王《めうわう》忽《たちま》ち出現《しゆつげん》して、行《ぎやう》者《じや》を頂《うなじ》に載《の》せて、能《よ》くこれを見《み》せしむ、いかに況《いは》んやその他《た》の求《もと》むることをや。

阿修羅《あしゆら》、畜生《ちくしやう》、餓鬼《がき》、地《ぢ》獄《ごく》の四惡趣《あくしゆ》に墮《お》ちず、決定《けつじやう》して妙果《めうくわ》を證《しよう》せん。

是《か》くの如《ごと》きのもろ〳〵の功徳《くどく》は、我《わ》れ讃《さん》すといへども盡《つく》すこと能《あた》はず、唯《た》だ大聖世尊《たいしやうせそん》(佛《ほとけ》のこと)能《よ》くこの法《ほふ》を知《し》ろしめせりと。

以上《いじやう》、不《ふ》動《どう》尊《そん》の實體《じつたい》及《およ》び內訌《ないこう》の秘《ひ》奧《おう》と、大呪中呪小呪《たいじゆちうじゆせうじゆ》等《とう》の功徳《くどく》威力《ゐりき》を說《と》き、行者《ぎやうじや》信者《しんじや》が修法《しうはふ》祈念《きねん》の本旨《ほんし》正則《せいそく》を要記《えうき》せるものにして、平常《へいじやう》これを受持《じゆじ》信奉《しんぽう》すれば、明王《みやうわう》の三昧《ざんまい》に達《たつ》して、一切《さい》に自在《じざい》なることを得《う》べし。

二八、八大童子の秘法

童子出生義

聖不動尊《しやうふどうそん》一字出生義《じしゆつしやうぎ》に曰《いは》く、不動明王《ふどうみやうわう》の一字《じ》の心密語《しんみつご》、即《すなは》ち心眞言《しんしんごん》は、八大《だい》童子《どうじ》の眞言《しんごん》の末《すゑ》の各種字《かくしゆじ》、即《すなは》ち八字《じ》を以《もつ》て一字《じ》を厳《いつく》しくす、その八字《じ》は即《すなは》ち歸《き》命《みやう》の句《く》なり、不動明王《ふどうみやうわう》の種子《しゆじ》たる含字《がんじ》を本尊《ほんぞん》となすと、これは明王《みやうわう》の一字《じ》より八字《じ》があらはれて、八童子《どうじ》となりたる出生《しゆつせい》の根源《こんげん》をいへるものである。

八字《じ》にはその形《かたち》なし、所以《ゆゑ》はいかん、那莫等《なうまくとう》の八字《じ》は一々《いち〳〵》含《がん》の一字《じ》に歸敬《ききやう》す、このゆゑに其《そ》の八字《じ》より歸敬使者《ききやうししや》を出生《しゆつしやう》し、含《がん》の本尊《ほんぞん》を圍繞《ゐねう》す、故《ゆゑ》に八大童子《だいどうじ》あり、一に慧光菩薩《えくわうぼさつ》、廻光《えくわう》といふ慧《え》を以《もつ》て光《ひかり》の如《ごと》くし、一切《さい》を照遍《せうへん》すといふ。二に慧喜菩薩《えきぼさつ》、慧《え》を廻《めぐ》らして喜《き》もなすゆゑ。三に阿耨達菩薩《あのくたぼさつ》、無熱《むねつ》の義《ぎ》。四に指《し》徳《とく》菩《ほ》薩《さつ》。五に烏《う》倶《ぐ》婆《は》誐《か》、超《ちよう》越《えつ》住《ぢう》世《せい》の義《ぎ》。六に法《ほう》淨《じよう》比《び》丘《く》。七に矜《こん》羯《が》羅《ら》、隨《ずゐ》順《じゆん》の義《ぎ》。八に制《せい》吒《た》迦《か》、瞋《しん》心《しん》惡《あく》性《しよう》の義《ぎ》、これ等《ら》の使《し》者《しや》は、四智《ち》、四波《は》羅《ら》密《みつ》(度《ど》)が親《した》しく大《だい》日《にち》の敎《きよう》令《れい》たる不動《どう》明《めう》王《わう》に隨《したが》ふとなす、故《ゆゑ》にこの形《かたち》を顯《けん》現《げん》して、聖《しよう》無《ひ》動《どう》尊《そん》を圍《ゐ》繞《ねう》するのである。

金《こん》剛《がう》界《かい》の曼《まん》荼《だ》羅《ら》に四智《ち》、四波《は》羅《ら》密《みつ》が、各《かく》佛《ぶつ》に附《ふ》隨《ずゐ》するが如《ごと》く、不《ふ》動《どう》尊《そん》の靈《れい》德《とく》によりて、その作《さ》業《ごう》を全《まつた》からしめんが爲《た》めに、八大《だい》童《どう》子《じ》が發《はつ》現《げん》したのであるといふ原《げん》理《り》を說《と》いたものである。

八大童子の印と眞言

同《どう》經《きよう》秘《ひ》要《えう》法《ほう》品《ぼん》に曰《いは》く、行《ぎよう》者《じや》現《げん》當《たう》の悉《しつ》地《ち》(增《ぞう》益《やく》等《とう》四種《しゆ》の利《り》益《やく》を求《もと》むる場《は》合《あひ》)を得《え》んと欲《ほつ》せば、法《はう》を行《おこな》ふ中《うち》に、彼《か》の各《かく》名《みよう》を唱《とな》へて救《く》護《ご》を請《ねが》へ、及《およ》び印《いん》を結《なす》んで呪《じゆ》を誦《じゆ》し、一切《さい》世《せ》間《けん》の悉《しつ》地《ち》を成《じよう》ずべし。

慧《え》光《くわう》菩《ほ》薩《さつ》童《どう》子《じ》の眞《しん》言《ごん》、

唵《をん》、縛《ば》日《さ》羅《ら》、摩《ま》帝《てい》入《じん》縛《ば》羅《ら》、菩《ぼ》地《ち》質《しつ》多《た》曩《のう》（本《ほん》歸《き》命《みやう》）

印《いん》は金剛合掌《こんがうがつしやう》、左右《さいう》の中指《ちうし》を合《がつ》すること針《はり》の如《ごと》くす。

慧《え》喜《き》菩《ぼ》薩《さつ》の眞言《しんごん》、

唵《おん》、羅《ら》怛《た》曩《のう》、摩《ま》帝《てい》婆《は》度《ど》、摩《ま》訶《か》摩《ま》抳《に》、莫《まく》（本尊歸命《ほんぞんきみやう》）

印《いん》は金剛合掌《こんがうがつしやう》、左右《さいう》の中指《ちうし》を合《あは》せて、如意《によい》寶珠形《ほうじゆぎやう》となす。

阿《あのく》耨《た》達菩《ぼ》薩《さつ》の眞言《しんごん》、

唵《おん》、鉢《は》納《は》麼《な》、薩《さ》縛《な》那《は》、賀《か》鉢《は》羅《ら》、捨《しや》弭《み》曩《のう》、摩《ま》訶《か》達磨《だるま》、三《さん》（歸命本尊《きみやうほんぞん》）

印《いん》は金剛合掌《こんがうがつしやう》、左右《さいう》二中指《ちうし》を蓮葉《れんえふ》、卽《すなは》ち未《み》敷《ふ》蓮華《れんげ》の如《ごと》くす。

指《し》德《とく》童子《どうじ》菩《ぼ》薩《さつ》の眞言《しんごん》、

唵《おん》、羯《きや》羅《ら》摩《ま》、摩《ま》訶《か》吠《べ》哩《り》那《な》、鉢《は》哩《り》布《ふ》羅《ら》迦《か》、滿《まん》（歸命本尊《きみやうほんぞん》）

印《いん》は金剛合掌《こんがうがつしやう》、左右《さいう》中指《ちうし》を掌中《しやうちう》に入《い》れ面《おもて》を相合《あひがつ》す。

烏《う》俱《ぐ》婆《は》誐《か》童子《どうじ》の眞言《しんごん》、

唵《おん》、縛日羅《はさら》、薩埵婆《さつだは》、烏倶婆誐《うぐはが》、摩訶燥企耶《まかそうきや》、多《た》（歸命本尊《きみようほんぞん》）

印《いん》は金剛合掌《こんがうがつしよう》。

清淨比丘《しようじようびく》の眞言《しんごん》。

唵《おん》、摩尼《まに》、尾輸達達摩倶嚕《びゆだだまぐろ》、羅乞叉達磨《まこうしやだるま》、嚩《は》（歸命本尊《きみようほんぞん》）

印《いん》は梵夾印《ぼんきよういん》、左手《ひだりて》を仰《あふ》むけ右手《みぎて》を覆《かぶ》せて組合《くみあは》せ、函《はこ》の如《ごと》くす。

矜羯羅童子《こんがらどうじ》の眞言《しんごん》、

唵《おん》、達嚕麼《だろは》、矜羯羅《こんがら》、底瑟吒《ちひた》、日羅《さら》（歸命本尊《きみようほんぞん》）

印《いん》は蓮華合掌《れんげがつしよう》。

制多迦童子《せいたかどうじ》の眞言《しんごん》、

羅羯嚕麼《らきやろま》、制吒迦《せいたか》、吽々《うん〱》、發吒《はつた》、南《なん》（歸命本尊《きみようほんぞん》）

印《いん》は外縛五股印《げはくごいん》。

各童子《かくどうじ》の眞言《しんごん》の末字《まつじ》、曩莫三曼多嚩日羅南《なうまくさんまんたはさらなん》の八字《じ》、實《じつ》は九字《じ》は合《あは》せて、金剛《こんがう》不《ふ》動《どう》明《めう》王《わう》に歸命《きみよう》するといふことになるのである。

斯《か》く八大童子《だいどうじ》の印《いん》と眞言《しんごん》を結誦《けつじゆ》し終《をは》れば、次《つぎ》に本尊《ほんぞん》の眞言《しんごん》を誦《じゆ》す。

唵《をん》、阿古羅《あこら》、贊拏《さんど》、含《がん》、

この時《とき》の印《いん》は、左右《さいう》各頭指《かくとうし》と中指《ちうし》を竪《た》て、無名指《なめいし》小指《こゆび》を屈《くつ》し、大指《だいし》を以《もつ》てこれを押《おさ》へ、而《しか》して右手《みぎて》を左手《ひだりて》に差入《さしい》れる、右手《みぎて》は劒鋒《けんほう》、左手《ひだりて》は鞘《さや》なり、加持《かぢ》するときは、右手《みぎて》を抜《ぬ》き放《はな》つ、これを劒印《けんいん》といふのである。

八大童子の曼荼羅畫法

聖無《しようむ》動尊《どうそん》秘要法《ひえうほう》に曰《いは》く、行者《ぎようじや》は清淨靜處《しようじようせいしよ》を點《てん》し、人《ひと》及《およ》び非人《ひにん》に見《み》せしむること勿《なか》れ、即《すなは》ち行者《ぎようじや》は工人《こうじん》と共《とも》に、清淨《しようじよう》にして新淨衣《しんじようえ》を着《ちやく》し、白氈《はくせん》或《ある》ひは淨版《じようはん》、或《ある》ひは淨衣《じようえ》を取《と》り、本尊《ほんぞん》不《ふ》動《どう》明《めう》王《わう》と八大童子《だいどうじ》とを畫《ゑが》かしむ、經軌《きようき》の中《うち》に像《ざう》あり、即《すなは》ち、慧光《えくわう》の形《かたち》は少《すこ》しく忿怒《ふんぬ》にして、天冠《てんくわん》をつけ、身《み》は白黄色《はくくわうしよく》、右《みぎ》の手《て》に五智《ち》杵《しよ》を持《も》ち、左手《ひだりて》は蓮上《れんじよう》に月輪《げつりん》を置《お》き、袈裟《けさ》瓔珞《えうらく》にてもろ〳〵に莊嚴《せうごん》す。

慧《え》喜《き》は、菩《ぼ》薩《さつ》形《ぎやう》、慈《じ》面《めん》に似《に》て微《び》笑《せう》の相《さう》を現《あら》はす、色《いろ》は紅《ぐ》蓮《れん》の如《ごと》し、左《ひだり》手《て》に摩《ま》尼《に》(如《によ》意《い》寶《ほう》珠《じゆ》)を持《も》ち、右《みぎ》の手《て》に三股《こ》の鈎《かぎ》を持《ぢ》す。

阿《あ》耨《のく》達《た》は、梵《ぼん》王《わう》の如《ごと》く、色《いろ》は眞《しん》金《こん》なり、金《きん》翅《し》鳥《てう》を戴《いただ》き、左《ひだり》の手《て》に蓮《れん》華《げ》を執《と》り、右《みぎ》の手《て》には獨《どく》股《こ》杵《しよ》を持《も》ちて、龍《りう》王《わう》に乘《の》る。

指《し》徳《とく》は、形《かたち》夜《や》叉《しや》の如《ごと》く、色《いろ》は虚《こ》空《くう》の如《ごと》し、三目《もく》ありて甲《かつ》冑《ちう》を着《ちやく》し、左《ひだり》の手《て》に輪《りん》を持《も》ち、右《みぎ》の手《て》に三叉《しや》鉾《ほこ》を持《ぢ》す。

烏《う》倶《ぐ》婆《ば》誐《が》は、五股《こ》の冠《かんむり》を戴《いただ》き、暴《ばう》惡《あく》の相《さう》を現《あら》はし、身《み》は金《こん》色《じき》の如《ごと》し、右《みぎ》手《て》に縛《ば》日《さ》羅《ら》(金《こん》剛《がう》杵《しよ》)を執《と》り、左《ひだり》手《て》を拳《けん》印《いん》(如《によ》來《らい》拳《けん》印《いん》)になす。

淸《しやう》淨《じやう》比《び》丘《く》は、首《しゆ》髮《はつ》を剃《てい》除《じよ》して、法《ほう》袈《け》裟《さ》を着《つ》け、左《ひだり》の肩《かた》に結《むす》び垂《た》れ、左《ひだり》手《て》に梵《ぼん》夾《きやう》(經《きやう》を入《い》れし箱《はこ》)を執《と》り、右《みぎ》手《て》を心《むね》に當《あ》てて五股《こ》杵《しよ》を持《も》ち、右《みぎ》の肩《かた》を露《あら》はし、腰《こし》に赤《あか》き裳《もすそ》をつけ、その面《おもて》は若《わか》きにあらず老《お》ひたるにあらず、目《め》は靑《しやう》蓮《れん》の如《ごと》くその口《こう》上《じやう》の牙《きば》は下《した》に顯《けん》出《しゆつ》す。

矜羯羅《こんがら》は形《かたち》は、十五歳《さい》の童子《どうじ》の如《ごと》く、蓮華冠《れんげくわん》をつけ、身《み》は白肉色《はくにくしよく》、二手合掌《しゆがつしよう》、二大指《だいし》と頭指《とうし》との間《あひだ》に一股杵《こしよ》を挿《はさ》み、天衣袈裟《てんえけさ》微妙《みめう》に嚴飾《ごんしよく》す。

制吒迦《せいたか》は、童子形《どうじぎよう》にて、色《いろ》は紅蓮《ぐれん》の如《ごと》く、頭《かしら》に五髻《けい》を結《むす》び、左手《ひだりて》に五剛杵《がうしよ》、右手《みぎて》に金剛棒《こんがうぼう》を執《と》り、瞋心惡性《しんしんあくしよう》の者《もの》なるが故《ゆゑ》に袈裟《けさ》をつけず、天衣《てんえ》を以《もつ》てその肩頸《かたくび》をまとふ。

二童子《どうじ》といふは矜羯羅童子《こんがらどうじ》と制吒迦童子《せいたかどうじ》を云《い》ふのである。

八大童子供養法

供養法《くやうほう》は則《すなは》ち修法《しうほう》である、供物《くもつ》を献《けん》じて所願《しよぐわん》を述《の》ぶるは世間《せけん》の常習《じようしふ》に同《おな》じ、秘要品《ひえうほん》に曰《いは》く、行者《ぎようじや》が供養《くやう》を陳《つら》ねんと欲《おも》はゞ、先《ま》づ菩提心《ぼだいしん》を發《おこ》すべし、菩提心《ぼだいしん》とは衆生《しゆじよう》を救《すく》ふの心《こころ》にして、衆生《しゆじよう》の苦惱《くなう》を思惟《しゐ》し、拔濟《はつさい》の心《こころ》を發《おこ》すことなり、斯《か》くの如《ごと》き心《こころ》を發《おこ》すときは、不動明王《ふどうみようわう》及び八大童子《だいどうじ》は、行者《ぎようじや》の方《はう》より請《ねが》はざるも、自《みづ》から進《すゝ》んで師《し》となりて行者《ぎようじや》を擁護《えうご》するものなり。

山林《さんりん》に住《ぢう》し、寂靜《じやくじよう》の處《ところ》に於《おい》て供養《くやう》し、香《かう》を焼《た》き、華《はな》を散《さん》じて、眞言《しんごん》を持念《ちねん》すべし、是《か》くの如《ごと》く行《おこな》ふ時《とき》は、使者《ししや》八大童子《だいどうじ》身《み》を現《げん》じて、意《こころ》に隨《したが》ふて奉仕《ほうし》す。

先《ま》づ四方如來《はうによらい》を禮《らい》して大誓願《だいせいぐわん》を發《おこ》すべし、即《すなは》ち東方《とうはう》を禮《らい》しては、衆生無邊《しゆじようむへん》に度《ど》すと誓願《せいぐわん》す、これ大圓鏡智《だいゑんきやうち》の願《ぐわん》なり、即《すなは》ち菩提心《ぼだいしん》の門《もん》にして、菩提心《ぼだいしん》とは衆《しゆ》生《じやう》を救濟《きうさい》せんとする心《こころ》なり、この願《ぐわん》を發《おこ》すときは金剛薩埵《こんがうさつた》の加持《かぢ》を得《え》て、遂《つひ》には成佛《じやうぶつ》す。

次《つぎ》に南《みなみ》の方《はう》を禮《らい》し、福智無邊《ふくちむへん》に集《あつ》まるを誓願《せいぐわん》す、これ平等性智《びやうどうしやうち》の因《いん》なり、福《ふく》智《ち》の門《もん》は福智《ふくち》二種《しゆ》の資糧《しりやう》を以《もつ》て衆生《しゆじやう》を利益《りやく》する故《ゆゑ》に、この願《ぐわん》を發《おこ》し禮《らい》を作《な》すときは、常《つね》に虛空藏菩薩《こくうざうぼさつ》の加護《かご》をうけて福智圓滿《ふくちゑんまん》なり。

次《つぎ》に西《にし》の方《はう》を禮《らい》し、法門無邊《ほうもんむへん》なりこれを學《まな》ばんことを誓願《せいぐわん》す、これは妙觀察《めうくわんさつ》智《ち》の因《いん》なり、即《すなは》ち智慧《ちゑ》の門《もん》にして大法王《だいほうわう》となる、觀音菩薩《くわんのんぼさつ》の加持《かぢ》をうけ、智慧《ちゑ》圓滿《ゑんまん》なり。

次《つぎ》に北方《ほつぱう》を禮《らい》し、如來無邊《にょらいむへん》に仕《つか》ふることを誓願《せいぐわん》す、これは成所作智《じやうしよさち》の因《いん》なり、即《すなは》ち作《さ》業《ごふ》の門《もん》にして、もろ〳〵の事業《じごう》を諸佛《しよぶつ》の前《まへ》に行《おこな》ふ意《こころ》なり、この願《ねがひ》を爲《な》せば金剛業菩薩《こんがうごうぼさつ》の加持《かぢ》を得《え》て、廣大供養《くわうだいくやう》の業《ごう》を成就《じやうじゆ》す。

次《つぎ》に大日如來《だいにちにょらい》を禮《らい》して、無上菩薩《むじやうぼさつ》を證《しよう》せんことを誓願《せいぐわん》す、これ法界體性智《ほつかいたいしやうち》の因《いん》なり、大日普賢《だいにちふげん》の位《くらゐ》を證《さと》りて法界《ほつかい》に週遍《しうへん》す、而《しか》して衆生《しゆじやう》を利《り》するが故《ゆゑ》に、十方《ほう》の諸佛《しよぶつ》は同時《どうじ》に善哉《ぜんざい》〳〵と讃《さん》して證明《しようめい》す、一切《さい》の菩薩聖衆《ぼさつせいしゆう》みな守護《しゆご》して、久《ひさ》しからずして無上道《むじやうだう》を得《う》るに至《いた》るべし、次《つぎ》に總願偈《そうぐわんげ》を唱《とな》ふ。

それより各自《かくじ》の希願《きぐわん》を奏陳《そうちん》す。

斯《か》くてこの善根《ぜんこん》を以《もつ》て、自他《じた》に廻向《ゑかう》して利益《りやく》を平等《びやうどう》にし、兼《か》ねて不淨《ふじやう》の物《もの》を食《くら》はず、心《こころ》に憂愁《ゆうしう》なく、貪瞋痴《とんじんち》を起《おこ》さず、世樂《せらく》を樂《よろこ》ばす、深《ふか》く禪定《ぜんじやう》を修《しう》すべし斯《か》くの如《ごと》き行者《ぎやうじや》はこれ世《よ》の大樂《たいらく》にして衆生《しゆじやう》の師《し》なり、三摩地《まち》(一切成就《さいじやうじゆ》の悉地《しつち》)現前《げんぜん》して、速《すみや》かに無上《むじやう》の平等菩提《びやうどうぼだい》を證《さと》るべしと。

二九、在家の不動尊祈念法

一、本尊《ほんぞん》安置《あんち》の事《こと》。

不《ふ》動明王《どうめうわう》の位置《ゐち》は、諸佛諸菩薩《しよぶつしよぼさつ》の中《なか》にては、東方《とうはう》五大明王《だいめうわう》の中《なか》にては中央《ちうあう》ゆゑ、家宅《かたく》の中《うち》にても東方《とうはう》に奉安《ほうあん》すべし、但《たゞ》し間取《まどり》の都合《つがふ》にて東方《とうはう》あしくば北《ほく》方《はう》に祀《まつ》りて南面《なんめん》するやうに工夫《くふう》すべし。

木像《もくざう》または金佛《かなぶつ》をよしとするも、畫像《ぐわざう》にても差支《さしつか》へなし。

兩脇《りやうわき》に、矜羯羅《こんがら》、制吒迦《せいたか》の二童子《どうじ》を安置《あんち》し又《また》は二童子《どうじ》附佛像《つきぶつざう》を安置《あんち》す。

厨子《づし》に納《をさ》むれば好都合《かうつがふ》なるも、必《かなら》ずしも厨子《づし》を要《えう》せず、床《とこ》なれば机《つくゑ》の如《ごと》き臺《だい》を置《お》き、その上《うへ》に安置《あんち》し、棚《たな》なれば盆《ぼん》の如《ごと》き薄《うす》きものを敷《し》くべし。

別《べつ》に莊飾品《さうしよくひん》の必要《ひつえう》なし、但《たゞ》し禮拜《らいはい》せぬ時《とき》は幔《まく》を用《もち》ひて尊前《そんぜん》を覆《おほ》ふやうになすをよろしとす。

二、附屬品《ふぞくひん》の事《こと》。

不動尊《ふどうそん》の附屬品《ふぞくひん》はいろ〳〵あるも、餘《あま》り並《なら》べぬ方《はう》よろし、獨股《どくこ》か三股《こ》か一つ。別《べつ》に銘刀《めいたう》(短刀《たんたう》よろし)あらば供《そな》ふること更《さら》によろし。

三、供養物《くやうもつ》の事《こと》。

1、閼伽《あか》。水《みづ》なり、水《みづ》は物《もの》を生長增益《せいちやうぞうやく》する力《ちから》あり、六度《ど》(六波羅蜜《はらみつ》)の布施《ふせ》に當《あた》る、一切《さい》は雨露《うろ》の恩施《おんぜ》に與《あづ》からぬものなし。

2、塗香《づかう》。これは戒法《かいほう》に當《あた》る、印度《インド》にては極熱《ごくねつ》の時《とき》は、沈檀《ちんだん》の香《かう》を水《みづ》に和《わ》して能《よ》く熱惱《ねつなう》を除《のぞ》くといふ、塗香《づかう》は自分《じぶん》の身《み》を淨《きよ》め、また本尊《ほんぞん》にふりかけて淸淨《しやうじやう》ならしむるもの、卽《すなは》ち煩惱《ぼんのう》の苦熱《くねつ》を除《のぞ》くと倶《とも》に、淸淨《しやうじやう》の德《とく》あり、戒《かい》は淸淨《しやうじやう》の法《ほう》なり。塗香《づかう》なき時《とき》は、鹽《しほ》を用《もち》ふるもよろし、その理《り》は全《まつた》く同《おな》じ。

3、華鬘《けまん》、時《とき》の花《はな》をいふ、鬘《まん》は花《はな》を糸《いと》にてつなぎたるをいふ、併《しか》し糸《いと》につなぐ必要《ひつえう》なく、花瓶《くわびん》に挿《さ》してよろし、一切《さい》の草木《さうもく》の花《はな》は皆《み》な柔軟《にうなん》なり、故《ゆゑ》に六度《ど》の忍辱《にんにく》に當《あた》る。

惡香《あくこう》の花《はな》、不祥《ふしやう》の花《はな》、刺《とげ》ある花《はな》は忌《い》む、花《はな》なき時《とき》は、庭木《にはき》の柴《しば》の良《よ》きものにてもよろし。

4、燒香《せうこう》。普通《ふつう》の線香《せうこう》にてよろし、火《ひ》を以《もつ》て燒《や》くに次第《しだい》に熾盛《しじやう》にして休《や》むことなし、故《ゆゑ》に精進《しやうじん》に配當《はいたう》せり。

5、飯食《おんじき》、禪定《ぜんじやう》に配《はい》す、禪定《ぜんじやう》は心身《しんしん》を長養《ちやうやう》す、飯食《おんじき》も亦同《またおな》じ、法華《ほつけ》に法喜《ほうき》禪悅《ぜんえつ》食《じき》とあり。

飯《はん》が間《ま》に合《あ》はぬ場合《ばあひ》は、米《こめ》を洗《あら》ひ、謂《い》はゆる洗米《せんまい》を代用《だいよう》すべし。

6、燈明《とうみやう》、般若即《はんにやすなは》ち智慧《ちえ》に配當《はいたう》す、燈《ともしび》は物《もの》を照《て》らして明《あき》らかならしめ、般若《はんにや》の智《ち》は境《きやう》を照《て》らして迷妄《めいもう》を破《は》す。

燈明《とうみやう》は油《あぶら》を本格《ほんかく》とするも、今《いま》は蠟燭《らふそく》にて差支《さしつか》へなし。

以上《いじやう》を六種供養《しゆくやう》といひ、六度《ど》の菩薩行《ぼさつぎやう》に相應《さうおう》するものとする。

この他《た》、菓子《くわし》や果物《くだもの》、野菜等《やさいとう》の珍《めづ》らしきもの、又《また》は好物《かうもつ》の到來《たうらい》ある時《とき》には、一應《おう》尊前《そんぜん》に供《きやう》し、小呪《せうじゆ》を唱《とな》へ、然《しか》る後《のち》に下《さ》げて用《もち》ふべし。

四、祈念時分《きねんじぶん》の事《こと》。

朝《あさ》六時頃《じごろ》、即《すなは》ち起《お》きて身仕度整《みじたくとゝの》ふと倶《とも》に祈念《きねん》する事《こと》、夜《よ》は晩食前《ばんしよくまへ》の六時前後《じぜんご》か、又《また》は就蓐前《じゆじよくぜん》の十時前後《じぜんご》か、いづれとも都合次第《つがふしだい》にてよろし、又已《またや》むを得《え》ざれば朝《あさ》だけにて夜《よる》は止《や》むるともよろし。

若《も》し又特別《またとくべつ》の祈念《きねん》を爲《な》す時《とき》は、一週間《しうかん》とか、三七日《にち》とか、三十日《にち》とか日《ひ》を限《かぎ》り、日々《ひゞ》三回《くわい》とか、或《ある》ひは經文讀誦《きやうもんどくじゆ》一日《にち》に何十回《なんくわい》とか、眞言念誦《しんごんねんじゆ》何千遍《なんべん》とか豫定《よてい》して祈念《きねん》すべし。

眞言《しんごん》は時節時分《じせつじぶん》に關《かゝ》はらず、いつにても口内《くちうち》の聲《こゑ》にて誦《じゆ》するを妨《さまた》げず、寝《ね》てゐても、道行《みちゆ》く時《とき》でも、仕事《しごと》をする時《とき》でも、人《ひと》に聞《き》き取《と》れぬ小聲《こごゑ》にて唱《とな》ふるをよしとす。

五、身支度《みじたく》の事《こと》。

朝《あさ》にても、夜《よる》にても祈念《きねん》する時《とき》は、先《ま》づ行水《ぎやうずゐ》すべし、赤裸《せきら》になりて水《みづ》につかるか、又《また》は桶《をけ》に水《みづ》を汲《く》みて、頭《あたま》よりかぶること更《さら》によろし。

行水《ぎやうずゐ》の不可能《ふかのう》なる者《もの》は、冷水摩擦《れいすゐまさつ》を代用《だいよう》する事《こと》。

　行水《ぎやうずゐ》の時《とき》は、不動尊《ふどうそん》の中呪《ちうじゆ》、又《また》は小呪《せうじゆ》を唱《とな》へつつ行《おこな》ふをよろしとす。

次《つぎ》に淨衣《じやうえ》を着《つ》く、淨衣《じやうえ》は白色《はくしよく》、白木綿《しろもめん》の單衣《ひとえ》と、袷《あはせ》と、綿入《わたい》れ三枚《まい》を拵《こし》らへ置《お》き、時候《じこう》によりてそれ〲取《と》り替《か》へ、祈念《きねん》の時間《じかん》だけ、卽《すなは》ち十分《ぶん》乃至《ないし》二十分間着《ぶんかんちやく》して風《かぜ》を引《ひ》かぬやう心がくる事《こと》。

但《たゞ》し淨衣《じやうえ》を用《もち》ひぬときは、不斷着《ふだんぎ》に烏芻沙摩明王《うすさまめうわう》卽《すなは》ち解穢金剛《かいえこんがう》の眞言《しんごん》、

　倶嚕駄曩吽惹《ぐろたのううんじやく》

を七遍誦《へんじゆ》して、穢汚《けがれ》を拂《はら》ふべし。

六、入定《にふじやう》卽《すなは》ち精神統《せいしんとう》一の事《こと》。

身支度整《みじたくとゝの》へば、尊前《そんぜん》に靜座《せいざ》して、瞑目《めいもく》し、自分《じぶん》のため、家族《かぞく》のため、而《しか》して

一切同胞《さいどうはう》のために、安穩《あんのん》と幸福《かうふく》を祈《いの》るのである、卽《すなは》ち本尊《ほんぞん》の御心《みこゝろ》を體《たい》して捨《しや》身《しん》の修行《しゆぎやう》をなすと觀念《くわんねん》し、それに全精神《ぜんせいしん》を集注《しふちう》する事《こと》。

七、四方禮拜《はうらいはい》の事《こと》。

精神統一《せいしんとう》、決定《けつじやう》の觀念成《くわんねんな》れば、それより立《た》ちて四方《はう》を禮拜《らいはい》す、先《ま》づ東方《とうはう》を禮《らい》拜《はい》す、これは決心堅固《けつしんけんご》の德《とく》を得《う》る。次《つぎ》に南方《なんはう》、これは福德《ふくとく》を得《う》る。次《つぎ》に西方《さいはう》これは智惠《ちゑ》の德《とく》を得《う》る。次《つぎ》に北方《ほつはう》、これは事業成功《じげふせいこう》の德《とく》を得《う》る。最後《さいご》に中央《ちうあう》又《また》は天《てん》を禮拜《らいはい》す、これは大聖成道《たいしやうじやうどう》に至《いた》る德《とく》を得《う》。

四方禮拜《はうらいはい》の前《まへ》にてもよろし、また禮拜終《らいはいをは》りて後《のち》にてもよろし、前《まへ》の六種《しゆ》の供《く》養物《やうもつ》を本尊《ほんぞん》の前《まへ》に献《けん》ず。

供物臺《くもつだい》を尊前《そんぜん》に不斷備《ふだんそな》へ置《お》けば、殊《こと》に結構《けつこう》なり。

八、修法祈念《しうほうきねん》の事《こと》。

1、端座《たんざ》又《また》は半跏《はんか》（俗《ぞく》に膝《ひざ》を組《く》むに似《に》たるもの）

2、三禮《らいし》、兩掌《りやうて》を仰《あふ》むけ中空《ちうくう》に伸《の》へ、三度頭《たびかしら》を下《さ》ぐ。

3、卯《う》、金剛合掌《こんがうがつしやう》とて兩手《りやうて》の十指《し》を組合《くみあは》す、又《また》は不動尊《ふどうそん》の劔印《けんいん》を結《むす》ぶもよろし

4、大呪《たいじゆ》、中呪《ちうじゆ》、小呪各々《せうじゆおの〳〵》三遍《べん》、但《たゞ》し一遍《べん》にても百八遍《へん》にても千八十遍《べん》にても隨意《ずゐい》。

5、不動經讀誦《ふどうきやうどくじゆ》一囘《くわい》、又《また》は三囘《くわい》。

6、種字眞言念誦《しゆじしんごんねんじゆ》。

7、祈願文奏上《きぐわんもんそうじやう》、小聲《せうせい》、又《また》は默讀《もくどく》。

祈願文《きぐわんもん》は祈願《きぐわん》の事柄《ことがら》に由《よ》りて異《こと》なるも、大體《だいたい》左《さ》の如《ごと》き要領《えうりやう》に從《したが》ふべし。

祈請文例

啓白《けいはく》　大聖不動明王尊前《たいしやうふどうみやうわうそんみまへ》。
玉體御安全《ぎよくたいごあんぜん》、天下泰平《てんかたいへい》、萬民安康《ばんみんあんかう》、家庭圓滿《かていゑんまん》、我所願《わがしよぐわん》○○○○、愍憐納受《みんれんなうじゆ》、
悉地成就《しつちじやうじゆ》。

祈請文《きしようもん》は文章《ぶんしよう》でなくとも、話《はな》す詞《ことば》にて可《か》、長上《ちようじよう》に對《たい》し依頼《いらい》する態度《たいど》口調《くてう》にて、愼重鄭寧《しんちようていねい》に敬意《けいい》を表《ひよう》し、熱誠《ねつせい》をこめて行《おこな》へば、何《なに》を申《まう》し上《あ》ぐるとも差支《さしつか》へなし但《たゞ》し賊《ぞく》、殺《さつ》、姦《かん》は許《ゆる》さず。

8、次《つぎ》に八大童子《だいどうじ》、又《また》は二童子《どうじ》の禮讃《らいさん》。

9、一字呪《じじゆ》。

10、三禮《らい》、起座《きざ》。

最略式

普通《ふつう》の在家《ざいけ》にて、朝夕祈念《ちようせききねん》するには、最略式《さいりやくしき》として左《さ》の如《ごと》く行《おこな》ふて可《か》なり。

1、顔《かほ》を洗《あら》ひ、手《て》と口《くち》をよく嗽《すゝ》ぐ。

2、尊前《そんぜん》に端坐《たんざ》して、三禮《らい》す。

3、燈明《とうみやう》と線香《せんこう》と水《みづ》を供《そな》ふ。

4、大呪《たいじゆ》一遍《ぺん》、中呪《ちうじゆ》三遍《べん》、小呪《せうじゆ》一遍《ぺん》を唱《とな》ふ。

數珠《じゆず》を兩手《りやうて》の手首《てくび》にかけ、兩手金剛合掌《りやうてこんがうがつしやう》。

5、二童子《どうじ》禮讃《らいさん》。

呪《じゆ》即《すなは》ち眞言《しんごん》を知《し》らぬものは、唯《た》だ南無大聖不動明王《なむだいしやうふどうみやうわう》と唱《とな》ふるもよし、或《ある》ひは南無不動尊《なむふどうそん》にてもよろし。

不動尊信者の鐵則

佛教《ぶつきやう》、否《いな》宗教《しうきやう》を信《しん》ずるものは、何人《なんぴと》でも正直《しやうぢき》、慈善《じぜん》、忍辱《にんにく》、精進《しやうじん》即《すなは》ち勤勉《きんべん》を心掛《こころが》けねばならぬことは、今《いま》さら言《い》ふまでもない所《ところ》であるが、不動尊信者《ふどうそんしんじや》としての特別《とくべつ》の心得《こころえ》、即《すなは》ち不動尊信者《ふどうそんしんじや》の常住不斷《じやうぢうふだん》、寸時《すんじ》も忘《わす》れてならぬ、怠《おこな》りてならぬ鐵則《てつそく》は、

身分《みぶん》の高下《かうげ》とか、貧富《ひんぷ》とか、身體《しんたい》の病健《びやうけん》とか、美醜《びしう》とか、仕事《しごと》の難易《なんい》とか、能力《のうりよく》の智愚《ちぐ》如何《いかん》に關《かゝ》はらず、それ等《ら》の差別《さべつ》は一切眼中《さいがんちう》に措《お》かず。

如何《いか》なる艱難苦境《かんなんくきやう》に當《あた》りても、それを命《いのち》がけにて突破《とつぱ》するといふ勇猛《ゆうまう》の大覺《だいかく》

悟《ご》、決心《けつしん》の大念力《だいねんりき》が肝要《かんえう》である。(難關打開《なんくわんだかい》、苦境突破《くきやうとつぱ》の勇猛心《ゆうまうしん》のないものは、不動信者《ふどうしんじや》たる價値《かち》はない)

憂《う》きことの、なほもこのうへ、積《つ》もれかし
限《かぎ》りある身《み》の、力《ちから》ためさん

三〇、不動尊の名刹縁起と靈驗記

波切不動

高野山別院《かうやさんべつゐん》。弘法大師《こうぼうだいし》、唐《とう》より歸朝《きてう》の際《さい》、颶風《ぐふう》に遭《あ》ひ、船《ふね》將《まさ》に沈沒《ちんぼつ》せんとする時《とき》祈念《きねん》せし靈像《れいざう》にして、明王《めうわう》が船先《ふなさき》に立《た》ち怒濤《どたう》を押《お》し切《き》つて、無事航海《ぶじかうかい》せしゆゑ波切《なみき》りといふ。この他《た》、漁師《りようし》や航海者《かうかいしや》が不動尊《ふどうそん》の靈驗《れいけん》によりて、難船《なんかう》を免《まぬ》かれたる場合《はあひ》、波切不動《なみきりふどう》の名號《めうがう》を附《ふ》せしもの多《おほ》し。

成田山不動尊

千葉縣印旛郡成田町新勝寺《ちばけんいんばぐんなりたまちしんしようじ》にあり、弘法大師《こうぼうだいし》、勅願《ちよくぐわん》により 玉體安全《ぎよくたいあんぜん》のため御作《ごさく》せられしもの、天慶《てんけい》の亂《らん》、廣澤《ひろさは》の寛朝大僧正《くわんてうだいそうじやう》、右尊像《みぎそんざう》を奉持《ほうぢ》して下總《しもふさ》に下《くだ》り、調伏護摩法《ちやうぶくごまほう》を修《しう》し、事平《ことたひ》らぎて本尊《ほんぞん》、遂《つひ》に同所《どうしよ》に留鎭《るちん》す、依《よ》つて寺《てら》を建《た》て神護新勝寺《しんごしんしようじ》の勅號《ちよくがう》を給《たま》ふ。

不動岡神流不動尊

埼玉縣北埼玉郡不動岡村總願寺《さいたまけんきたさいたまごほりふどうをかむらそうぐわんじ》にあり、智證大師《ちしようだいし》作《さく》、曾《かつ》て紫宸殿《ししんでん》に安置《あんち》せられありしもの、長暦流《ちやうれきなが》れて利根河畔《とねかはん》に至《いた》る、村人神託《むらびとしんたく》に隨《したが》ひ、殿宇《でんう》を設《まう》けて安置《あんち》す、寺《てら》は源信《げんしん》の開基《かいき》、曾《か》つては成田山《なりたさん》を凌《しの》ぐ勢《いきほ》ひがあつた。

五色不動

目青不動《めあをふどう》　東京市世田ヶ谷區世田ヶ谷町《とうきやうしせたやくせたやまち》　教學院《けうがくゐん》
目赤不動《めあかふどう》　東京市本郷區駒込片町《とうきやうしほんがうくこまごめかたまち》　南谷寺《なんこくじ》
目黄不動《めきいふどう》　東京市江戸川區小松川町《とうきやうしえどがはくこまつがはまち》　最勝寺《さいしようじ》
目白不動《めじろふどう》　東京市小石川區駒井町《とうきやうしこいしかはくこまゐまち》　新長谷寺《しんちやうこくじ》

目黒不動《めぐろふどう》　東京市《とうきやうし》目黒區《めぐろく》下目黒《しもめぐろ》　瀧泉寺《りゆうせんじ》

大岩山不動

富山縣《とやまけん》中新川郡《なかしんかはぐん》大岩村《おほいはむら》日石寺《につせきじ》にあり、行基菩薩《ぎやうきぼさつ》の御作《おんさく》、前田家《まへだけ》の歸依《きえ》篤《あつ》く、奇瑞《きずゐ》の靈驗《れいけん》は同家《どうけ》の史《し》佚《ちつ》に詳《くは》し。

錐鑽不動

和歌山縣《わかやまけん》那賀郡《なかぐん》根來村《ねごろむら》にあり、大傳法院《だいでんぼうゐん》。弘法大師《こうぼうだいし》作《さく》、新義《しんぎ》眞言宗《しんごんしう》開祖《かいそ》興教《こうきやう》大師《だいし》覺鑁聖人《かくはんしようにん》が、高野《かうや》山傳法院《さんでんぼうゐん》に在《あ》りし時《とき》、衆僧《しうそう》の其《そ》の學徳《がくとく》を嫉《ねた》み、傳法院《でんぼうゐん》に亂入《らんにふ》せしに、聖人《しやうにん》は不動定《ふどうじやう》に入《い》り居《を》りしかば、二體《たい》の不動尊《ふどうそん》併立《へいりつ》して、その何《いづ》れが人體《じんたい》なるや分《わか》ち難《がた》し、依《よ》りてその膝《ひざ》に錐《きり》を刺《さ》せしに、木像《もくざう》の方《はう》より血《ち》出《い》でたりといふ。

泣き不動

滋賀縣《しがけん》三井寺《みゐでら》即《すなは》ち園城寺《をんじやうじ》。三井寺《みゐでら》の智興内供《ちこうないぐ》、病《やまひ》あり、安倍清明《あべきよあき》、占《せん》して代人《だいにん》を立《た》つるの他《ほか》、平癒《へいゆ》の道《みち》なしと云《い》ふ、衆徒《しうと》皆《み》な退《しりぞ》く、獨《ひと》り少年《せうねん》法師《ほうし》證空《しようくう》、師《し》に代《かは》らんと誓《ちか》ひ、八十の老母《らうぼ》に暇乞《いとまご》ひして、持佛《ぢぶつ》の不動尊《ふどうそん》に一生《しよう》祈念《きねん》をこめしに、繪《え》像《ざう》の尊眼《そんげん》より涙《なみだ》を流《なが》し、われ汝《なんぢ》に代《かは》らんと曰《の》給《たま》ひしと思《おも》へば、自分《じぶん》の苦惱《くのう》と倶《とも》に師《し》も平癒《へいゆ》せり、これを常住院《じようぢうゐん》の泣不動《なきふどう》と稱《しよう》し、後白河院《ごしらかはゐん》に傳《つた》はり、證空《しようくう》は一代《だい》の大徳《たいとく》となつた。

國寶不動尊

現在國寶《げんざいこくほう》に編入《へんにふ》せられある大要《たいえう》。京都東寺《きようととうじ》の五大尊《だいそん》。高野山金剛峰寺《かうやさんこうがうぶじ》の不動《ふどう》明王《めうわう》。京都醍醐山《きようとだいごさん》の不動明王《ふどうめうわう》。大阪府河内觀心寺《おほさかふかはちくわんしんじ》の不動明王《ふどうめうわう》。同河内天野山金《どうかはちあまやさんこん》剛寺《がうじ》の不動明王《ふどうめうわう》。滋賀縣石山寺《しがけんいしやまでら》の不動明王《ふどうのうわう》。愛知縣海東郡甚目寺《あいちけんかいとうぐんじんもくじ》の不動明王《ふどうめうわう》、山梨縣松里放光《やまなしけんしようりはうくわう》の不動明王《ふどうめうわう》。香川縣三豐郡觀音寺《かがはけんみとよぐんくわんのんじ》の不動明王《ふどうめうわう》に二童子《どうじ》。

著名の不動寺院

大阪府《おほさかふ》泉南郡《せんなんぐん》七寶瀧寺《ほうりゆうじ》。神奈川縣中郡大山寺《かながはけんなかぐんおほやまでら》の石尊不動《いしそんふどう》、これは五色《しき》の不動《ふどう》尊《そん》が地中《ちちう》より湧出《ゆしゆつ》せりといふ。東京府《とうきやうふ》高幡《たかはた》金剛寺《こんがうじ》の防火《ばうくわ》不動尊《ふどうそん》。同浅川《どうあさかは》高尾山《たかをさん》の飯縄《いひづな》権現《ごんげん》、飯縄《いひづな》は天狗《てんぐ》なり、天狗《てんぐ》は迦樓羅《かるら》卽《すなは》ち金翅鳥《きんしてう》の變化《へんげ》、金翅鳥《きんしてう》は不動《ふどう》尊《そん》の眷屬《けんぞく》、使者《ししや》なりといふ。埼玉縣《さいたまけん》大相摸《おほさがみ》の大聖寺《たいしようじ》不動尊《ふどうそん》は色辨僧正《しきべんそうじやう》の作《さく》、成田《なりた》、不動尊《ふどうそん》と共《とも》に關東《くわんとう》三不動《ふどう》と稱《しよう》せらる。千葉縣《ちはけん》鹿野山《かのさん》神野寺《かみのじ》の飯繩《いひづな》、これは日本武尊《やまとたけるのみこと》、聖德太子《しようとくたいし》、慈覺大師《じかくだいし》等《とう》に關係《くわんけい》ありと傳《つた》ふ。新潟縣《にひがたけん》中魚沼郡《なかうをぬまぐん》不動寺《ふどうじ》。福井縣《ふくゐけん》三國町《くにまち》瀧谷寺《たきたにでら》。廣島市《ひろしまし》不動院《ふどうゐん》。東京市《とうきやうし》中野《なかの》の寶仙寺《ほうせんじ》。同石神井《どういしかみゐ》の三寶寺《ほうじ》。葛飾《かつしか》小岩《こいは》の善養寺《ぜんやうじ》。高知縣《かうちけん》高岡《たかをか》の青龍寺《せいりうじ》（四國《しこく》八十八ケ所《しよ》の三十六番《はん》）。愛媛縣《ゑひめけん》土佐川《ときがは》の岩屋山《いはやさん》（四十五番《はん》）。同越智郡《どうをちぐん》野間《のま》の延命寺《えんめいじ》（五十四番《はん》）。大分縣《おほいたけん》大野《おほの》の寶曼寺《ほうまんじ》。この他《た》全國《ぜんこく》にて不動尊《ふどうそん》を本尊《ほんぞん》とせる寺院《じいん》は、四千餘《よ》ケ寺《じ》に上《のぼ》れり。又《また》近時《きんじ》、國寶《こくほう》に指定《してい》せられしものも數種《すうしゆ》ありといふ。

各府縣《かくふけん》にて最《もつと》も多《おほ》く不動尊《ふどうそん》を安置《あんち》せるは、愛知縣《あいちけん》の百餘《よ》ケ寺《じ》。山形縣《やまがたけん》八十餘《よ》ケ寺《じ》。埼玉縣《さいたまけん》の七十餘《よ》ケ寺《じ》。東京府《とうきやうふ》の七十餘《よ》ケ寺《じ》。神奈川縣《かながはけん》の七十餘《よ》ケ寺《じ》。千《ち》葉縣《はけん》の七十餘《よ》ケ寺《じ》。滋賀縣《しがけん》の六十餘《よ》ケ寺《じ》。京都府《きようとふ》、茨城縣《いばらきけん》、和歌山縣《わかやまけん》の五十餘《よ》ケ寺《じ》。福島縣《ふくしまけん》、長野縣《ながのけん》、岡山縣《なかやまけん》大分縣《おほいたけん》、群馬縣《ぐんまけん》の四十餘《よ》ケ寺《じ》。東京附近《とうきようふきん》にて緣日《えんにち》のある不動尊《ふどうそん》の寺《てら》十八ケ寺《じ》、また御府內《ごふない》二十八ケ所等《しよとう》あり。卷末《かんまつ》に掲《かゝ》ぐ。

覺鑁聖人の錐鑽不動

今《いま》さら言《い》ふに及《およ》ばぬが、この不動尊《ふどうそん》は眞言密教《しんごんみつきよう》の學徒《がくと》が、信仰《しんかう》して靈驗《れいけん》を得《え》た數《すう》は枚擧《まいきよ》に遑《いとま》あらず、豐山《ぶざん》、智山《ちさん》の兩派祖《りようはそ》も亦たこの不動尊《ふどうそん》の靈勅《れいちよく》を蒙《かうむ》れりといふ、不動《ふどう》の身代札《みがはりふだ》はこの錐鑽《きりもみ》より起《おこ》る。

祐天上人と不動尊

祐天上人《いうてんしようにん》は性來愚鈍《せいらいぐどん》であつたが、成田《なりた》の不動尊《ふどうそん》に捨身《しやしん》の大願《たいぐわん》をかけ、滿願《まんぐわん》の曉《あかつき》に不動尊《ふどうそん》が祐天上人《いうてんしようにん》の口《くち》に利劍《りけん》を突《つ》き込《こ》み、惡血《あくち》を流出《るしゆつ》せしめ、それより聰《そう》明天下《めいてんか》一となり、遂《つひ》に目黑祐天寺《めぐろいうてんじ》の開基《かいき》となれりと、これは下總埴生《しもふさはにふ》の累《かさね》の亡靈《れい》を鎭《しづ》めしこと等《とう》より轉訛《てんくわ》せるものかも知《し》れぬが、兎《と》に角《かく》、傳說《でんせつ》は名高《なたか》い。

道譽上人と不動尊

道譽《だうよ》上人《しようにん》は戰國《せんごく》時代《じだい》に、泉州《せんしう》に生《うま》れた、名家《めいか》であつたが家破《いへやぶ》れて僧《そう》となり、芝増上寺《しばぞうじようじ》にて九年《ねん》も勉強《べんきよう》し、故郷《こきよう》に歸《かへ》つたが、講筵《かうえん》に咀吶《どもつ》て大《おほ》いに赤面《せきめん》し、一同《どう》に嘲《あざけ》られたので、そのまま成田《なりた》に參《まゐ》り、三七日《にち》祈願《きぐわん》をこめた、滿願《まんぐわん》の日《ひ》、夢《ゆめ》うつつの間《あひだ》に、不《ふ》動尊《どうそん》が利《り》劒《けん》を採《と》つて現《あら》はれ、汝《なんぢ》これを呑《の》むやと問《と》ふ、上人呑《しようにんの》みたしと答《こた》ふ、不《ふ》動尊即《どうそんすなは》ち口中《こうちう》に利《り》劒《けん》を突《つ》き入《い》れしと思《おも》ひしに、夢醒《ゆめさ》めたり、それより顯密《けんみつ》内外《ないげ》に亙《わた》る博學《はくがく》となり、雄辯《ゆうべん》及《およ》ぶものなしと云《い》はるるに至《いた》つた、下總《しもふさ》生實《をざね》の龍澤山《りうたくさん》大巖寺《たいがんじ》には、上人《しようにん》の吐《と》血《けつ》せる紅染《べにぞめ》の法衣《ほうえ》が傳《つた》はつて居る、大《たい》巖寺は淨土宗《じようどしう》の地《ち》方大寺院《はうだいじいん》にて、寺領《じりよう》百石《こく》ありたり、この傳說《でんせつ》が祐天上人《いうてんしようにん》に混《こん》ぜしか。

力士桂川と靈驗

力士《りきし》桂川《かつらがは》は非《ひ》力《りき》の力士《りきし》であつたが、その父《ちゝ》の仇《あだ》を土俵《どひよう》の上《うへ》にて報《はう》ぜんため、成田《なりた》の不動《ふどう》に祈願《きぐわん》をこめ、遂《つひ》に多年《たねん》の宿望《しゆくばう》を達《たつ》したといふ。

志賀道翁の怪力

敏達天皇《びんたつてんのう》の朝《てう》、勅命《ちよくめい》に依《よ》り、百濟《くだら》の國《くに》より急《いそ》ぎ歸《かへ》りたる日羅上人《にちらしやうにん》が、豐後國《ぶんごのくに》大野《おほの》を通行《つうかう》する途次《とじ》、屛風岩《べうぶいは》百尺《しやく》ばかりの岩上《がんじやう》に、坐像《ざざう》の不動尊《ふどうそん》三體《たい》を刻《きざ》みつけた。戰國時代《せんごくじだい》に至《いた》り、志賀道翁《しがだうをう》は大力《たいりき》を志《こころざ》し、この不動尊《ふどうそん》に二七日《にち》間祈願《かんきぐわん》を込《こ》めたが、何《なに》ものか道翁《だうをう》の頭《あたま》を大《おほ》きな掌《てのひら》で押《おさ》ゆるものがある、それを引《ひ》き外《はづ》さうとするが、なかなか動《うご》かぬ、かくて滿願《まんぐわん》の日《ひ》に至《いた》り、やすやすとそれを除《のぞ》くことが出來《でき》た。それから、地《ち》を踏《ふ》めば大《おほ》きな穴《あな》が開《あ》くやうになり、怪力無双《くわいりきむさう》、柱《はしら》に圓石《まるいし》を押《お》し込《こ》む等《とう》、鬼志賀《おにしが》と稱《しやう》せらるるに至《いた》つた。

大石良雄と不動尊

大石良雄《おほいしよしを》が山科《やましな》に隱棲中《いんせいちう》、その持佛《ぢぶつ》であつた不動明王《ふどうみやうわう》を岩谷寺《がんこくじ》に納《をさ》めた、岩谷寺《がんこくじ》は山科驛《やましなえき》から西方《せいはう》一里餘《りよ》の所《ところ》に在《あ》る、嘉永年間《かえいねんかん》京都町奉行《きやうとまちぶぎやう》淺野長祥《あさのながあきら》が、境《けい》内《だい》に義士《ぎし》を安置《あんち》した堂《だう》を建《た》て、その側《そば》に良雄《よしを》植髪《うゑがみ》の墓《はか》も出來《でき》、大《おほ》いに寺門《じもん》を興《こう》隆《りう》した、寺寶《じほう》には大石《おほいし》の筆蹟《ひつせき》等《とう》がある。それから半里《はんり》ほど隔《へだ》たつて大石《おほいし》の屋敷跡《やしきあと》が茶園《さゑん》になつてゐた、長祥《ながあきら》は旗下《はたもと》三千五百石《こく》の淺野《あさの》家支流《けしりう》である、明治《めいぢ》三十四年義士《ねんぎし》二百回忌《くわいき》の時《とき》、屋敷跡《やしきあと》の茶畑《ちやはたけ》を改修《かいしう》して記念公園《きねんこうゑん》を作《つく》つた、大石《おほいし》が不動《ふどう》尊《そん》を信《しん》じてゐたことは、いろ〳〵の文献《ぶんけん》によりて證明《しようめい》される。

二宮尊徳翁の信仰

二宮尊徳翁《にのみやそんとくをう》は天性信仰心篤《てんせいしんかうしんあつ》く、神佛《しんぶつ》の加護《かご》に依《よ》らねば何事《なにごと》も爲《な》し得《え》ないといふことを確信《かくしん》し、初《はじ》め觀音經《くわんのんきやう》を聽問《ちやうもん》して大《おほ》いに觀音《くわんのん》を信《しん》じ、その慈善救濟《じぜんきうさい》に倣《なら》はむことを期《き》し、玆《ここ》に捨身的同情《しやしんてきどうじやう》の念《ねん》を以《もつ》て社會事業《しやくわいじげふ》に乘《の》り出《だ》し、それからそれへと幾多《いくた》の大事《だいじ》を遂《と》げたが、さて事《こと》が大《おほ》きくなれば大《おほ》きくなる程《ほど》、幾多《いくた》の困《こん》難《なん》が伴《ともな》ひ、單《たん》に慈善同情心《じぜんどうじやうしん》だけでは、遣《や》り切《き》れなくなる。そこで大《おほ》いに發憤《はつぷん》し、轉向《てんかう》といふ譯《わけ》でもないが、利根川《とねがは》分水路《ぶんすゐろ》堀割工事《ほりわりこうじ》の前後《ぜんご》より、大《おほ》いに不動尊《ふどうそん》を信仰《しんかう》し、文政《ぶんせい》十二年《ねん》三月《ぐわつ》十七日《にち》には大事業《だいじげふ》をも知《し》らぬ顏《かほ》に、飄然《ひようぜん》として成田《なりた》に參詣《さんけい》し、七日《か》間《かん》御籠《こも》りをした、そして觀音流《くわんのんりう》の攝收《せつしう》よりも、不動流《ふどうりう》の難關突破《なんくいんとつは》の勇猛主義《ゆうめうしゆぎ》を標幟《ひようしき》即《すなは》ち指導精神《しだうせいしん》とするに至《いた》つた、翁《をう》嘗《か》つて曰《いは》く、自分《じぶん》の不動尊《ふどうそん》信仰《しんかう》は、この軸物《ぢくもの》の文字《もじ》の如《ごと》く、動《うご》かざれば尊《たつと》しである、一心堅固《しんけんご》が樞軸《すうぢく》なり云々《うんぬん》と。

刀匠と不動尊

大日如來《だいにちによらい》が難化《なんげ》濟度《さいど》のために、忿怒身《ふんぬしん》を現《あら》はして不動尊《ふどうそん》と變化《へんげ》し、火《ひ》と水《みづ》と劔《けん》との活動《くわつどう》により惡魔《あくま》を降伏《がうぶく》するのは、日本刀《につぽんたう》の使命《しめい》と全然《ぜんぜん》同巧《どうこう》である、左《さ》れば古來《こらい》有名《いうめい》の刀匠《たうしやう》は、悉《こと〴〵》く不動尊《ふどうそん》を信仰《しんかう》し、その刀《かたな》には必《かなら》ずや倶利迦羅《くりから》龍王《りうわう》や不動《ふどう》何々《なに〳〵》といふが如《ごと》き銘《めい》を入《い》れたものである。即《すなは》ち劍卷龍《けんまきりう》、劍《けん》、護摩箸《ごまはし》、不動《ふどう》の梵字《ぼんじ》、繩等《なはなど》の形象《けいしやう》を刻《きざ》み、惡魔降伏《あくまがうぶく》の義《ぎ》を兼《か》ねて居《ゐ》る。また刀匠《たうしやう》の工場《こうば》の燒刃《やきは》を渡《わた》す湯槽《ゆぶね》の向《むか》ふの板《いた》には、干滿不動《かんまんふどう》の梵字《ぼんじ》が書《か》いてある。

三條《でう》宗匠《そうしやう》の作《さく》、樋《ひ》劔《けん》の短刀《たんたう》、行平《ゆきひら》の太刀《たち》には必《かなら》ず倶利迦羅《くりから》不動《ふどう》が刻《きざ》んである、來國行《らいくにゆき》の刀《かたな》には刀身《たうしん》に不動尊《ふどうそん》が彫《ほ》つてある、不動行光《ふどうゆきみつ》、不動正宗《ふどうまさむね》、兼光《かねみつ》の護摩箸《ごまはし》と劔《けん》。吉光《よしみつ》、國光《くにみつ》、保昌《やすまさ》、貞宗《さだむね》等《とう》みな不動明王《ふどうめうわう》及《およ》び關係《くわんけい》のものを彫《ほ》り込《こ》んである。裝飾品《さうしよくひん》にも初代《しよだい》後藤祐乘《ごとういうじよう》より五代德乘《だいとくじよう》に至《いた》るまで、目貫《めぬき》並《なら》びに笄《かうがひ》に倶利迦羅《くりから》龍《りう》や輪棒《りんぼう》、獨鈷《どくこ》等《とう》が彫刻《てうこく》してある。不動尊關係《ふどうそんくわんけい》のものを銘刻《めいこく》した刀劔《たうけん》は、揃《そろ》ひも揃《そろ》つて、いづれも名刀《めいたう》であり、又《また》よく惡人《あくにん》征伏《せいふく》の偉功《ゐこう》を奏《そう》して居《ゐ》る。

成田屋團十郎

市川《いちかは》團《だん》十郎《らう》、本姓《ほんせい》は堀越《ほりこし》、甲州《かうしう》の武士《ぶし》、初代《しよだい》團《だん》十郎《らう》の祖父《そふ》、天正《てんしやう》の末《すゑ》下總《しもふさ》埴《はに》生《ふ》郡《ごほり》幡谷《はたや》村《なら》に移住《ゐぢう》す、初代《しよだい》團《だん》十郎《らう》は成田《なりた》不動尊《ふどうそん》に祈願《きぐわん》をこめて、二代《だい》を生《う》み、また山伏《やまぶし》通力坊《つうりきばう》に扮《ふん》して大成功《だいせいこう》を遂《と》ぐ、通力坊《つうりきばう》は不動尊《ふどうそん》の化身《けしん》なり、その結果《けつくわ》、成田山《なりたさん》に神鏡《しんきやう》その他《た》を奉納《はうなう》し、成田屋《なりたや》と稱《しよう》するに至《いた》る、二代目《だいめ》四代目《だいめ》五代目《だいめ》七代《だい》目八代目《だいめ》九代目《だいめ》いづれも不動尊《ふどうそん》の信仰《しんかう》あつく、不動明王《ふどうめうわう》に扮《ふん》せしことも屢々《しば〳〵》

なり、殊《こと》に九代目《だいめ》は天下《てんか》唯一《ゆゐ》の名優《めいいう》であつたが、不動明王《ふどうみやうわう》に扮《ふん》すること六回《くわい》に及《およ》んだ。唄淨瑠璃《うたじやうるり》にも、上《じやう》るり不動《ふどう》といふのがある、その中《なか》の不動尊《ふどうそん》の靈像《れいざう》は七代目《だいめ》團《だん》十郎《らう》が勤《つと》めた、作者《さくしや》は二代目《だいめ》瀨川如皐《せがはじよかう》、作曲《さくきよく》は四代目《だいめ》杵屋《きねや》六三郎《らう》、この曲《きよく》は文政《ぶんせい》四年《ねん》三月《ぐわつ》江戸《えど》中村座《なかむらざ》にて興行《こうぎやう》、藝題《げだい》は、褄重解脫《つまかさねげだつ》の絹川《きぬがは》である。

信賞必罰

不動尊《ふどうそん》の信者《しんじや》は、政治家《せいぢか》にも在《あ》り、學者《がくしや》にもある、また地方村落《ちはうそんらく》の老若男女《らうにやくなんによ》にも多數《たすう》の信者《しんじや》がある、卽《すなは》ち全國《ぜんこく》全社會《ぜんしやくわい》の各階級《かくかいきふ》に行《ゆ》き亙《わた》つて居《ゐ》るが、その中《うち》でも事業家《じげふか》や商賣人《しやうばいにん》に特《とく》に多《おほ》い、殊《こと》に相場師《さうばし》とか、それに類似《るゐじ》する半投機的《はんとうきてき》の商人《しやうにん》や事業家《じげふか》は、十中《ちう》の八九まで不動尊《ふどうそん》を信《しん》ずるといふ盛況《せいきやう》である、この現象《げんしやう》は譽《ほ》むべきであるか、否《いな》かは斷言《だんげん》出來《でき》ぬが、惡《わる》いと云《い》ふ譯《わけ》にはゆかぬ。

然《しか》るに信仰《しんかう》の御蔭《おかげ》にて大《おほ》いに儲《まう》かつた、所《ところ》が儲《まう》かると自惚《うぬぼ》れが出《で》て、自分《じぶん》の力《ちから》で儲《まう》かつたのだと考《かんが》へ直《なほ》す、自然《しぜん》に信仰《しんかう》が御《お》留守《るす》になる、驕傲不遜《きやうがうふそん》、野性《やせい》が増長《ぞういちよう》する、遂《つひ》には九天直下《てんちよくか》、折角《せつかく》儲《まう》けたものも元《もと》の木阿彌《もくあみ》一文《もん》なしとなるものが數《かぞ》へきれぬほど澤山《たくさん》ある、尤《もつと》も十中《ちう》の二三は信心《しんじん》永續《えいぞく》、假《か》りに淸富《せいふう》にあらずとするも、その富《とみ》を善用《ぜんよう》するゆゑ、幸福《かうふく》も亦《ま》た永續《えいぞく》して、當初《たうしよ》劣等《れつとう》の人格《じんかく》も漸《ぜん》次《じ》向上《かうじよう》して、相當程度《さうたうていど》の人物《じんぶつ》となるのである。不動尊《ふどうそん》は特《とく》に信賞必罰《しんしようひつばつ》が嚴格《げんかく》であるが、不動尊《ふどんそん》に限《かぎ》らず、總《すべ》て神佛《しんぶつ》を信仰《しんかう》するものは、以上《いじよう》の現實《げんじつ》をよく〱諦念《たいねん》すべきである。

―― 本篇●不動尊靈驗祈禱法●完 ――

第二篇　不動經講義

聖《しよう》無《む》動《どう》尊《そん》大《だい》威《ゐ》怒《ぬ》王《わう》秘《ひ》密《みつ》陀《だ》羅《ら》尼《に》經《きやう》

聖《しよう》とは萬事《ばんじ》を貫《つらぬ》き、人間《にんげん》の最上《さいじよう》に位《くらゐ》して、下《しも》萬民《ばんみん》を利益《りやく》するといふ意《い》にしてまた尊稱《そんしよう》ともなる。無動尊《むどうそん》とは梵語《ぼんご》にては阿奢羅耶多《あじやらやた》とも云《い》ひ、不動《ふどう》または無動《むどう》と譯《やく》し、密號《みつがう》を常住金剛《じようちうこんがう》と云《い》ふ。要《えう》するに不動尊《ふどうそん》は菩提心大寂《ぼだいしんだいじやく》の義《ぎ》に依《よ》つて名附《なづ》け、大威怒王《だいゐぬわう》とはその相貌《さうぼう》及《およ》び活動《くわつどう》の上《うへ》より名附《なづ》けたのである　秘《ひ》密《みつ》とは深遠蘊奥《じんゑんうんあう》の義《ぎ》、陀羅尼《だらに》は總持《そうち》と譯《やく》し、普通《ふつう》には眞言《しんごん》と云《い》つてゐる。即《すなは》ち一切《さい》の功徳《くどく》を抱持《はうち》する眞《まこと》の言《ことば》と云《い》ふ意《い》である。經《きよう》は筋道《すじみち》と云《い》つて、總《すべ》て規《き》矩《く》になる尊《たふと》い本《ほん》と云《い》ふ事《こと》である。以上《いじよう》は不動明王《ふどうめうわう》の深遠《じんゑん》なる大切《たいせつ》の眞言《しんごん》を說《と》いてあるお經《きよう》と云《い》ふ次第《しだい》である。

金剛手菩薩說《こんがうしゆぼさつせつ》、三藏般若遮迦羅譯《さんざうはんにやしやからやく》

金剛《こんがう》とは堅固不壞《けんごふゑ》と云《い》ふ義《ぎ》で、金剛杵《こんがうきね》を用《もち》ひてゐるから金剛手《こんがうしゆ》と云《い》ふたので杵《きね》とは三鈷《さんこ》とか五鈷《ごこ》とか云《い》ふ堅剛《けんがう》の法器《はふき》である。全體《ぜんたい》この金剛杵《こんがうきね》は印度《いんど》の武《ぶ》器《き》であつたのを、一方《はう》には堅剛《けんがう》の德《とく》を表《ひよう》し、一方《はう》には煩惱《ぼんのう》の賊《ぞく》を摧破《さいは》するこ と、武器《ぶき》の敵《てき》を斬《き》るが如《ごと》きに例《たと》へて法器《はふき》としたけれども、實《じつ》は普賢菩薩《ふけんぼさつ》のことである。菩薩《ぼさつ》とは人《ひと》を先《さき》にし己《おの》れを後《かう》にする慈悲《じひ》の大《おほ》さと云《い》ふ義《ぎ》で、普賢《ふけん》菩薩《ぼさつ》が佛卽《ほとけすなは》ち大日如來《だいにちによらい》の敬勅《きようちよく》を受《う》けて多《おほ》くの聽衆《ちようしう》に說明《せつめい》したから說《せつ》と云《い》ふのである。三藏《さんざう》とは經律論《きようりつろん》の三部《ぶ》に能《よ》く通達《つうたつ》してゐる學者《がくしや》と云《い》ふ意味《いみ》である。般若《はんにや》は智惠《ちゑ》、遮迦羅《しやから》は徧一切處《へんいちさいしよ》であるから般若遮迦羅《はんにやしやから》卽《すなは》ち徧智《へんち》である。徧智《へんち》と云《い》ふ學者《がくしや》が譯《やく》したと云《い》ふ次第《しだい》である。

爾時毘盧遮《にじびるしや》那大會中《だいゑちゆう》、有《う》二一菩薩摩訶薩《いつぼさつまかさつ》一、名曰《みようわつ》二金剛手《こんがうしゆ》一、與《よ》二妙吉祥菩薩《めうきちじやうぼさつ》一倶《ぐ》、此金《しこん》剛手是法身大士《がうしゆぜほつしんだいし》、故名《こみよう》二普賢《ふげん》一、即從《そくじう》二如來《によらい》一得《とく》二持金剛杵《ちこんがうしよ》一、其金剛杵五智所成《ごこんがうしよごちしよじやう》、故《こ》名《みよう》二金剛手《こんがうしゆ》一、又妙吉祥菩薩是三世覺母《ゆうめうきちじやうぼさつぜさんぜかくも》、故名《こみよう》二文殊師利《もんじゆしり》一

毘盧遮那《びるしやな》とは除闇遍明《ぢよあんへんめう》で即《すなは》ち意譯《いやく》して大日如來《だいにちによらい》と云《い》ふことになる。大日如來《だいにちによらい》の説法《せつほう》を聽《き》きに集《あつ》まつてゐる大衆《たいしう》の中《うち》に一人《にん》の菩薩摩訶薩《ぼさつまかさつ》とて、摩訶《まか》は大《だい》と云《い》ひ、菩薩《ぼさつ》の中《なか》でも特《とく》に大力量《だいりきりよう》の者《もの》と云《い》ふ義《ぎ》である。金剛手《こんがうしゆ》は前《まへ》に説明《せつめい》した通《とほ》りである、妙吉祥菩薩《めうきちじやうぼさつ》も亦《ま》た金剛手《こんがうしゆ》と倶《とも》に大日如來《だいにちによらい》の教勅《きようちよく》を受《う》けて、この大會《たいゑ》のなかで説法《せつほう》の相手役《あひてやく》になつてゐるのである。法身《ほつしん》とは佛體《ぶつたい》、大士《だいし》とは利他《りた》の慈悲《じひ》ある者《もの》。それで金剛手《こんがうしゆ》は本來《ほんらい》の佛《ほとけ》であるが、それが利他《りた》の爲《た》めに菩薩《ぼさつ》と變《へん》じて、大德《たいとく》を施《ほどこ》す故《ゆゑ》に普賢《ふげん》とも遍吉《へいきつ》とも云《い》ふのである。この菩薩《ぼさつ》は胎藏界四隅《たいぞうかいしぐう》の辰巳《たつみ》に在《ゐ》まし、頭《かうべ》に五髻《ごご》の寶冠《ほうくわん》を戴《いただ》き、秘號《ひがう》を建立如來《こんりふによらい》と云ひ

八大童子《だいどうじ》の烏倶婆童子《うぐはどうじ》と同位《どうゐ》である。如來《によらい》が普賢《ふけん》の大徳《たいとく》を愛《め》で、金剛杵《こんがうきね》を持《も》たせたが、その金剛杵《こんがうきね》は五智所成《ちしよじよう》で、五智《ち》とは法界體性智《ほつかいたいしようち》、大圓鏡智《だいゑんきやうち》、平等《びようどう》性智《しようち》、妙觀察智《めうくわんさつち》、成所作智《じようしよさち》とて、これにて森羅萬象《しんらばんしよう》は悉《ことごと》く盡《つ》くされてゐる。それで金剛杵《こんがうきね》は前《まへ》に說《と》いた堅剛《けんがう》と摧破《さいは》の二徳《とく》ある上《うへ》に、更《さら》に無形《むぎよう》の五智《ち》を形《かたち》の上《うへ》に現《あら》はし、また宇宙萬象《うちうばんしよう》の縮圖《しゆくづ》であると見《み》ることも出來《でき》るから、至極大切《しごくたいせつ》の法器《ほふき》であると云《い》はねばならぬ。妙吉祥《めうきちじよう》とは文殊師利《もんじゆしり》の譯語《やくご》である。文殊師《もんじゆし》利《り》または曼殊室利《まんじゆしり》とも云《い》ひ、文殊《もんじゆ》は妙《めう》、師利《しり》は吉祥《きちじよう》と譯《やく》し妙徳妙音《めうとくめうおん》とも譯《やく》す。妙《めう》は佛《ほとけ》の無上慧《むじようゑ》、吉祥《きちじよう》は衆徳具足《しうとくぐそく》の意《い》にて、理趣經《りしゆきよう》には一切法無戲論如來《さいほふむけろんによらい》と云《い》ひ、胎藏界中臺八葉院《たいざうかいちうだいえうゐん》の東南隅《とうなんぐう》に位《くらゐ》し、また文殊院《もんじゆゐん》の主尊《しゆそん》である。金剛界《こんがうかい》では賢劫十六尊中《けんごうそんちう》に在《あ》り、內證《ないしよう》は金剛利菩薩《こんがうりぼさつ》と同一體《どうたい》である。文殊《もんじゆ》は三世《ぜ》の覺母《かくも》、卽《すなは》ち過去現在未來《くわこげんざいみらい》三世《ぜ》一切《さい》の覺母《かくも》、覺《かく》とは佛《ほとけ》のことで、成佛《じようぶつ》する根本《こんほん》智慧《ちゑ》であるから佛母《ぶつも》と云《い》ふのである。

如是《によぜ》菩薩《ぼさつ》爲《ゐ》度《ど》衆生《しゆじよう》現《げん》菩薩《ぼさつ》身《しん》、成就《じようじゆ》戒定慧《かいぢようゑ》解脫《げだつ》解脫知見《げだつちけん》、善能《ぜんのう》通達《つうたつ》諸《しよ》陀羅尼《だらに》門《もん》、其《ご》心禪寂常住三昧《しんぜんじやくじようぢゆうさんまい》降伏《かうぶく》衆魔《しゆま》令人《りようにん》正見《しようけん》得《とく》大智慧《だいちゑ》無《な》有《う》障礙《しようげ》

上《かみ》の普賢文殊《ふけんもんじゆ》の如《ごと》き大士《だいし》が衆生《しゆじよう》を濟度《さいど》しようと思《おも》つて、菩薩《ぼさつ》の姿《すがた》を現《あら》はし、種々《しゆぐ》修行《しゆぎよう》をして、戒定慧《かいぢようゑ》の三學《がく》を卒業《そつげふ》する。戒《かい》とは精神《せいしん》の統《とう》一が出來《でき》て法身《ほつしん》の本體《ほんたい》も一致《ち》した境界《きようかい》で、禪定《ぜんじよう》とか寂靜《じやくじよう》とか云《い》ふのである。慧《ゑ》とは眞理《しんり》に徹《てつ》定《てい》する知慧《ちゑ》である。解脫《げだつ》とは轉迷開悟《てんめいかいご》して煩《わづら》ひが無《な》くなつた處《ところ》。解脫知見《げだつちけん》と云《い》ふのも同《どう》一意味《いみ》である。煩惱《ぼんのう》の無《な》くなつた方《はう》から云《い》へば解脫《げだつ》で、眞智《しんち》の現《あら》はれた結果《けつくわ》から見《み》れば知見《ちけん》である。善《よ》く能《よ》く諸《もろ〳〵》の陀羅尼門《だらにもん》に通達《つうたつ》するとは、陀羅尼《だらに》は總持《そうぢ》で、顯教以上《けんぎよういじよう》の眞言秘密《しんごんひみつ》の法門《ほうもん》に通《つう》じてゐると云《い》ふことである。その心禪寂《こゝろぜんじやく》にして常《つね》に三昧《さんまい》に住《ぢう》すとは、禪寂《ぜんじやく》は前《まへ》の定《じよう》も同《おな》じく、三昧《さんまい》とは三摩地《さまち》とか三摩耶《さまや》と云《い》ふので、譯《やく》して等持《とうぢ》と云《い》ひ、矢張《やは》り定《じよう》のことである。平《びよう》

等《どう》に心々《しん〱》所《じよ》を持《ぢ》し一境《きやう》を專《もつぱ》らにして成辨《じやうべん》する義《ぎ》である。精神《せいしん》に煩悶《はんもん》なく、また意志《いし》が堅固《けんご》で能《よ》く統《とう》一して散亂《さんらん》しないのである。自己《じこ》の精神《せいしん》が堅固《けんご》であり、能《よ》く統《とう》一されてゐるから、衆魔《しゆうま》とて種々《しゆぐ》の誘惑《いうわく》を降伏《ごうぶく》して、それ等《ら》の惡魔外《あくまげ》道《どう》をして却《かへ》つて正見《しやうけん》に入《い》らしめ、眞《しん》の智慧《ちゑ》を得《え》せしめ、何等《なんら》の障礙《しやうげ》も無《な》いやうになる。これは自分《じぶん》が成道《じやうどう》する次第《しだい》と、その成道《じやうどう》を妨《さまた》ぐる惡魔《あくま》を退治《たいぢ》して、怨敵《をんてき》を却《かへ》つて味方《みかた》たらしむる有樣《ありさま》を示《しめ》す。從《したが》つてこれ等《ら》惡魔《あくま》は最早《もは》や衆生《しゆじやう》が佛門《ぶつもん》に入《い》る妨《さまた》げを爲《な》さずに能《よ》くこれを守護《しゆご》するやうになるのである。

能隨《のうずい》㆓衆生《しゆじやう》・轉《てん》㆓大法輪《だいほふりん》㆒、吹《すゐ》㆓解脫風《げだつぷう》㆒除《じよ》㆓衆生熱惱《しゆじやうねつなう》㆒、雨《う》㆓大法雨《だいほふう》㆒樹《じゆ》㆓衆生心地《しゆじやうしんち》㆒、殖《しよく》㆓善根種《ぜんこんしゆ》㆒、亦能具《やくのうぐ》㆓足秘密之藏《そくひみつしざう》㆒

前段《ぜんだん》は自分《じぶん》の修行成道《しゆぎやうじやうどう》と、濟度《さいど》の上《うへ》の邪魔物《じやまもの》を取除《とりのぞ》いたので、これから彌々濟《いよ〱さい》度《ど》の仕方《しかた》を說《と》くので、その濟度《さいど》の大體《だいたい》の有樣《ありさま》を示《しめ》したのが本段《ほんだん》である。衆生《しゆじやう》に随《したが》ひとは、衆生《しゆじやう》の機根《きこん》が萬差《ばんじや》であるから、その機根《きこん》の如何《いかん》に随《したが》つて種々《しゆ》の方便《はうべん》を用《もち》ひて、大法輪《だいほふりん》を轉《てん》ずるので、大法輪《だいほふりん》とは大切《たいせつ》なる法門《ほふもん》といふこと、轉《てん》ずるとは說法教化《せつぽふきやうけ》することである。解脫《げだつ》の風《かぜ》とは佛地《ぶつち》の清淨《しやうじやう》なる風化《ふうくわ》を以《もつ》て衆生《しゆじやう》の瞋恚《しんい》の炎《ほのほ》を除《のぞ》き、教法《きやうほふ》の雨《あめ》を降《ふ》らして、衆生《しゆじやう》の精神界《せいしんかい》に注《そゝ》ぎ入《い》れて善根《ぜんこん》を植《う》ゑ、また秘密《ひみつ》の藏《ざう》とて、藏《ざう》とは深奥《じんおう》なる教《をしへ》へと云《い》ふ義《ぎ》で、眞言密教《しんごんみつきやう》の深遠《じんゑん》なる法《ほふ》を衆生《しゆじやう》に具足《ぐそく》せしめ、教《をし》へ持《たも》たしめると云《い》ふのである。

其《ご》心自在《しんじざい》或現《わくげん》二多身《たしん》一復合《ふくがふ》二多身《たしん》一以爲《いゐ》二一身《しん》一、随《ずゐ》二衆生願《しゆじやうぐわん》一能與《のうよ》二悉地《しつち》一、以《い》二宿願藥《しゆくぐわんやく》一療《れう》二衆生病《しゆじやうびやう》一

これは前段《ぜんだん》より細《こまか》に濟度《さいど》の次第《しだい》を示《しめ》したのである。その心自在《しんじざい》にしてとは、菩薩《ぼさつ》の心《こころ》は自由自在《じいうじざい》で、何《なん》でも能《よ》く解《わか》り、從《したが》つてまた身體《しんたい》も自由《じいう》になり、人《ひと》にもなり、鬼《おに》にもなり、或《ある》ひは甲所《かふしよ》にも乙所《おつしよ》にも丙所《へいしよ》にも同時《どうじ》に現《あら》はるゝこ

とも出來《でき》、變化《へんげ》出沒《しゆつもつ》自在《じざい》である。それで能《よ》く衆生《しゆじやう》の希望《きばう》に應《おう》じて、悉地《しつち》とは成道《じやうどう》とか成就《じやうじゆ》と云《い》ふことで、賢愚《けんぐ》ともにそれ〴〵工夫《くふう》して成就《じやうじゆ》せしむるのである。宿願《しゆくぐわん》の藥《くすり》とは總《すべ》て佛菩薩《ぶつぼさつ》には自分《じぶん》が成道《じやうどう》した時《とき》は、斯樣《かやう》々々の方法《はうほふ》で衆生《しゆじやう》を救《すく》ひたいと云《い》ふ豫約《よやく》、卽《すなは》ち誓《ちか》ひがある。それでその豫約《よやく》の工夫《くふう》卽《すなは》ち藥《くすり》を以《もつ》て、病《やまひ》卽《すなは》ち惑《わく》を療《なほ》してやると云《い》ふのである。

是《ぜ》大菩薩《だいぼさつ》戴《たい》㆓五髻冠《ごけいくわん》㆒、顯《けん》㆓五種智慧《ごしゆちゑ》㆒、智《ち》如《によ》㆖日月《じつぐわつ》照《せう》㆓諸暗冥《しよあんみやう》㆒㆘、常爲《じやうゐ》㆖人天《にんでん》之《し》所《しよ》㆓恭敬《くぎやう》㆒、說《せつ》㆓大法船《だいほふせん》㆒普度《ふど》㆓苦海《くかい》令《りやう》㆑到《たう》㆓彼岸《ひがん》㆒、心《しん》無《な》㆓傾動《きやうどう》㆒、不《ふ》㆑染《ぜん》㆓塵垢《ぢんく》㆒、能誘《のうゆ》㆓衆生《しゆじやう》㆒令《りやう》㆑見《けん》㆓妙色《めうしき》㆒

五髻《ごけい》は五股《ごこ》の冠《かんむり》である。五種《ごしゆ》の智慧《ちゑ》は前《まへ》の五智《ごち》のことで、智《ち》は心《こころ》の體《たい》、慧《ゑ》は心《こころ》の作用《さよう》、この五智《ごち》で、愛憎喜欲惜《あいぞうきよくせき》の五煩惱《ごぼんのう》を破《やぶ》り、暗黑《あんこく》なる迷雲《めいうん》が去《さ》つて、日月《じつげつ》の光《ひか》り輝《かゞや》く如《ごと》き智慧《ちゑ》の德《とく》を示《しめ》したのである。人天《にんでん》は人間界天上界《にんげんかいてんじやうかい》のことで、この兩界《りやうかい》の衆生《しゆじやう》のために恭《うやま》ひ敬《たつと》ばれ、大《おほ》いなる法敎《ほふきやう》の船《ふね》を拵《こしら》へて、普《あまね》く一切《さい》の苦海《くかい》即《すなは》ち苦《くる》しみの多《おほ》い衆生界《しゆじやうかい》を濟度《さいど》して、彼岸《ひがん》とは佛地《ぶつち》のことで、衆生凡夫《しゆじやうぼんぶ》は此方《こなた》の迷《まよ》ひの岸《きし》、佛《ほとけ》は彼方《かなた》の覺《さとり》の岸《きし》で、凡夫《ぼんぶ》を佛地《ぶつち》に導《みちび》くのが彼岸《ひがん》に到《いた》らしむるのである。心《こゝろ》に傾動《けいどう》なくば、心《こゝろ》が堅剛《けんがう》とて動《うご》かず、從《したが》つて塵垢《ぢんく》即《すなは》ち迷《まよ》ひの汚《けが》れに染《そ》むことがなく、衆生《しゆじやう》をして妙色《めうじき》とて莊嚴《せうごん》の姿《すがた》を見《み》せしめ、また利益《りやく》の靈驗《れいけん》を感《かん》ぜしむると云《い》ふことである。

如是《によぜ》功徳《くどく》甚深《じんじん》無量《むりやう》、設經《せつきやう》多劫《たごふ》讃不《さんふ》能《のう》盡《じん》、是二菩薩《ぜにぼさつ》成就如上殊勝功徳《じやうじゆによじやうしゆしようくどく》

これは菩薩《ぼさつ》の功徳《くどく》を稱讃《しようさん》したので、讀《よ》んで字《じ》の通《とほ》りである。劫《ごふ》とは非常《ひじやう》に大《だい》なる箱《はこ》に芥子《けし》の種《たね》を一杯《はい》入《い》れ置《お》き、それを三年《ねん》に一粒《つぶ》づつ取《と》り出《だ》して盡《つ》くる間《あひだ》を一劫《ごふ》と云《い》ひ、又大《まただい》なる石《いし》を天人《てんにん》が三年《ねん》に一度《ど》づつ下《お》りて羽衣《はごろも》の袖《そで》で撫《な》で、その石《いし》を磨《す》り潰《つぶ》して終《しま》ふ間《あひだ》をも云《い》ふ。要《えう》するに長時間《ちやうじかん》の事《こと》である。普賢文殊《ふけんもんじゆ》二菩薩《ぼさつ》の特殊《とくしゆ》なる功徳《くどく》は非常《ひじやう》に廣大無邊《くわうだいむへん》なもので、如何《いか》なる長時間《ちやうじかん》を以《もつ》ても讃《ほ》め

盡《つく》すことが出來《でき》ぬと云《い》ふのである。

於《お》是《ぜ》金剛手《こんがうしゆ》菩薩《ぼさつ》入《にふ》火生三昧《くわしやうさんまい》、其《ご》光《くわう》普《ふ》照《せう》無《む》邊《へん》世界《せかい》、火焰《くわえん》熾盛《しじやう》梵《ぼん》燒《せう》諸障《しよしやう》、內外《ないげ》魔軍《まぐん》恐怖《くふ》馳走《ちそう》欲《よく》入《にふ》山中《さんちう》不《ふ》能《のう》遠去《なんこ》、欲《よく》入《にふ》大海《だいかい》亦《やく》不《ふ》能《のう》去《こ》、擧《こ》聲《しやう》大叫《だいきやう》、唯《ゆゐ》至《し》佛《ぶつ》所《しよ》請乞《しやうこつ》救護《きうご》、捨《しや》於《お》魔業《まごふ》發《ほつ》大悲心《だいひしん》、釋提《しやくだい》、桓因《くわんいん》、梵天王《ぼんてんわう》等《とう》、捨《しや》深禪定樂《しんぜんじやうらく》來《らい》入《にふ》此處《ししよ》、天龍《てんりう》八部《ぶ》皆《かい》悉《しつ》來至《らいし》菩薩《ぼさつ》之《し》所《しよ》作《さ》禮《らい》而《に》坐《ざ》

菩薩《ぼさつ》は常《つね》に三昧《さんまい》卽《すなは》ち定《じやう》に住《じう》してゐるが、この火生三昧《くわしやうさんまい》と云《い》ふのは衆生《しゆじやう》の塵垢《ぢんく》である煩惱《ぼんのう》を燒《や》き盡《つく》すに最《もつと》も猛利《まうり》なるものである。金剛手《こんがうしゆ》が火生三昧《くわしやうさんまい》に入《い》つた所《ところ》が、その光《ひかり》は大《だい》千世界《せかい》を照《て》らし、火《ひ》の勢《いきほ》ひは強《つよ》く熾《さか》んで一切《さい》の障礙《しやうげ》や塵垢《ぢんく》を悉《ことごと》く燒《や》き盡《つく》して終《しま》つた。そこで內魔《ないま》卽《すなは》ち心《こころ》の內《うち》の惡魔《あくま》、外《げ》魔《ま》卽《すなは》ち種々《しゆぐ》の外《げ》道《どう》、惡魔《あくま》が大《おほ》いに恐《おそ》れて逃《に》げ去《さ》り、山中《さんちう》に匿《かく》れんとしたが、足腰《あしこし》が痲痺《まひ》して遠《とほ》く行《ゆ》くことが出來《でき》ぬ。唯《た》だ大聲《おほごゑ》を擧《あ》げて泣《な》き叫《さけ》んでゐたが、到頭《たうとう》仕方《しかた》なし

に佛《ほとけ》の所《ところ》に來《き》て救《すく》ひを乞《こ》ふて從來《じうらい》やつてゐた惡魔《あくま》の仕事《しごと》を捨《す》て、善心《ぜんしん》を發《おこ》して佛門《ぶつもん》に入《い》つた。釋提桓因《しやくだいくわんいん》とは天帝《てんてい》のこと、梵天王《ぼんてんわう》とは色界《しきかい》四禪天《ぜんてん》の中《うち》の初《しよ》禪天《ぜんてん》の王《わう》である。深禪定樂《しんぜんじようらく》とは禪定《ぜんじよう》に比《ひ》すれば、謂《い》はゆる外道禪《げどうぜん》で、無我無《むがむ》念《ねん》の絶對《ぜつたい》一致《ち》の精神統《せいしんとう》一では無《な》く、一種《しゆ》の希望《きばう》を有《も》つて、樂《らく》を求《もく》める禪《ぜん》である。天王方《てんわうがた》もその居所《こしよ》に隱《かく》れて、坐禪《ざぜん》から立《た》ち出《い》で、この會座《ゑざ》に入《い》つて來《き》た。天龍《てんりう》、夜叉《やしや》、乾闥婆《けんだつは》阿修羅《あしゆら》、迦樓羅《かるら》、緊那羅《きんなら》、摩喉羅伽《まごらが》、これを八部《はちぶ》と云《い》ひ、胎藏界曼荼羅《たいざうかいまんだら》外《げ》金剛部《こんがうぶ》院《ゐん》にあるもので、龍《りう》とは鱗族《りんぞく》の首長《しゆちよう》で、天龍《てんりう》とは天帝《てんてい》の宮殿《きうでん》を守《まも》り、雨《あめ》を降《ふ》らせ火《ひ》を鎭《しづ》めるもの、夜叉《やしや》は鬼神《きじん》である。乾闥婆《けんだつは》は樂人《がくじん》、阿修羅《あしゆら》は海底《かいてい》に住《す》み、水《みづ》を天《てん》として常《つね》に帝釋天《たいしやくてん》と合戰《がつせん》するもの。迦樓羅《かるら》は金翅鳥王《きんしてうわう》、緊那羅《きんなら》は天帝奏樂《てんていそうがく》の伶人《れいじん》、摩喉羅伽《まごらが》は腹行《ふくかう》の大蟒《たいまう》である。これ等《ら》は謂《い》はゆる鬼畜《きちく》と云《い》ふ類《たぐゐ》で、斯《か》う云《い》ふ鬼畜《きちく》まで悉《ことごと》く敬禮《きやうらい》して大會《たいゑ》の中《なか》に加《くは》はつたのである。以上《いじよう》は火生三昧《くわしようさんまい》の威德《ゐとく》が人天鬼畜《にんてんきちく》全體《ぜんたい》に及《およ》んだ上《うへ》に、惡《あく》魔《ま》をも改心《かいしん》せしめたと云ふ有樣《ありさま》を稱讃《しようさん》したのである。

爾時《にじ》金剛手《こんがうしゆ》從《じう》三昧《さんまい》起《き》告《ごう》妙吉祥菩薩《めうきちじやうぼさつ》言《ごん》、有《う》大威怒王《だいゐぬわう》、名曰《みやうわつ》阿利耶闍拏多尾地耶《ありやじやぬたびちや》阿羅惹《あらんじや》、是《ぜ》大明王《だいめうわう》有《う》大威力《だいゐりき》、以《い》智慧火《ちゑくわ》燒《せう》諸障礙《しよしやうげ》、亦以《やくい》法水《ほうすゐ》嗽《そう》諸塵垢《しよぢんく》、或《わく》現《げん》大身《たいしん》滿《まん》虛空中《こくうちう》、或現《わくげん》小身《せうしん》隨《すゐ》衆生意《しゆじやうい》、如《によ》金翅鳥《きんしてう》噉《たん》諸毒惡《しよどくあく》、亦如《やくによ》大龍《だいりう》興《こう》大《だい》智雲《ちうん》而《に》灑《しや》法雨《ほうう》、如《によ》大刀劍《だいたうけん》摧《さい》破《は》魔軍《まぐん》、亦如《やくによ》羂索《けんさく》縛《はく》大力《だいりき》魔《ま》如《によ》親友《しんう》童子《どうじ》給《きふ》仕《し》行人《ぎやうにん》、其心《ごしん》不《ふ》驚住《きやうせう》不《ふ》動定《どうじやう》

これは金剛手《こんがうしゆ》、即《すなは》ち普賢菩薩《ふけんぼさつ》が火生三昧《くわしやうざんまい》に入《い》つて感得《かんとく》したる不動明王《ふどうめうわう》の威徳《ゐとく》の有樣《ありさま》を妙吉祥《めうきちじやう》、即《すなは》ち文殊菩薩《もんじゆぼさつ》に御話《おはなし》になり、且《か》つ會座《ゑざ》の大衆《たいしう》にも聽聞《ちようもん》せしむるのである。阿利耶《ありや》云々《うんぬん》は不動明王《ふどうめうわう》の梵名《ぼんめい》である。明王《めうわう》とは三寶國土《さんぼうこくど》人民《にんみん》を擁護《えうご》する天部《てんぶ》の神《かみ》と云《い》ひ、又《また》明王《めうわう》は如來《によらい》の敎勅《きようちよく》を守《まも》りて難化《なんげ》の惡衆生《あくしゆじやう》を罰《はつ》し隨順《ずゐじゆん》せしめ給《たま》ふこと恰《あだか》も王者《わうじや》がその法令《はふれい》を四民《みん》に施《ほどこ》す如《ごと》く、明《あきら》かに且《か》つ嚴《げん》

重《ちう》である。故《ゆゑ》にその位置《ゐち》をば教令輪《きやうれいりん》と云《い》ふ。即《すなは》ち如來《によらい》の自性輪《じしやうりん》、菩薩《ぼさつ》の正法《しやうほふ》輪《りん》に對《たい》するのである。教令輪《きやうれいりん》とは如來《によらい》が生死海《しやうじかい》に入《い》り菩薩身《ぼさつしん》を現《げん》じて、正法《しやうほふ》を宣布《せんぶ》するに當《あた》り、衆生《しゆじやう》の意相類別《いさうるゐべつ》の中《うち》、剛強難化《がうきやうなんげ》のものありて、如來《によらい》の教《をし》へに違《たが》ふを以《もつ》て、忿怒身《ふんぬしん》を現《げん》じ、方便《はうべん》を以《もつ》て隨順《ずゐじゆん》せしむると云《い》ふ義《ぎ》である。大威力《だいゐりき》あり、智慧《ちゑ》の火《ひ》を以《もつ》て、諸《もろ〳〵》の障礙《しやうげ》を燒《や》き、亦《ま》た法水《ほうすゐ》を以《もつ》て諸《もろ〳〵》の塵垢《ぢんく》を漱《すゝ》ぐは、前《まへ》にもあり、讀《よ》んで字《じ》の如《ごと》し、或《ある》ひは大身《たいしん》を現《あら》はし、虛空《こくう》の中《うち》に滿《み》ち、或《ある》ひは小身《せうしん》を現《あら》はして、衆生《しゆじやう》の意《い》に隨《したが》ふとは、變化自在《へんげじざい》であつて、能《よ》く方便《はうべん》を施《ほどこ》して衆生《しゆじやう》を隨順《ずゐじゆん》せしむる事《こと》を云《い》ふのである。金翅鳥《きんしてう》は大梵天大自在《だいぼんてんだいじざい》天《てん》の化身《けしん》とも云《い》ひ、兩翼《りやうよく》は三百六十萬《まん》千里《り》ありて、諸《もろ〳〵》の惡龍《あくりう》を食《くら》ひ、毒惡《どくあく》を吸《す》ふこと量《はか》り難《がた》しとある。それで明王《めうわう》が衆生《しゆじやう》の煩惱《ぼんのう》を斷《た》つに例《たと》へたのである。大龍《だいりう》の如《ごと》く大智《だいち》雲《うん》を起《おこ》し法雨《ほふう》を灑《そゝ》ぐ、大刀劍《たいたうけん》の如《ごと》く魔軍《まぐん》を摧破《さいは》す、亦《ま》た羂索《けんさく》の如《ごと》く大力魔《だいりきま》を縛《はく》す、これ等《ら》は皆《み》な例證《れいしよう》を以《もつ》て明王《めういう》の威力《ゐりき》の廣大《くわうだい》にして惡魔《あくま》煩惱《ぼんのう》を斷《た》つ有樣《ありさま》を說《と》いたのである。親友《しんう》童子《どうじ》の如《ごと》く、行人《ぎやうにん》に給仕《きふじ》す。これは親切《しんせつ》なる友人《いうじん》や奴《ぬ》僕《ぼく》の如《ごと》くなつて、行人《ぎやうにん》とは眞言《しんごん》等《とう》を修行《しゆぎやう》する人《ひと》、不動明王《ふどうめうわう》を信《しん》ずる者《もの》に仕《つか》へ守《まも》ると云《い》ふのである。その心《こゝろ》をして驚《おどろ》かざらしめて不動定《ふどうぢやう》に住《ぢう》せしむ。これは信者《しんじや》や行人《ぎやうにん》の心《こゝろ》が惱亂《のうらん》せぬやうにして、水火《すゐくわ》の中《なか》も恐《おそ》れしめず、觀音菩薩《くわんのんぼさつ》の施無畏《せむゐ》の如《ごと》く信者《しんじや》の心《こゝろ》を安穩《あんのん》ならしむるのである。

是《ぜ》大明王《だいめうわう》無《む》二其《ご》所居《しよこ》一、但住《たんぢう》二衆生《しゆじやう》心想之《しんさうし》中《ちう》一、所以《しよい》者何《しやが》、虛空《こくう》廣《くわう》故《こ》世界《せかい》無邊《むへん》、世界《せかい》無《な》邊《へん》故《こ》衆生界《しゆじやうかい》廣《くわう》衆生界《しゆじやうかい》廣《くわう》故《こ》法身體《ほつしんたい》廣《くわう》、法身體《ほつしんたい》廣《くわう》故《こ》徧《へん》二法界《ほつかい》一、徧《へん》二法界《ほつかい》一故《こ》以《い》二無相《なさう》一爲《ゐ》レ體《たい》、無相《なさう》而《に》有《う》レ相《さう》隨《ずゐ》二行者《ぎやうじや》意《い》一現《げん》二其《ご》形體《ぎやうたい》一

この段《だん》は仲々《なか〱》六つかしい大切《たいせつ》な所《ところ》である。元來《ぐわんらい》、不動明王《ふどうめうわう》は大日法身如來《だいにちほつしんによらい》の化《け》現《げん》であつて、その本體《ほんたい》は宇宙《うちう》に遍滿《へんまん》して到《いた》る處《ところ》に在《あ》るけれども、又《また》一方《はう》から云《い》へば人間《にんげん》や畜生《ちくしやう》の如《ごと》く何處《どこ》そこと居所《こしよ》も定《さだ》まつてゐないから、從《したが》つて必《かなら》ず

しも一定《てい》の形像《ぎやうぞう》を備《そな》へてゐるものでもない。それならば全《まつた》く捉《とら》へ所《どこ》の無《な》いものかと云《い》ふに、一向《かう》さう云《い》ふ譯《わけ》でもない。唯々《たゞ／＼》衆生《しゆじやう》の信心《しんじん》の如何《いかん》に依《よ》つて姿《すがた》も現《あら》はれ居所《こしよ》も生《しやう》ずると云《い》ふのである。畢竟《ひつきやう》、信心《しんじん》の反射《はんしや》である。全體《ぜんたい》、虚空《こくう》の無《な》際限《さいげん》である如《ごと》く、世界《せかい》も廣《ひろ》い、從《したが》つて衆生《しゆじやう》も廣《ひろ》い、衆生《しゆじやう》が無際限《むさいげん》であれば、これを救濟《きゆうさい》する佛《ほとけ》も亦《ま》た廣大《くううだい》無《な・》邊《へん》なものでなくてはならぬ。法身《ほつしん》の佛《ほとけ》は法界《ほつかい》、即《すなは》ち宇宙《うちう》と同體《どうたい》である。それで一方《はう》から見《み》れば一定《てい》の相《すがた》は無《な》い。相《すがた》は無《な》いが全然《ぜんぜん》空《くう》でもない。體《たい》は宇宙《うちう》に遍滿《へんまん》してゐるから相《すがた》を現《あら》はさうとすれば何時《いつ》でも、どんな形《かたち》にでも現《あら》はすことが出來《でき》るのである。それで行者信者《ぎやうじやしんじや》が尊信《そんしん》する程度《ていど》相應《さうおう》の相《すがた》を自由《じいう》に現《あら》はして威徳利益《ゐとくりやく》を示《しめ》し濟度《さいど》を全《まつた》うせらるるのである

其身非有非無《ごしんひうひな》、非因非縁《ひいんひえん》、非自非他《ひじひた》、非方非圓《ひはうひゑん》、非長非短《ひちやうひたん》、非出非沒《ひしゆつひもつ》、非生非滅《ひしやうひめつ》、非造非起《ひざうひき》、非爲作《ひゐさ》、非座非臥《ひさひぐわ》、非行住《ひぎやうぢう》、非動非轉《ひどうひてん》、非閑靜《ひかんじやう》、非《ひ》

進《しん》非《ひ》退《たい》、非《ひ》安危《あんき》、非《ひ》是《ぜ》非《ひ》非《ひ》、非《ひ》得失《とくしつ》、非《ひ》彼《ひ》非《ひ》此《し》、非《ひ》去來《こらい》、非《ひ》青《しよう》非《ひ》黃《わう》非《ひ》赤《しやく》非《ひ》白《びやく》非《ひ》紅《こう》非《ひ》紫《し》、非《ひ》種々色《しゆくしき》、唯《ゆゐ》圓滿《ゑんまん》大定智慧《だいじようちゑ》無《な》不《ふ》具足《ぐそく》、卽《そく》以《い》大定德《だいじようとく》故《こ》坐《ざ》金《こん》剛座《がうざ》、以《い》大智德《だいちとく》故《こ》現《げん》迦樓羅焰《かるらゑん》、以《い》大悲德《だいひとく》故《こ》現《げん》種々相貌《しゆくさうめう》

不動明王《ふどうめうわう》は宇宙法界《うちうほつかい》に遍滿《へんまん》せる法身如來《ほつしんによらい》の化現《けげん》である。それで世《よ》の言葉《ことは》や形容《けいよう》や比喩《ひゆ》を以《もつ》て、その相《すがた》を說明《せつめい》することは出來《でき》ぬ。無《な》と云《い》ふも當《あた》らぬ。有《う》と云《い》ふも消滅變化自在《せうめつへんげじざい》であるから、定《さだ》んで有《う》とも謂《い》はれぬ。一切《さい》の形容《けいよう》と一切《さい》の言語《ごんご》とを離《はな》れて、而《し》かも一切《さい》を具足《ぐそく》してゐる。何《なん》となれば一定《てい》の相《すがた》が無《な》いと同時《どうじ》に、又如何《またいか》なる相《すがた》でも現《あら》はし得《う》る神通《じんつう》があるから、無相《なさう》であつて而《し》かも一切《さい》の相《さう》を具備《ぐび》してゐるのである。然《しか》らば曼荼羅《まんだら》やその他《た》の不動明王《ふどうめうわう》の形像《ぎやうぞう》はどういふ譯《わけ》であんなものに描《えが》かれてあるかと云《い》ふに、本來《ほんらい》は無相《なさう》であるけれども、大定大智《だいじようだいち》大悲《だいひ》の三德《とく》を圓滿《ゑんまん》して、如何《いか》なる變化作用《へんげさよう》でも具備《ぐび》せぬ

ことはないから、假《か》りにその定徳《じやうとく》を世間《せけん》の比例《ひれい》に準《じゆん》じて、金剛盤石《こんがうばんじやく》の坐《ざ》とならし、また智徳《ちとく》は煩惱《ぼんのう》の賊《ぞく》を焚《や》き盡《つく》すものであるから迦樓羅焔《かるらゑん》、卽《すなは》ち金翅鳥《きんしてう》の惡毒《あくどく》を噉《くら》ふに例《たと》へて、智火《ちくわ》卽《すなは》ち大焔《たいゑん》の姿《すがた》を拵《こしら》へたのである。また衆生《しゆじやう》を濟度《さいど》せんとする大慈大悲《だいじだいひ》の徳《とく》があるから、慈悲《じひ》の方便力《はうべんりき》にて如何《いか》なる相貌《さうぼう》をも現《あら》はすと云《い》ふことになるのである。

其形青黑似《ごぎやうしやうこくに》レ暴惡相《ぼうあくさう》一、執《しふ》二智慧劍《ちゑけん》一害《がい》二貪瞋痴《とんじんち》一、或持《わくぢ》二三昧索《ざんまいさく》一繫《けい》二縛難伏者《ばくなんぶくしや》一、常爲《じやうゐ》二天《てん》龍八部《りうはちぶ》一所《しよ》二恭敬《くぎやう》一

不動明王《ふどうめうわう》の相《さう》は極《きは》めて暴惡《ばうあく》の姿《すがた》であつて、色《いろ》は青黑《あをくろ》く忿怒《ふんぬ》の盛《さか》んな相《さう》である。また奴僕《ぬぼく》も醜《みにく》い相《さう》である。これは難伏《なんぶく》の者《もの》を濟度《さいど》せんが爲《た》めの慈悲《じひ》の方便《はうべん》である。手《て》に劍《けん》を持《も》つてゐるのは貪瞋痴《とんじんち》の三毒《どく》を斷《た》ち切《き》ると云《い》ふ表示《ひやうじ》である。また索《さく》を持《も》つてゐるのは意馬心猿《いばしんゑん》の狂《くる》ふ難伏《なんぶく》のものを繫留《けいる》して救《すく》ふと云《い》ふ標《ひやう》

幟《しき》である。威德《ゐとく》が斯《か》くの如《ごと》く猛烈《まうれつ》であるから、天龍八部《てんりうはちぶ》とて流石《さすが》に亂暴《らんばう》な連《れん》中《ちう》も大《おほ》いに畏服恭敬《ゐふくきようけい》するのである。

若《にやく》纔《ざん》憶《おく》念《ねん》是《ぜ》威《ゐ》怒《ぬ》王《わう》能《のう》令《れい》一《いつ》切《さい》作《さ》障《しやう》難《なん》者《しや》皆《かい》悉《しつ》斷《だん》壞《ゑ》、一《いつ》切《さい》魔《ま》衆《しゆ》不《ふ》親《しん》近《ごん》、常《じやう》當《たう》遠《おん》離《り》是《ぜ》修《しゆ》行《ぎやう》者《じや》所《しよ》住《ぢう》之《し》處《しよ》一百由《ゆ》旬《じゆん》內《ない》無《む》有《う》魔《ま》事《じ》及《きふ》鬼《き》神《じん》等《とう》

少《すこ》しでも不動明王《ふどうめうわう》を信《しん》じ念《ねん》ずる時《とき》は、信者《しんじや》を妨害《ばうがい》する惡魔《あくま》は皆《みな》悉《ことごと》く信者《しんじや》の住所《ぢうしよ》から拂《はら》ひ除《のぞ》いて、一百由旬《ゆじゆん》即《すなは》ち四千里《り》以內《いない》には魔事《まじ》や鬼神《きしん》が寄附《よりつ》かぬやうになるのである。威怒王《ゐぬわう》即《すなは》ち不動明王《ふどうめうわう》は魔《ま》を拂《はら》ひ、災《わざはひ》を消《け》すに最《もつと》も大切《たいせつ》な佛《ほとけ》である。

時《じ》金剛手《こんがうしゆ》說《せつ》最勝根本大陀羅尼《さいしようこんぽんだいだらに》曰《わつ》

曩《なう》莫《ま》薩《さる》縛《は》怛《た》他《た》蘖《ぎや》帝《てい》毗《び》藥《やく》薩《さる》縛《は》目《ぼ》契《けい》毗《び》藥《やく》薩《さる》縛《は》怛《た》他《た》羅《ら》吒《た》贊《せん》拏《だ》摩《ま》訶《か》路《ろ》灑《しや》拏《な》見《けん》佉《きや》呬《き》佉《きや》呬《き》薩《さる》

縛《は》尾《び》覩《きん》南《なん》吽《うん》怛《た》羅《ら》吒《た》悍《かん》漫《まん》

これは不動明王《ふどうめうわう》の最勝根本《さいしようこんほん》の大陀羅尼《だいだらに》、即《すなは》ち大呪《たいじゆ》大眞言《だいしんごん》である。また火界呪《くわかいじゆ》とも云《い》ふ。是《こ》れ不動明王《ふどうめうわう》の智火所生《ちくわしよじよう》にて煩惱燒盡《ぼんのうせうじん》の義《ぎ》を示《しめ》したのである。

曩莫《なうま》は又《また》、南無《なな》とも書《か》き、歸命《きみよう》と云《い》ふ意《い》。薩縛《さるは》は一切《さい》。怛他蘖帝毗藥《たたぎやていびやく》は如來《によらい》等《とう》。薩縛目契毗藥《さるはもくけいびやく》は一切門等《さいもんとう》、薩縛怛《さるはた》は一切處《さいしよ》。他羅吒《たらた》は叱呵《しつか》。贊拏《せんだ》は暴惡《ほうあく》。摩訶路灑拏《まかろしやだ》は大忿怒《だいふんぬ》。欠《けつ》は空《くう》。佉呬佉呬《きやききやき》は噉食《かんじき》々々。薩縛尾覩南《さるはびきんなん》は一切障《さいしよう》。吽《うん》は恐怖《きようふ》。怛羅吒《たらた》は叱呵《しつか》。悍漫《かんまん》は種字《しゆじ》のこと。

繖誦《さんじゆ》二是眞言《ぜしんごん》一、出大智火《すゐだいちくわ》一梵《ぼん》二燒《せう》一切摩軍《いつさいまぐん》一、三千大《だい》千世界《せかい》威被《げんひ》二大忿怒王威光焚燒《だいふんぬわうゐくわうぼんせう》二成《じようだい》二大火聚《くわじゆ》一、唯除《ゆゐちよ》二十地《ち》菩薩等《ほさつとう》一切佛土《さいぶつど》一、燒《せう》二諸冥衆《しよみようしう》一、後以《ごい》二法《ほう》藥《やくりよう》一令レ得《とく》二安隱《あんのん》一

これは火界呪《くわかいじゆ》、即《すなは》ち不動明王《ふどうわうわう》大眞言《だいしんごん》の功徳《くどく》を説《と》いたものである。この眞言《しんごん》を

稱《とな》ふると、佛土《ぶつど》も佛《ほとけ》の次《つぎ》に位《くらゐ》する十地《ち》等《とう》の菩薩《ぼさつ》のゐる處《ところ》を除《のぞ》いた他《ほか》は三千大《だい》千世界《せかい》、即《すなは》ち衆生界《しゆじやうかい》は悉《ことごと》く火《ひ》になつてしまう。如何《いか》なる悪魔《あくま》も忽《たちま》ち焼《や》け盡《つく》し、羅漢《らかん》でも下等《かとう》の菩薩《ぼさつ》でも皆《み》な焼《や》かれるのである。斯《か》く一切衆生世界《さいしゆじやうせかい》の冥衆《めいしゆう》を焼《や》いて、然《しか》る後《のち》に法門《ほうもん》の薬《くすり》を以《もつ》てこれを濟度《さいど》し安隱《あんのん》ならしむると云《い》ふので、眞《しん》言《ごん》の神力威大《じんりきゐだい》なるを示《しめ》したのである。

時《じ》金剛手《こんがうしゆ》而《に》説《せつ》偈《げ》曰《わつ》

若持《にやくぢ》是《ぜ》眞言《しんごん》、成就《じやうじゆ》無《む》傾動《きやうどう》、焼《せう》諸《しよ》往昔罪《ちうじやくさい》、降伏《かうぶく》大魔王《だいまわう》、所求《しよぐ》一切事《さいじ》、隨持得《ずゐちとく》

成就《じやうじゆ》、十二大天《だいてん》等《とう》、常來而加護《じやうらいにかご》、東北《とうほく》伊《い》舎那《しやな》、東方帝釋天《とうはうたいしやくてん》、東南火光尊《とうなんくわくわうそん》、南方《なんはう》

焔魔天《えんまてん》、西南羅刹王《せいなんらせつわう》、西方水雨天《さいはうすゐうてん》、西北吹風雲《さいほくすゐふううん》、北方多聞天《ほくはうたもんてん》、上方大梵天《じやうはうだいぼんてん》、下《げ》

方持地天《はうぢちてん》、日天《につてん》照衆闇《せうしうあん》、月天清涼光《ぐわつてんせいりやうくわう》、如《によ》是《ぜ》大力天《だいりきてん》、而來圍《にらいゐ》遶彼《ねうひ》、或蒙《わくもう》明王伏《めうわうふく》、

還敬作《げんきやうさ》擁護《えうご》

偈《げ》とは梵語《ぼんご》で溫陀南《うんだな》と云《い》ひ、頌《じゆ》と云《い》ふ意《い》。五言《ごん》または七言《ごん》にて四句《く》を一偈《げ》とするのが常《つね》である。この偈《げ》は美文《びぶん》を以《もつ》て不動明王《ふどうめうわう》及《およ》びその眞言《しんごん》の功徳利益《くどくりやく》を讃歎《さんたん》したのである。この眞言《しんごん》を受持《じゆぢ》して常《つね》に能《よ》く念誦《ねんじゆ》すれば、心《こころ》が惱亂《なうらん》せず、又往昔《またわうじやく》よりの一切《さい》の罪《つみ》も燒盡《しやうじん》され、惡魔《あくま》は降伏《ごうぶく》して、何事《なにごと》でも求《もと》むる所《ところ》は成就《じやうじゆ》せぬことはない。その上《うへ》に十二の大力《たいりき》ある天部《てんぶ》が常《つね》に信者《しんじや》を取《と》り圍《かこ》みて災《わざはひ》を消《け》し福《ふく》を授《さづ》けて加護《かご》し、又特《またとく》に明王《めうわう》の伏《ふく》とて教命《きやうめい》を受《う》けて、天部《てんぶ》が信者《しんじや》を擁護《えうご》して、不思議《ふしぎ》の利益《りやく》を與《あた》へることもあると云《い》ふのである。

使者《ししやこんがら》矜羯羅、及與《ぎふよ》制吒迦《せいたか》、倶利迦龍王《くりかりうわう》。藥厠抳使者《やくしにししや》、如是大眷族《によぜだいけんぞく》、或隱或顯《わくいんわくけん》來《らい》、奉仕修行者《ぶししゆぎやうじや》如敬於世尊《によきやうおせそん》、若爲大根者《にやくゐだいこんじや》、現聖者忿怒《げんしやうじやふんぬ》、根性中根者《こんじやうちうこんじや》、得見《とくけん》二童子《どうじ》、若下根行人《にやくげこんぎやうにん》、生怖不能見《しやうふふのうけん》、是故大明王《ぜこだいめうわう》、爲現親友形《ゐげんしんうぎやう》、如是隨根性《によぜずゐこんじやう》、而作大利益《にさだいりやく》、漸漸誘進彼《ぜんぜんいうしんぴ》、入於阿字門《にふおあじもん》

使《し》者《しや》とは眷《けん》屬《ぞく》とか、重《おも》なる家《け》來《らい》と云《い》ふ意《い》で、明《めう》王《わう》の教《きやう》令《れい》を受《う》け種々《しゆ〱》と働《はたら》き、信《しん》者《じや》を擁《えう》護《ご》するものである。矜《こん》羯《が》羅《ら》を譯《やく》して隨《すゐ》順《じゆん》と云《い》ひ、恭《きよう》敬《けい》小《せう》心《しん》者《もの》であると共《とも》に菩《ぼ》薩《さつ》であると。制《せい》吒《た》迦《か》は難《なん》苦《く》語《ご》惡《あく》者《しや》とあつて、二童《どう》子《じ》は善《ぜん》惡《あく》兩《りよう》性《せい》を表《ひよう》するものとしてあるが、要《えう》するに明《めう》王《わう》の智《ち》慧《ゑ》と福《ふく》德《とく》との二面《めん》を現《あら》はし、又《また》これを司《つかさど》るものである。倶《く》利《り》迦《か》羅《ら》龍《りう》王《わう》は不《ふ》動《どう》明《めう》王《わう》の劍《けん》と索《さく》とが外《げ》道《どう》を壓《あつ》伏《ぷく》する姿《すがた》である。倶《く》利《り》迦《か》羅《ら》不《ふ》動《どう》とか倶《く》利《り》迦《か》羅《ら》明《めう》王《わう》とか云《い》つて、明《めう》王《わう》と倶《く》利《り》迦《か》羅《ら》龍《りう》王《わう》とは同《どう》一であるとなし、又《また》は明《めう》王《わう》の分《ぶん》身《しん》となす說《せつ》もある。藥《やく》厠《し》抳《に》は夜《や》叉《しや》女《によ》で、暴《ぼう》惡《あく》または盡《じん》と譯《やく》し、暴《ぼう》威《ゐ》を以《もつ》て惡《あく》魔《ま》を啖《くら》ひ盡《つく》し、能《よ》く念《ねん》誦《じゆ》すれば信《しん》者《じや》に伏《ふく》從《じう》してこれを守《まも》るものである。斯《か》くの如《ごと》き明《めう》王《わう》の重《かさ》なる眷《けん》屬《ぞく》が來《きた》つて、或《ある》ひは姿《すがた》を現《あら》はし、或《ある》ひは姿《すがた》を隱《かく》して陰《いん》に行《ぎやう》者《じや》信《しん》者《じや》に仕《つか》へて修《しゆ》行《ぎやう》者《じや》を敬《うやま》ふことは恰《あだか》も世《せ》尊《そん》即《すなは》ち佛《ぶつ》如《によ》來《らい》を敬《うやま》ふ如《ごと》くにして大《たい》切《せつ》にするのである。それで行《ぎやう》者《じや》が上《じやう》根《こん》上《じやう》智《ち》の大《たい》機《き》であれば、生《しやう》身《しん》の聖《しやう》者《じや》忿《ふん》怒《ぬ》、即《すなは》ち不《ふ》動《どう》明《めう》王《わう》を見《み》ることが出《で》來《き》る。

若《も》し中根《ちうこん》であれば、生身《しやうしん》の明王《めうわう》を見《み》ることは出來《でき》ぬが、矜羯羅《こんがら》、制吒伽《せいたか》の二童子《どうじ》を見《み》て、それだけの利益《りやく》を受《う》くるのである。若《も》しまた行人《ぎやうにん》の機根《きこん》が下劣《げれつ》であつて、恐《おそろ》しい心《こころ》があれば、明王《めうわう》や童子《どうじ》は見《み》ることが出來《でき》ぬ。そこで大明王《だいめうわう》は親友《しんいう》とか師匠《ししやう》とかの形《かたち》に變化《へんげ》して、その機根性質相應《きこんせいしつさうおう》の作用《さよう》を爲《な》さしめて、それ〴〵大《だい》なる利益《りやく》を與《あた》へて下《くだ》さるのである。斯《か》くの如《ごと》く種々《しゆじゆ》の方便工夫《はうべんくふう》を以《もつ》て、漸々《ぜんぜん》に行者信者《ぎやうじやしんじや》を誘《いざな》ひ入《い》れて、遂《つひ》に阿字門《あじもん》に引込《ひきこ》まれるのである。阿字門《あじもん》とは大日如來《だいにちによらい》の光明心殿《くわうめうしんでん》または眞言宗《しんごんしう》の密嚴淨土《みつごんじやうど》の意味《いみ》であつて、眞理《しんり》の本源《ほんげん》、絕對《ぜつたい》の境界《きやうかい》と云《い》ふ究竟《くきやう》の法門《ほうもん》である。

爾時《にじ》金剛手菩薩《こんがうしゆぼさつ》說《せつ》㆓是偈《ぜげ》㆒已《い》、普觀《ふくわん》㆓大衆《たいしう》㆒而《に》告《ごう》㆑之《し》言《ごん》、善哉《ぜんさい》大會《だいゑ》、皆由《かいゆ》㆓宿善《しゆくぜん》㆒故《こ》今來《こんらい》得《とく》㆑聞《もん》㆓如是《によぜ》明王《のうわう》及《ぎふ》大神呪《だいしんじゆ》㆒、若欲《にやくよく》㆑見《けん》㆓是《ぜ》大明王《だいのうわう》㆒者《しや》應《おう》㆑修《しう》㆓捨身修行法《しやしんしうぎやうほふ》㆒

有《あ》り難《がた》い法門《ほうもん》を聞《き》かうと思《おも》つても因緣《いんねん》がなくては聽《き》かれない。今《いま》この大會《だいゑ》の中《うち》の聽衆《ちやうしう》は、皆《み》な前生《ぜんせい》にて、それだけの善《よ》いこと即《すなは》ち宿善《しゆくぜん》があるから、斯《か》やうに明王《めうわう》のことや、大神呪《だいしんじゆ》、即《すなは》ち大切《たいせつ》の眞言《しんごん》を聽《き》くことが出來《でき》るのである。若《も》しまた生身《しやうしん》の不動明王《ふどうめうわう》を拜見《はいけん》したいと思《おも》ふならば、五塵《じん》六欲《よく》は固《もと》より我《わ》が身《み》を打《う》ち捨《す》てる覺悟《かくご》で修行《しゆぎやう》せねばならぬ。この身《み》が欲《ほ》しいとか、我《わ》が身《み》が大切《たいせつ》とか云《い》ふ如《ごと》き考《かんが》へがあれば、それは到底《たうてい》ものにならぬ。この身《み》を火《ひ》に燒《や》き盡《つく》して仕舞《しま》うと云《い》ふ了見《れうけん》になれば、その火焔《くわえん》の中《なか》に生身《しやうしん》の不動明王《ふどうめうわう》を見《み》る事《こと》が出來《でき》る。また我《わ》が身《み》がそのまゝ火生三昧《くわしやうざんまい》の明王《めうわう》となることも出來《でき》るのである。

復說《ぶせつ》眞言《しんごん》曰《わつ》

曩莫《なま》三曼多《さんまんだ》、縛日羅赧《はさらたん》、怛羅吒《たらた》、婀慕伽《あもきや》戰拏《せんだ》、摩訶路灑拏《まかろしやだ》、娑破吒也《そはたや》、婀曩也《あなや》、阿娑荷《あそきや》、阿三忙銀儞《あさんまぎに》、吽吽《うんうん》尾覲南《びぎんなん》、吽怛羅吒《うんたらた》

曩莫《なま》は歸命《きみやう》。三曼多《さんまんだ》は普遍《ふへん》。縛日羅赧《はさらた》は諸金剛《しよこんがう》。婀慕伽《あもきや》は不空《ふくう》。戰拏《せんだ》は暴《ばう》

悪《あく》。摩訶路灑拏《まかろしやだ》は大忿怒《だいふんぬ》。娑破吒也《そはたや》は破壞《はゑ》。婀曩也《あなや》は將來《しようらい》。阿娑荷《あそきや》は成就《じようじゆ》。阿三忙銀儞《あさんまぎに》は護身《ごしん》。吽吽尾銀南《うんうんびぎなん》は障礙《しようげ》。吽《うん》は恐怖《くふ》。怛羅吒《たらた》は堅固《けんご》。

これは不動明王《ふどうめうわう》の中呪《ちうじゆ》、即《すなは》ち慈救呪《じくじゆ》に護身《ごしん》の意《い》を加《くは》へたのである。尤《もつと》も普通《ふつう》の中呪《ちうじゆ》は婀曩也《あなや》、阿娑荷《あそきや》、阿三忙銀儞等《あさんまぎにとう》は略《りやく》であり又《また》、怛羅吒《たらた》は大日經《だいにちきよう》には怛羅迦《たらきや》としてある。要《えう》するに大忿怒《だいふんぬ》大勇猛《だいゆうめう》の利劍《りけん》を揮《ふる》つて一切《さい》の障害《しようげ》を摧破《さいは》して恐怖《くふ》を遠離《おんり》し、行者《ぎようしや》の身《み》を守護《しゆご》して所求《しよぐ》一切《さい》のことを成就《じようじゆ》せしむると云《い》ふ意味《いみ》である。

修《しう》㆓眞言《しんごん》㆒行人《ぎようにん》、持《ち》㆓誦是眞言《じゆぜしんごん》㆒、從身放《じゆうしんはう》㆓光明《くわうめう》㆒、降㆓伏諸魔王《がうぶくしよまわう》㆒、所《しよ》㆑求《ぐ》一切事《さいじ》、隨《ずゐ》㆑持《ち》得《とく》㆓成就《じようじゆ》㆒、是故名《ぜこめう》㆓護身《ごしん》㆒、能得《のうよく》㆑無《な》㆓恐怖《くふ》㆒

眞言教《しんごんきよう》を信《しん》ずる行人《ぎようにん》や信者《しんじや》は、常《つね》にこの眞言《しんごん》を持《ぢ》して念誦《ねんじゆ》すれば、この肉身《にくしん》より光明《くわうめう》が輝《かがや》いて、普通《ふつう》の人《ひと》の目《め》にはそれ程《ほど》には見《み》えぬ、たゞ有《あ》り難《がた》い尊《たふと》いぐらゐに感《かん》ぜられるのである。けれども、諸《もろ〳〵》の惡魔《あくま》の目《め》には、その光明《くわうめう》が射《い》るが如《ごと》くで、決《けつ》して近寄《ちかよ》り害《がい》を加《くは》へることは出來《でき》ないのみか、却《かへ》つて降伏《ごうぶく》して守護《しゆご》するやうになるのである。その上《うへ》に何《なん》でも求《もと》むる所《ところ》は悉《こと〴〵》く成功《せいこう》し成就《じやうじゆ》するから、それでこの眞言《しんごん》を護身《ごしん》と名附《なづ》け、これを常《つね》に念誦《ねんじゆ》すれば天下《てんか》に恐《おそろ》しいものはないことになる。

亦有《やくう》眞言明《しんごんめう》、名加護《めうかご》住處《ちうしよ》、遠離《おんり》諸惡怖《しよあくふ》、常得勝安隱《じやうとくしようあんのん》、彼大《ひだい》眞言曰《しんごんわつ》

曩莫《なま》、三曼多《さんまんだ》、縛曰羅赧《はさらだん》、怛羅吒《たらた》、阿慕伽《あぼきや》、贊拏《せんだ》、摩訶路灑拏《まかろしやな》、安頗吒也《あんはたや》、薩《さる》縛尾覲南《はびきんなん》、摩摩娑縛娑底扇底《ままそはしやちせんてい》、始鑁茗《しはめい》、阿左羅黨《あさらたう》、矩嚕怛羅摩也《ころたらまや》、怛羅摩也《たらまや》、吽怛羅吒《うんたらた》、悍漫《かんまん》。

この眞言《しんごん》は前《まへ》の兩眞言《りやうしんごん》から推《お》してその意味《いみ》を知《し》ることが出來《でき》る。即《すなは》ち兩眞言《りやうしんごん》の意義《いぎ》に更《さら》に住所安穩《ちうしよあんのん》の句《く》を加《くは》へたものである。

大呪《たいじゆ》即《すなは》ち火界呪《くわかいじゆ》は自己《じこ》の修養解脱《しうやうげだつ》の上《うへ》に最《もつと》も肝要《かんえう》なる眞言《しんごん》で、煩惱毒慾《ぼんのうどくよく》を燒《せう》失《しつ》して解脱常樂《げだつじやうらく》の境《きやう》に入《い》らしむるものである。中呪《ちうじゆ》は變身《へんしん》の呪《じゆ》であるから、戰爭《せんさう》に行《ゆ》くとか危險《きけん》の旅行等《りよかうとう》をなすには、この眞言《しんごん》が最《もつと》も必要《ひつえう》である。勿論《もちろん》、病氣《びやうき》その他《た》一切《さい》の身《み》の上《うへ》に關《くわん》する災異障魔《さいいしやうま》を退治《たいち》する功德《くどく》を備《そな》へてゐるのである。第《だい》三の住所安穩《ぢうしよあんのん》の呪《じゆ》は盜難《たうなん》、火難《くわなん》、風水難等《ふうすゐなんとう》、住所家屋《ぢうしよかをく》に關《くわん》する一切《さい》の災難《さいなん》を消拂《せうふつ》する威力《ゐりき》あるものである。

金剛手言《こんがうしゆごん》、一切衆生《さいしゆじやう》、意想不同《いさうふどう》、是故如來《ぜこによらい》或現《わくげん》㆓慈體《じたい》㆒、或現《わくげん》㆓忿怒《ふんぬ》㆒、教《きやう》㆓化衆生《けしゆじやう》㆒各不《かくふ》㆑同《どう》、隨《ずゐ》㆓衆生意《しゆじやうい》㆒而作《にさ》㆓利益《りやく》㆒、雖破《すゐは》㆓魔軍《まぐん》㆒後與《ごよ》㆓法樂《ほうらく》㆒、雖《すゐ》㆑現《げん》㆓忿怒《ふんぬ》㆒內心慈悲《ないしんじひ》、如《によ》㆓摩醯首羅《まけいしゆら》㆒者得《しやとく》㆓第《だい》八地《ち》㆒、善根力《ぜんこんりき》應《おう》㆓以《い》知《ち》㆖之《し》、說《せつ》㆓是語《ぜご》㆒已《い》。

これは前《まへ》にも旣《すで》に同《おな》じ意味《いみ》の說《せつ》があつた如《ごと》く、衆生《しゆじやう》の機根《きこん》や意想《いさう》が同一《どう》でなく、種々區《しゆくく》別《べつ》があるから、それを各々《おの/\》の性質《せいしつ》に應《おう》じて、或《ある》ひは慈悲圓滿《じひゑんまん》なる佛《ぶつ》體《たい》を現《あら》はし、或《ある》ひは大忿怒《だいふんぬ》の明王《めうわう》の姿《すがた》となり、衆生《しゆじよう》を教化《きようけ》する方法《はうはふ》手段《しゆだん》は決《けつ》して一つではない。それ〴〵皆《み》な異《ことな》つてゐるが、要《えう》するに衆生《しゆじよう》の利益《りえき》のために工夫《くふう》せらるゝのである。また惡魔《あくま》の如《ごと》きは充分《じうぶん》これを撲《う》ち懲《こ》らさるゝのであるけれども、決《けつ》してこれを憎《にく》むのではなく、悔《く》ひ改《あらた》むる上《うへ》は直《たゞ》ちに法樂《ほうらく》といふて眞《しん》の安樂《あんらく》を與《あた》へらるるのである。それで表面《へうめん》は忿怒《ふんぬ》の相《さう》であるけれども決《けつ》して恐《おそ》ろしいものではない。その内心《ないしん》は慈悲《じひ》に充《み》ち滿《み》ちて、打《う》つも叩《たゝ》くも可愛《かあい》さの餘《あま》りであつて、忿怒《ふんぬ》の相《さう》を現《あら》はすのは慈悲《じひ》の心《こゝろ》止《や》み難《がた》く　難化《なんげ》の者《もの》を殊更《ことさら》に救《すく》ひたいばかりである。摩醯《まけい》首羅《しゆら》は大自在天《だいじざいてん》の梵名《ぼんめい》である。自在天《じざいてん》は色頂天《しきちようてん》の主《しゆ》で、亦《ま》た三界《かい》の主《しゆ》である。これは第《だい》六地《ち》の大聖觀喜天《たいしようくわんぎてん》の化身《けしん》とも云《い》はれて居《ゐ》る。然《しか》るにこの大自在天《だいじざいてん》の如《ごと》きものすら、不動明王《ふどうめうわう》の折伏慈救《せつぷくじく》の功徳《くどく》に依《よ》つて、第《だい》八地《ち》に登《のぼ》ることが出來《でき》たのである。これ等《ら》の實證實例《じつしようじつれい》を見《み》ても明王《めうわう》の大慈善根《だいじぜんこん》の有力《ゆうりよく》なることは明《あきら》かである。この段《だん》は實例《じつれい》を擧《あ》げて、明王《めうわう》の功徳《くどく》利益《りやく》の著《いちじる》しきことを明《あきら》かにしたのである。

復《ぶ》告《ごう》大衆《だいしゆ》、欲《よく》成就《じやうじゆ》如《によ》是《ぜ》法《ほふ》者《しや》、入《にふ》於《お》山林寂靜之處《さんりんじやくじやうししよ》求《ぐ》清淨地《しやうじやうち》建《こん》立壇場《りふだんじやう》、修《しう》諸《しよ》梵行《ぼんぎやう》、作《さ》念誦法《ねんじゆほふ》、即見《そくけん》本尊《ほんぞん》圓滿《ゑんまん》悉地《しつち》、或入《わくにふ》河水《かすゐ》而《に》作《さ》念誦《ねんじゆ》、若於《にやくお》山頂樹下《さんちやうじゆげ》塔《たふ》廟之《めうし》處《しよ》、作《さ》念《ねん》誦《じゆ》法《はふ》、速得《そくとく》成就《じやうじゆ》、或於《わくお》安《あん》置《ち》般若經《はんにやきやう》處《しよ》作《さ》之《し》成就《じやうじゆ》如《によ》是《ぜ》修時《しうじ》、整《しやう》其《ご》三業《さんごふ》不《ふ》造《ざう》衆罪《しうざい》、亦不《やくぶ》親《しん》近諸餘《ごんしよよ》惡人《あくにん》、作《さ》諸護《しよご》摩《ま》事《じ》速得《そくとく》悉地《しつち》、不《ふ》食《じき》五辛《ごしん》酒《しゆ》肉《にく》作《さ》之《し》成就《じやうじゆ》

この段《だん》は不《ふ》動明《どうめう》王《わう》の修法《しうはふ》を爲《な》し、又《また》はその眞言《しんごん》を念誦《ねんじゆ》して、悉地《しつち》成就《じやうじゆ》、即《すなは》ち眞《しん》の効驗《かうけん》を現《あら》はさうとするには、如何《いか》なる方法《はうはふ》に依《よ》つて行《おこな》へば宜《よろ》しいか、その方法《はうはふ》や場《は》所《しよ》等《とう》に就《つ》いて詳《くは》しく説明《せつめい》したのである。先《ま》づ第《だい》一に山林中《さいりんちう》の極《きは》めて靜《しづ》かで、而《し》かも清淨《しやうじやう》なる場《は》所《しよ》を見《み》つけて、其處《そこ》に道場《だうぢやう》を建《た》て、その壇《だん》に登《のぼ》りて、諸《もろもろ》の梵行《ぼんぎやう》とて佛行《ぶつぎやう》を修《をさ》め、一心《しん》に眞言《しんごん》を念誦《ねんじゆ》するのである。さうする

と遂《つひ》には生身《しやうしん》の不動明王《ふどうめうわう》を見《み》ることが出來《でき》る。尤《もつと》も中途《ちうと》で魔《ま》が差《さ》すと云《い》つて、惡魔《あくま》が妨害《ばうがい》のため明王《めうわう》に化《け》して出《で》ることもあり、佛《ほとけ》がその行者《ぎやうじや》の念力《ねんりき》を試《ため》さんために、惡魔《あくま》となつて妨《さまた》げることもある。併《しか》しそれ等《ら》に迷《まよ》はず一心專念《しんせんねん》に念誦《ねんじゆ》すれば、必《かなら》ず悉地成就《しつちじやうじゆ》して圓滿《ゑんまん》なる効驗《かうけん》を現《あら》はすことが出來《でき》るのである。その他《た》に猶《なほ》種々《しゆく》の修行方法《しゆぎやうはうほふ》がある。或《ある》ひは河水《かすゐ》に入《い》りて身滌《みそぎ》をなし垢離《くり》を取《と》りて一心《しん》に念誦《ねんじゆ》するのも宜《よろ》しい。或《ある》ひは山頂樹下《さんちやうじゆげ》塔廟《たうめう》等の在《あ》る所《ところ》で念誦《ねんじゆ》するも好《よ》い。その念誦《ねんじゆ》の道場《だうぢやう》には般若經《はんにやきやう》を安置《あんち》することが肝要《かんよう》である。而《しか》して修行《しゆぎやう》する時《とき》には三業《ごう》を整《ととの》へ、身業口業意業《しんごうくごういごう》に惡業《あくごう》なく、三業《ごう》ともに一致《ち》するやうにすることが肝要《かんえう》である。即《すなは》ち身《み》に惡業《あくごう》を斷《た》ち、口《くち》に惡語《あくご》を捨《す》て、意《い》に惡念《あくねん》を去《さ》りて、種々《しゆく》の罪惡《ざいあく》を犯《をか》さず、又《また》諸《もろく》の惡人《あくにん》を近《ちか》づけず、護摩《ごま》を焚《た》い修《しゆ》行《ぎやう》すれば、速《すみや》かに成就《じやうじゆ》するものである。又《また》五辛《しん》とて、にら、にんにく、からし、らつきよう、ねぎ等《とう》の如《ごと》き興奮性《こうふんせい》を有《いう》し而《し》かも惡臭《あくしう》あるものを食《く》はず、また酒《さけ》や肉類《にくるゐ》を用《もち》ひずして、身體《しんたい》を清淨《しようじよう》にすることが好《よ》い。身體《しんたい》が清淨《しようじよう》になれば從《したが》つて精神《せいしん》も清淨《しようじよう》になり、煩悶毒慾《はんもんどくよく》の念《ねん》は消失《せうしつ》する。以上《いじよう》は寂淨《じやくじよう》の地《ち》を選《えら》ぶこと、身體《しんたい》を清淨《しようじよう》にすること、諸《もろ／＼》の誘惑《いうわく》を防《ふせ》ぐこと、雜心《ざうしん》を去《さ》つて一向專《かうせん》念《ねん》すること、佛天《ぶつてん》の威力加被《ゐりきかひ》を仰《あふ》ぐこと、この五事《じ》が揃《そろ》へば速《すみや》かに圓滿成就《ゑんまんじようじゆ》して、不動明王《ふどうみようわう》と同格《どうかく》の位《くらゐ》に入《い》り、無別不二《むべつふじ》の境《きやう》に至《いた》ることが出來《でき》るのである。或《ある》ひはそれ迄《まで》に至《いた》らずとも直接間接《ちよくせつかんせつ》に種々《しゆ／＼》の靈驗功德《れいけんくどく》を受《う》くることは疑《うたが》ひなき所《ところ》である。

而《に》說《せつ》レ偈《げ》言《ごん》、若能行《にやくのうぎよう》二是行《ぜぎよう》一、功德不《くどくふ》レ可《か》レ量《りよう》。如《によ》レ法作《ほふさ》二念誦《ねんじゆ》一、卽得《そくとく》二大悉地《だいしつち》一、行者修《ぎようじやしゆ》二苦行《くぎよう》一、或心想清淨《わくしんさうしようじよう》、三洛叉數滿《さんらくしやしゆまん》、常得《じようとく》レ見《けん》二本尊《ほんぞん》一、欲《よく》レ驗《けん》二法成《ほうじようしや》一者、能移《のうゐ》レ山及動《さんぎふどう》、能使《のうし》二水逆流《すゐぎやくりう》一、隨《ずゐ》レ意作《いさ》二諸事《しよじ》一、欲《よく》レ見《けん》二諸佛《しよぶつ》上土《ど》一、明王忽出現《めうわうこつしゆつげん》、頂《ちようだい》二戴於《お》行者《ぎようじや》一、能令《のうりよう》レ得《とく》レ見《けん》レ之《し》、何況餘求事《かぎようよぐじ》、隨《ずゐ》レ持得《ちとく》二成就《じようじゆ》一、不《ふ》レ墮《だ》二四惡趣《しあくしゆ》一、決定證《けつぢようしよう》二妙果《めうくわ》一、如《によ》レ是諸功《ぜしよく》

徳《どく》、我《が》讃不《さんふ》レ能《のう》レ盡《じん》、唯大聖世尊《ゆゐだいしやうせそん》、能知《のうち》ニ如《によ》レ見法《けんほう》一」

この偈《げ》は前《まへ》の修行《しゆぎやう》の次第《しだい》と、その功徳《くどく》とを一括《くわつ》して説《と》いたものである。猶《な》ほ事實効驗《じじつかうけん》あるや否《いな》やを確《たし》かむる方法及《はうほふおよ》びその結果《けつくわ》をも示《しめ》したのである。第《だい》一この法《はう》を修行《しゆぎやう》すれば、大成就《だいじやうじゆ》を得《え》ぬ迄《まで》も、その功徳《くどく》は測《はか》り知《し》られない。若《も》し法《はう》の如《ごと》く念誦《ねんじゆ》すれば必《かなら》ず大成就《だいじやうじゆ》を得《う》るのである。又《また》この眞言《しんごん》を三落叉《さんらくしや》、即《すなは》ち三十萬遍念誦《まんべんねんじゆ》すれば必《かなら》ず生身《しやうしん》の明王《みやうわう》を見《み》ることが出來《でき》る、法《はう》が實際成就《じつさいじやうじゆ》したか否《いな》かを試驗《しけん》しようと思《おも》へば、第《だい》一に山《やま》を移《うつ》したいとか山《やま》を震動《しんどう》させたいと思《おも》へば、それも出來《でき》る。第《だい》二に河《かは》を逆流《ぎやくりう》させたいと思《おも》へば、それも出來《でき》る。第《だい》三に佛《ほとけ》の淨土《じやうど》や佛《ほとけ》の莊嚴《ぜうごん》な有樣《ありさま》を見《み》たいと思《おも》へば、明王《みやうわう》が忽《たちま》ち現《あら》はれ、行者《ぎやうじや》を頭《かうべ》に戴《の》せて見《み》せて下《くだ》さるのである。その他《た》、何《なん》でも意《こころ》の儘《まま》に出來《でき》ないことはない。殊《こと》にこの眞言《しんごん》の功徳《くどく》は一度《たび》これを修《しう》し念誦《ねんじゆ》すれば、最早《もは》や決《けつ》して四惡趣《あくしゆ》、卽《すなは》ち地獄《ぢごく》、餓鬼《がき》・畜生《ちくしやう》 修羅《しゆら》といふ人間以下《にんげんいか》の四道《だう》に墮《お》ちることはない。尙《なほ》それのみでなく一修一誦《しうじゆ》が緣《えん》となり因《いん》となつて、何時《いつ》かは必《かなら》ず妙果《めうくわ》を證《しよう》し佛位《ぶつゐ》に昇《のぼ》ることが出來《でき》る。斯《か》くの如《ごと》き廣大無邊《くわうだいむへん》なる功德《くどく》は、如何《いか》にこれを讃歎《さんたん》しても決《けつ》して言語文字《ごんごもんじ》の及《およ》ぶ所《ところ》ではなく、また金剛手《こんがうしゆ》も到底《たうてい》これを說《せつ》明《めい》し盡《つく》すことは出來《でき》ない。唯《た》だ佛世尊《ぶつせそん》のみ能《よ》くこれを知《し》つてゐたまふのである。卽《すなは》ち眞《しん》の功德《くどく》は到底佛《たうていほとけ》でなければ分《わか》らないほど廣大《くわうだい》である。

爾時《にじ》佛《ぶつ》告《ごう》二妙吉祥菩薩《めうきちじやうぼさつ》而《に》作《さ》二是言《ぜごん》一、若未來世《にやくみらいせ》有《う》二諸行人《しよぎやうにん》一、由《ゆ》二宿福《しゆくふく》一故《こ》得《とく》レ聞《もん》二如《によ》レ是《ぜ》明《めう》王名號《わうめうがう》、或復《わくぶ》受《じゆ》二持《ぢ》是聖無動尊大威怒王陀羅尼經者《ぜしやうむどうそんだいゐぬわうだらにきやうしや》一、當《たう》レ知《ち》是人《ぜにん》無《な》レ有《う》二横死《わうし》一、亦《やく》無《な》二恐怖《くふ》一、蒙《まう》二諸天護持《しよてんごぢ》一、無《む》二諸障礙《しよしやうげ》一何況《かきやう》如《によ》レ上《じやう》作《さ》二念誦《ねんじゆ》一者《しや》其《ご》福《ふく》無量《むりやう》、作《さ》二是語《ぜご》一已《い》、默然《もくねん》而坐《にざ》、金剛手《こんがうしゆ》言《ごん》、善哉善哉《ぜんざいぜんざい》・如《によ》二大聖說《だいしやうせつ》一、說《せつ》二是言《ぜごん》一已《い》、遂《すゐ》二其本意《ごほんい》一、還《げん》二着本座《ちやくほんざ》一

この段《だん》はこれまで金剛手《こんがうしゆ》の說明《せつめい》した所《ところ》を佛世尊《ぶつせそん》が證明《しようめい》し保證《ほしよう》したものである

佛《ほとけ》の言《い》はれるには、若《も》し後世《ごせい》に宿福宿善《しゆくふくしゆくぜん》の者《もの》があつて、この不動明王《ふどうめうわう》の名《な》を聞《き》くだけでもよい、又《また》このお經《きやう》を受持《じうぢ》するだけでもよい、それだけの功徳《くどく》にてその人《ひと》は決《けつ》して横死《わうし》することはない。亦《ま》た恐《おそ》ろしい目《め》に遭《あ》ふこともない。それのみでなく諸《もろ〳〵》の天部《てんぶ》は常《つね》にその人《ひと》を護《まも》つて、更《さら》に障礙《しやうげ》なきやうにして下《くだ》さる。從《したが》つて何事《なにごと》でも都合《つがふ》よく運《はこ》ぶのである。若《も》しまた前《まへ》に說《と》いた如《ごと》く法式《ほうしき》に從《したが》つて念誦《ねんじゆ》するものは、その福《ふく》は無量《むりやう》である。以上《いじやう》の如《ごと》く說《と》き終《をは》つて、佛卽《ぶつすなは》ち大日如來《だいにちによらい》は默然《もくねん》として坐《ざ》し給《たま》ふ。これは最《もつと》も大切《たいせつ》なことを說《と》かれたので、それを大衆《たいしゆ》が如何《いか》に感《かん》ずるかを察《さつ》するため、靜《しづ》かに默然《もくねん》として居《を》られたのである。そのとき金剛手《こんがうしゆ》は誠《まこと》に大聖如來《たいしやうによらい》の御說《ごせつ》の通《とほ》りであると御喜《およろこ》び申《まう》し上《あ》げ、これで自分《じぶん》も本意《ほんい》を達《たつ》したと非常《ひじやう》に滿足《まんぞく》して自分《じぶん》の本《もと》の席《せき》に着《つ》いたのである。

爾時《にじ》大衆《たいしゆ》聞《もん》レ說《せつ》二是經《ぜきやう》一已《い》、各得《かくとく》二勝位《しやうゐ》一。皆大歡喜信受奉行《かいだいくわんきしんじゆぶぎやう》

これは聴衆《ちようしゆう》が非常《ひじやう》に歡《よろこ》び且《か》つ各々《おの〳〵》勝位《しやうゐ》を得《え》て、心身《しんしん》ともに豁然《かつねん》として悟《さと》る所《ところ》があつたのである。斯《か》くて大衆《たいしゆう》は悉《ことごと》くこの經《きやう》を有難《ありがた》くお受《う》けし信心《しんじん》してその説《せつ》の通《とほ》りに實行《じつかう》することになつたといふのである。

佛說聖不動經

爾時大會《じにだいゑ》　有一明王《うめうわう》　是大明王《ぜだいめうわう》　有大威力《うだいゐりき》　大悲德故《だいひとくこ》　現青黑形《げんしやうこくぎやう》
大定德故《だいぢやうとくこ》　坐金剛石《ざこんがうじやく》　大智慧故《だいちゑこ》　現大火焰《げんだいくわえん》　執大智劍《しうだいちけん》　害貪瞋癡《がいとんじんち》
持三昧索《ぢさんまいさく》　縛難伏者《はくなんぶくしや》　無相法身《むさうほつしん》　虛空同體《こくうどうたい》　無其住處《むごぢうしよ》　但住衆生《たんぢうしゆじやう》　心想之中《しんさうしちう》
衆生意想《しゆじやういさう》　各各不同《かくかくふどう》　隨衆生意《ずゐしゆじやうい》　而作利益《にさりやく》　所求圓滿《しよぐゑんまん》　羅時大會《にじだいゑ》
聞說是經《もんぜつぜきやう》　皆大歡喜《かいだいくわんぎ》　信受奉行《しんじゆぶぎやう》

この聖不動經《しやうふどうきやう》は、前《まへ》の聖無動尊大威怒王秘密陀羅尼經《しやうむどうそんだいゐぬわうひみつだらにきやう》の一部《ぶ》とも云《い》ふべく又《また》その意義《いぎ》を概括《がいくわつ》した總論《さうろん》とも云《い》ふべきで、結局同理同義《けつきよくどうりどうぎ》のものである。

併《しか》し前《まへ》の陀羅尼經《だらにきやう》の方《はう》は、金剛手《こんがうしゆ》が火生三昧《くわしやうざんまい》に入《い》つて不動明王《ふどうみやうわう》の有様《ありさま》を感得《かんとく》し、それを佛《ほとけ》、即《すなは》ち大日如來《だいにちによらい》の監視《かんし》の下《もと》に大衆《たいしゆう》に向《むか》つて說明《せつめい》し、更《さら》に如來《によらい》がこれを證明《しようめい》せられたのであるが、この聖不動經《しようふどうきよう》の方《はう》は、會座《ゑざ》の中《なか》に直接《ちよくせつ》、不動《ふどう》明王《めうわう》が參加《さんか》してゐられる。この點《てん》が大《おほ》いに前《まへ》の經《きよう》とその趣《おもむ》きを異《こと》にしてゐるのである。

この經《きよう》の大要《たいえう》は、第《だい》一に不《ふ》動明王《どうめうわう》が大會《だいゑ》中《ちう》に列席《れつせき》してゐたまふこと。第《だい》二に大明王《だいめうわう》に威力《ゐりき》あること。第《だい》三に大悲德《だいひとく》の故《ゆゑ》に青黑《しよくこく》の形《かたち》を現《あら》はさるゝこと。これは救濟《きうさい》のため種々變化《しゆぐへんげ》して方便《はうべん》を盡《つく》す次第《しだい》を表示《ひようじ》したのである。第《だい》四に大《だい》定德《じようとく》ある故《ゆゑ》に金剛石《こんがうじやく》に坐《ざ》すること。これは剛堅不動《がうけんふどう》を盤石《ばんじやく》に例《たと》へたのである第《だい》五に大智慧《だいちゑ》ある故《ゆゑ》に大火焰《だいくわえん》を現《あら》はしてゐたまふこと。これは智《ち》が煩惱《ぼんのう》を斷《た》つを火《ひ》の一切《さい》を燒《や》き盡《つく》すに譬《たと》へたのである。第《だい》六に大智劍《だいちけん》を執《と》つて貪瞋癡《とんじんち》の三毒《どく》を斷《た》ち拂《はら》ふこと。これは智《ち》を劍《けん》に譬《たと》へたのである。第《だい》七に三昧《さんまい》の索《つな》を以《もつ》て難伏《なんぷく》のものを縛《ばく》すること。これは制《せい》し難《がた》き意馬心猿《いばしんゑん》の狂《くるひ》を繋《つな》ぎ、また濟度《さいど》し難《がた》き暴惡者《ばうあくしや》を引寄《ひきよ》せて是非《ぜひ》とも救《すく》ふと云《い》ふ意味《いみ》を表《あらは》したのである。第《だい》八に不動明王《ふどうめうわう》は大日如來《だいにちによらい》の化身《けしん》であると云《い》ふこと。即《すなは》ち明王《めうわう》の本地本體《ほんぢほんたい》は法身如來《ほつしんによらい》である。法身《ほつしん》とは無相《むそう》である。虚空《こくう》と同體《どうたい》である。それ故《ゆゑ》一定《てい》の住所《ぢうしよ》が無《な》いと同時《どうじ》に又到《またいた》る所《ところ》に存在《そんざい》するのである。然《しか》れば衆生《しゆじやう》の信念如何《しんねんいかん》に相應《さうおう》して何人《なんびと》の前《まへ》にも如何《いか》なる所《ところ》にても、そして又如何《またいか》なる姿《すがた》を採《と》りてゞも現《あら》はれ給《たま》ふのである。言《い》ひ換《か》へれば、不動明王《ふどうめうわう》は我《わ》れ等《ら》の精神《せいしん》の本體《ほんたい》である。それで信念修養《しんねんしうやう》の程度《ていど》に應《おう》じてそれ〴〵活動《くわつどう》し發現《はつげん》せらるゝのである。第《だい》九に衆生《しゆじやう》の機根《きこん》が千差萬別《さばんべつ》であると云《い》ふこと。故《ゆゑ》に明王《めうわう》は種々《しゆ〴〵》の變化方便《へんげほふべん》を以《もつ》て衆生《しゆじやう》の意思《いし》に應《おう》じ、その希望《きばう》とする所《ところ》を圓滿《ゑんまん》に成就《じやうじゆ》せしめらるゝのである。第《だい》十に大衆《たいしう》が歡喜《くわんき》して信受實行《しんじゆじつかう》せることをこの經《きやう》は敍《じよ》したのである。

南無八大童子

慧光童子《ゑくわうどうじ》　慧喜童子《ゑきどうし》　阿耨達多童子《あのくだつたどうじ》　指徳童子《しとくどうじ》　烏倶婆誐童子《うくはきやどうじ》　淸《しやう》

淨童子《じやうどうじ》　矜羯羅童子《こんがらどうじ》　制吒迦童子《せいたかどうじ》

童子《どうじ》とは梵語《ぼんご》にて狗摩羅《くまら》と云《い》ふ　古書《こしよ》に童《どう》は獨《どく》なり又《また》、室家《つま》なきなりと云《い》ひ、或《ある》ひは十五歳《さい》を童《どう》と云《い》ひ又未《またいま》だ冠《くわん》せざるを童《どう》と云《い》ふとしてある。要《えう》するにこの八大童子《だいどうじ》は不動明王《ふどうみやうわう》の眷屬《けんぞく》であり、使者卽《ししやすなは》ち給仕《きふじ》である。不動明王《ふどうみやうわう》の二大《だい》童子《どうじ》のことは前《まへ》にも說《と》いたが、今《いま》こゝには更《さら》に六大童子《だいどうじ》を加《くは》へたものである。又次《またつぎ》にある三十六童子《どうじ》は更《さら》に增加《ぞうか》したものであり、その上《うへ》この童子《どうじ》にも童子《どうじ》眷屬《けんぞく》があり、その數《すう》は限《かぎ》りがない。八大童子《だいどうじ》の大要《たいえう》を說明《せつめい》すれば、左《さ》の如《ごと》くである。

八大童子《だいどうし》のことは不動《ふどう》八大童子《だいどうじ》軌《き》に出《で》てゐる。この八人《にん》は四佛《しぶつ》四波羅蜜《はらみつ》の德《とく》を具《そな》へたものである。

第《だい》一、慧光童子《ゑくわうどうじ》、或《ある》ひは廻光《ゑくわう》とも云《い》ふ。東方金剛部菩提心門《とうはうこんがうぶぼだいしんもん》にて、日光《につくわう》を以《もつ》て喩《たとへ》となし慧光《ゑくわう》と呼《よ》ぶのである。少《すこ》しく忿怒《ふんぬ》にして天冠《てんくわん》を着《つ》け、身《み》は白黄色《はくこうしよく》であつて右手《みぎて》に五智杵《ちしよ》を持《も》ち、左手《ひだりて》に蓮上月輪《れんじようげつりん》を置《お》く、袈裟瓔珞《けさえうらく》を纒《まと》ひ種々《しゆ〴〵》に莊嚴《ぜうごん》すとある。

第《だい》二、慧喜童子《ゑきどうじ》、或《ある》ひは廻喜《ゑき》に作《つく》る。南方寶部福徳門《なんはうほうぶふくとくもん》にて福智圓滿《ふくちゑんまん》なれば慧喜《ゑき》と名附《なづ》く。形《かたち》は慈面《じめん》にて微笑《びせう》を洩《も》らし色《いろ》は紅蓮《ぐれん》の如《ごと》く、左手《ひだりて》に摩尼《まに》を持《ぢ》し右手《みぎて》には三股鈎《ここう》を持《も》つてゐる。

第《だい》三、阿耨達童子《あのくたどうじ》、阿耨達《あのくた》は梵語《ぼんご》で無熱《むねつ》と云《い》ふ。西方蓮花部智慧門《さいはうれんげぶちゑもん》を表《あらは》し、形《かたち》は梵王《ぼんわう》の如《ごと》く色《いろ》は眞金《しんこん》に似《に》てゐる。頂《いたゞき》に金翅鳥《こんじてう》を戴《いたゞ》き左手《ひだりて》に蓮花《れんげ》を執《と》り右手《みぎて》に獨股《どくこ》を持《も》つて龍王《りうわう》に乘《の》つてゐる。

第《だい》四、指徳童子《しとくどうじ》、北方羯摩都精進門《ほつはうかつまとしようじんもん》である。前《まへ》の三部《ぶ》の徳《とく》はこの精進門《しようじんもん》に依《よ》つて果《くわ》を得《う》るのであるにより、指徳《しとく》と云《い》ふ。形《かたち》は夜叉《やしや》の如《ごと》く色《いろ》は虚空《こくう》の如《ごと》く、三目《もく》あり甲冑《かつちう》を帶《たい》して左手《ひだりて》に輪《りん》を持《も》ち右手《みぎて》には三叉《しや》の鉾《ほこ》を持《も》つてゐる。

第《だい》五、烏倶婆誐童子《うくはぎやどうじ》、譯《やく》して超越住世《ちようえつじゆうせい》と云《い》ふ。金剛波羅密《こんがうはらみつ》の徳《とく》を表《ひよう》し、五股《こ》の冠《かんむり》を戴《いただ》き暴悪《ばうあく》の相《さう》を表《あらは》し身《み》は金色《こんじき》にして、左手《ひだりて》に金剛《こんがう》を執《と》り右手《みぎて》に劔印《けんいん》を作《つく》つてゐる。

第《だい》六、清浄童子《しようじようどうじ》、又《また》は清浄比丘《しようじようびく》とも云《い》ふ寶波羅密《ほうはらみつ》の德《とく》を表《あらは》し、頭髪《づはつ》を剃《そ》り法衣袈裟《ほうえけさ》を着《つ》け、左手《ひだりて》に梵篋《ぼんきよう》を執《と》り右手《みぎて》を心《むね》に當《あ》て、五股杵《ごこしよ》を持《も》ち右肩《みぎかた》を露《あらは》し腰《こし》には赤裳《あかすそ》を纏《まと》ひ、その姿《すがた》は若《にやく》にあらず老《らう》にあらず、目《め》は青蓮《しようれん》の如《ごと》く口《くち》には上牙《じようげ》が下《した》に顯出《ろしゆつ》してゐる。

第《だい》七、矜羯羅童子《こんがらどうじ》、これは前《まへ》の經《きよう》に說《と》いてある如《ごと》く隨順《ずゐじゆん》と譯《やく》し法波羅密《ほふはらみつ》の德《とく》を表《ひよう》し、形《かたち》は十五歲童子《さいどうじ》のやうで、蓮花《れんげ》の冠《かんむり》を着《つ》け身《み》は白肉色《はくにくしよく》で、二手合掌《しゆがつしよう》しその大指《たいし》と頭指《づし》との間《あひだ》に横《よこ》に一股杵《いつこしよ》を挾《はさ》み、天衣袈裟《てんえけさ》を以《もつ》て微妙《びめう》に莊嚴《しやうごん》してゐる。

第《だい》八、制吒迦童子《せいたかどうじ》、これも前《まへ》の經文中《きようもんちう》にあるが、業波羅密《ごうはらみつ》の德《とく》を表《ひよう》し形《かたち》は童子《どうじ》の如《ごと》く、色《いろ》は紅蓮《ぐれん》の如《ごと》く頭《かうべ》に五髻《ごけい》を結《なす》び、左手《ひだりて》に縛日羅《はさら》を持《も》ち、右手《みぎて》に金《こん》剛棒《がうぼう》を持《も》つてゐる。瞋心《じんしん》悪性《あくしやう》のものとして袈裟《けさ》を着《つ》けないで天衣《てんえ》を以《もつ》てその頸肩《くびかた》を蔽《おほ》ふてゐる。

要《えう》するに以上《いじやう》の八大童子《だいどうじ》は、不動明王《ふどうめうわう》の智徳《ちとく》福徳《ふくとく》その他《た》、各種《かくしゆ》の徳《とく》を司《つかさど》り、信者《しんじや》を守護《しゆご》するものである。それで明王《めうわう》の分身《ぶんしん》化身《けしん》、又《また》はその徳相《とくそう》活動《くわつどう》作用《さよう》の形容《けいよう》と云《い》つても宜《よろ》しいのである。

南無三十六童子

矜迦羅童子《こんがらどうじ》　制吒迦童子《せいたかどうじ》　不動慧童子《ふどうゑどうじ》　光網勝童子《くわうまうしようどうじ》　無垢光童子《なくくわうどうじ》

計子儞童子《けいしにどうじ》　知慧童子《ちゑどうじ》　質多羅童子《しつたらどうじ》　召請光童子《しようしようくわうどうじ》　不思議童子《ふしぎどうじ》

囉多羅童子《あらたらどうじ》　波羅波羅童子《はらはらどうじ》　伊醯羅童子《いけいらどうじ》　師子光童子《しし・くわうどうじ》　師子慧童子《ししゑどうじ》

阿婆羅底童子《あはらちどうじ》　持堅婆童子《ぢけんはどうじ》　利車毗童子《りしやびどうじ》　法挾護童子《ほふけふごどうじ》　因陀羅童子《いんだらどうじ》

大光明童子《だいくわうめうどうじ》　小光明童子《せうくわうめうどうじ》　佛守護童子《ぶつしゆごどうじ》　法守護童子《ほふしゆごどうじ》　僧守護童子《そうしゆごどうじ》

金剛護童子《こんがうごどうじ》　虚空護童子《こくうごどうじ》　虚空藏童子《こくうざうどうじ》　寶藏護童子《ほうざうごどうじ》　吉祥妙童子《きちじやうめうどうじ》

戒光慧《かいくわうゑ》童子《どうじ》　妙《めう》空《くう》藏童子《ざうどうじ》　普《ふ》香主《かうしゆ》童子《どうじ》　善爾《ぜんに》師《し》童子《どうじ》　波《は》利《り》迦《か》童子《どうじ》
烏《と》婆《は》計《けい》童子《どうじ》　聖無《しようむ》動《どう》眷屬《けんぞく》　三十六童子《どうじ》　各領《かくりよう》千萬童《まんどう》　本誓《ほんぜい》悲願故《ひぐわんこ》
千萬億惡鬼《せんまんおくあくき》　繞亂《ねうらん》行人時《ぎようにんじ》　誦此《じゆし》童子名《どうじみよう》　皆悉《かいしつ》退散去《たいさんこ》　若有《にやくう》苦厄難《くやくなん》
呪詛《じゆそ》病患者《びようげんじや》　當呼《たうこ》童子號《どうじがう》　須臾《しゆよ》得吉祥《とくきちじよう》　恭敬《くぎよう》禮拜者《らいはいしや》　不離《ふり》於左右《おさう》
如影《によけい》隨形護《ずゐぎようご》　獲得長壽益《くわくとくちようじゆやく》　南無《なむ》歸命頂來《きみようちようらい》。　大日大聖不動明王《だいにちだいしようふどうめうわう》。
四大《しだい》八大諸忿怒尊《だいしよふんぬそん》。

稽首無動尊秘密陀羅尼經

稽首聖無動《けいしゆしようむどう》　摩訶《まか》威怒王《ゐぬわう》　極大慈悲心《ごくだいじひしん》　愍念衆生者《みんねんしゆじようじや》　本體《ほんたい》盧遮那《るしやな》
久遠成正覺《くおんじようしようかく》　法身徧法界《ほつしんへんほつかい》　智慧同虚空《ちゑどうこくう》　無相而現相《むさうにげんさう》　相徧世界海《さうへんせかいかい》
無聲而有聲《むしようにうしよう》　聲聞塵刹土《しようもんじんさつど》　爲護持佛法《ゐごぢぶつほふ》　爲利樂群生《ゐりらくぐんじよう》　無邊相好海《むへんさうこうかい》
變現瞋怒相《へんげんしんぬさう》　慈眼視衆生《じげんじしゆじよう》　平等如一子《びようどうによいつし》　方便垂一髪《ほふべんすゐいつはつ》　表示第一義《ひようじだいぎ》
金剛智能斷《こんがうちのうだん》　離斷諸煩惱《りだんしよぼんのう》　執持猛利劍《しうぢめうりけん》　一斷無餘習《いつだんむよしふ》　金剛定能縛《こんがうぢようのうはく》

難《なん》縛《はく》諸《しよ》結《けつ》業《ごふ》　執《しふ》持《ぢ》金《こん》絹《けん》索《さく》　一《いち》縛《はく》無《む》能《のう》動《どう》　究《く》竟《きよう》能《のう》取《しゆ》盡《じん》　煩《ぼん》惱《のう》毒《どく》龍《りう》子《し》
示《じ》現《げん》迦《か》樓《る》炎《えん》　梵《ぼん》燒《しよう》業《ごう》障《しよう》海《かい》　能《のう》護《ご》菩《ぼ》提《だい》心《しん》　令《りよう》行《ぎよう》者《じや》堅《けん》住《ぢう》　安《あん》住《ぢう》盤《ばん》石《じやく》座《ざ》
不《ふ》退《たい》菩《ぼ》提《だい》行《ぎよう》　假《け》使《し》滿《まん》三千　大《だい》力《りき》諸《しよ》夜《や》叉《しや》　明《めう》王《わう》降《かう》伏《ぶく》盡《じん》　令《りよう》入《にふ》解《げ》脱《だつ》道《だう》
一持《じ》秘《ひ》密《みつ》呪《じゆ》　生生《しよう〳〵》而《に》加《か》護《ご》　隨《ずゐ》逐《ちく》不《ふ》相《さう》離《り》　必《ひつ》従《さう》華《け》藏《ざう》界《かい》　念《ねん》念《ねん》持《ちう》明《めう》王《わう》
世《せ》世《せ》不《ふ》忘《まう》失《しつ》　現《げん》前《ぜん》三《さん》摩《ま》地《ち》　覺《かく》了《れう》如《によ》來《らい》慧《ゑ》　以《い》此《し》三業《ごう》禮《らい》　明《めう》王《わう》功《く》德《どく》善《ぜん》
平《びよう》等《どう》施《せ》群《ぐん》生《じよう》　同《どう》證《しよう》不《ふ》動《どう》定《じよう》　唯《ゆゐ》願《ぐわん》徧《へん》法《ほつ》界《かい》　金《こん》剛《がう》秘《ひ》密《みつ》呪《じゆ》　同《どう》住《ぢう》明《めう》王《わう》體《たい》
加《か》持《ぢ》我《が》三密《みつ》　稽《けい》首《しゆ》明《めう》王《わう》力《りき》　令《りよう》我《が》悉《しつ》地《ち》滿《まん》　稽《けい》首《しゆ》明《めう》王《わう》力《りき》　令《りよう》法《ほふ》久《く》住《ぢう》世《せ》
自《じ》界《かい》及《ぎふ》他《た》界《かい》　無《む》盡《じん》世《せ》界《かい》海《かい》　界《かい》中《ちう》諸《しよ》含《がん》識《じき》　同《どう》證《しよう》無《む》上《じよう》覺《かく》　見《けん》我《が》身《しん》者《じや》
發《ほつ》菩《ぼ》提《だい》心《しん》　聞《もん》我《が》名《みよう》者《じや》　斷《だん》惑《わく》修《しう》善《ぜん》　聽《ちよう》我《が》說《せつ》者《じや》　得《とく》大《だい》智《ち》慧《ゑ》　知《ち》我《が》心《しん》者《じや》
卽《そく》身《しん》成《じよう》佛《ぶつ》　無《む》始《し》已《い》來《らい》無《む》量《りよう》罪《ざい》　今《こん》世《ぜ》所《しよ》犯《はん》極《ごく》重《ぢう》罪《ざい》　日日《にち〳〵》夜《や》夜《や》所《しよ》作《さ》罪《ざい》
念《ねん》念《ねん》歩《ほ》歩《ほ》所《しよ》起《き》罪《ざい》　眞《しん》言《ごん》威《ゐ》力《りき》皆《かい》消《せう》滅《めつ》　命《みよう》終《じう》決《けつ》定《じよう》生《しよう》極《ごく》樂《らく》　荷《か》負《ふ》引《いん》導《だう》師《し》父《ぶ》母《も》
拔《はつ》濟《さい》生《しよう》死《し》大《だい》苦《く》海《かい》　爲《ゐ》我《が》有《う》先《せん》亡《まう》者《じや》　有《う》緣《えん》知《ち》識《しき》男《なん》女《によ》等《とう》　大《だい》作《さ》方《はふ》便《べん》皆《かい》引《いん》導《どう》

共生《ぐしやう》安養《あんやう》上妙刹《じやうめうさつ》　乃至《ないし》四《し》恩《おん》諸衆生《しよしゆじやう》　皆悉《かいしつ》利益《りやく》共《ぐ》成佛《じやうぶつ》　南無《なむ》大日《だいにち》大聖《だいしやう》不動《ふどう》
明王《めうわう》四《し》大《だい》八大《だい》諸忿怒尊《しよふんぬそん》

稽首《けいしゆ》とは南無《なむ》、即《すなは》ち歸命《きみやう》とか禮拜《らいはい》と云《い》ふ意味《いみ》である。これは聖無動尊《しやうむどうそん》秘密陀《ひみつだ》羅尼經《らにきやう》の功徳《くどく》を讃歎《さんたん》したものである。今文中《いまぶんちう》の重《おも》なる條目《でうもく》を示《しめ》せば大要《たいえう》左《さ》の如《ごと》し。

一、聖無動摩訶大威怒王《しやうむどうまかだいゐぬわう》、即《すなは》ち不動明王《ふどうめうわう》に稽首《けいしゆ》して敬《うやま》ふこと。二、至極《しごく》の大慈《だいじ》悲心《ひしん》を以《もつ》て衆生《しゆじやう》を愍念《みんねん》して濟《すく》はんとする不動明王《ふどうめうわう》の本地《ほんぢ》本體《ほんたい》は盧遮那《るしやな》、即《すなは》ち大日如來《だいにちによらい》であつて、最早《もはや》久遠《くおん》の昔《むかし》に成佛《じやうぶつ》してゐること。三、既《すで》に成佛《じやうぶつ》してゐる法身佛《ほつしんぶつ》は法界《ほつかい》、即《すなは》ち宇宙《うちう》到《いた》る所《ところ》に徧滿《へんまん》してゐること。從《したが》つて智慧《ちゑ》は虚空《こくう》に同《おな》じく、又《また》一定《てい》の相《すがた》はないが、併《しか》し如何《いか》なる相《さう》をも現《あら》はすことが出來《でき》て、而《し》かも出沒自在《しゆつもつじざい》である。四、一定《てい》の聲《こゑ》はないが、信者《しんじや》の心《しん》相應《さうおう》に如何《いか》なる聲《こゑ》をも出《いだ》し、塵刹土《ぢんせつど》、即《すなは》ち人間界《にんげんかい》にも能《よ》く聞《きこ》えること　五、佛法《ぶつはう》を護持《ごぢ》し群生《ぐんじやう》を利樂《りらく》せんがために、種々《しゆ〴〵》の相《さう》を現《あら》はす、その相《さう》は無邊《なへん》であるが、特《とく》に瞋怒《しんぬ》の相《さう》を變現《へんげん》して難伏《なんぶく》のものを救《すく》ふこと。六、表《おもて》に瞋怒《しんぬ》の相《さう》はあつても内心《ないしん》は大慈悲《だいじひ》にして、衆生《しゆじやう》を視《み》ることは恰《あだか》も一子《し》の如《ごと》く平等《びやうどう》である。七、その頭《かうべ》を垂髮《すゐはつ》にしてゐるのは深秘《じんぴ》の意義《いぎ》があつて、秘密教旨《ひみつきやうし》の大義《だいぎ》を表示《ひやうじ》し、佛《ぶつ》の本《ほん》體《たい》と方便教化《はうべんきやうけ》の關係《くわんけい》の至理至極《しりしごく》なるを表《あら》はしたること。八、金剛《こんがう》の智慧《ちゑ》は、能《よ》く斷《だん》じ難《がた》き諸《もろ〳〵》の煩惱《ぼんのう》を斷《だん》じ盡《つく》すこと。九、明王《めうわう》の金剛定《こんがうじやう》は能《よ》く斷《だん》じ難《がた》き諸《もろ〳〵》の結業《けつごふ》を縛《はく》して最《も》早《は》やこの上《うへ》は出來《でき》ぬやうにすること。十、斯《か》くして究竟《くきやう》に悉《こと〴〵》く煩惱欲心《ぼんのうよくしん》を取《と》り出《だ》すこと。十一、迦樓炎《かるえん》、即《すなは》ち火焔三昧《くわえんさんまい》を示現《じげん》して一切《さい》の罪業障礙《ざいごふしやうげ》を燒《や》き、行者《ぎやうじや》をして安心《あんしん》して修行《しゆぎやう》し成道《じやうどう》せしむること。十二、その盤石《はんじやく》の上《うへ》に安住《あんぢう》してゐるのは、菩提《ぼだい》の行《ぎやう》を退轉《たいてん》せぬと云《い》ふ意《い》を示《しめ》したること。十三、如何《いか》に多《おほ》くの大力《たいりき》なる惡魔《あくま》どもでも、明王《めうわう》は悉《こと〴〵》くこれを降《くだ》して佛道《ぶつどう》に入《い》らしむること。十四、一度《ど》でも秘密呪《ひみつじゆ》、即《すなは》ち眞言《しんごん》を受持《じゆぢ》したるものをば生々世々《しやう〳〵せゝ》加護《かご》して遂《つひ》には必《かなら》ず華藏界《けざうかい》、即《すなは》ち佛土《ぶつど》極樂《ごくらく》に送《おく》つて下《くだ》さること。十五、不斷《ふだん》に明王《みやうわう》を念《ねん》じて怠《おこた》らぬものをば世々《よゝ》忘失《まうしつ》せずに必《かなら》ず大利益《だいりやく》を與《あた》へ、目《ま》のあたり金剛定《こんがうじやう》が現《あら》はれ如來《によらい》の慧《ゑ》を覺了《かくれう》して、即身成佛《そくしんじやうぶつ》が出來《でき》るやうにして下《くだ》さること。

以上《いじやう》は不動明王《ふどうみやうわう》の威德《ゐとく》とこれを信《しん》ずる者《もの》の得益《とくやく》を說《と》いたのである。以下《いか》は信《しん》者自分《じやじぶん》の得益《とくやく》を更《さら》に他《た》に及《およ》ぼさねばならぬと云《い》ふ事《こと》が說《と》かれてゐるのである十六、我々《われ〳〵》のこの身口意《しんくい》の三業《ごう》を以《もつ》て明王《みやうわう》を禮《らい》し、明王《みやうわう》の功德善《くどくぜん》の力《ちから》と、信《しん》者《じや》の功德善《くどくぜん》の力《ちから》とを合《がつ》してこれを平等《びやうどう》に一切《さい》の衆生《しゆじやう》に施《ほどこ》して、同《おな》じく不動定《ふどうじやう》を證《しやう》せしむること。十七、然《しか》れば法界《ほつかい》に徧《あまね》き宇宙《うちう》一切《さい》の秘密眞言《ひみつしんごん》の功力《くりき》は悉《こと〴〵》く明王《みやうわう》の體《たい》に廻向同住《ゑかうどうぢう》して、その力《ちから》が更《さら》に我々《われ〳〵》信者《しんじや》の三密《さんみつ》に加持《かぢ》し結局《けつきよく》、成就《じやうじゆ》するものである。三密《さんみつ》とは身口意《しんくい》の三業《ごふ》、加持《かぢ》とは加《か》は佛《ぶつ》の力《ちから》が信者《しんじや》に加《くは》はり、持《ぢ》は信者《しんじや》がその佛《ぶつ》の力《ちから》を受持《じゆぢ》して失《うしな》はぬことである。

十八、以下《いか》は願《ねが》はくは佛法《ぶつぽう》を永久《えいきう》にこの世《よ》に存在《そんざい》せしめて一切《さい》の有情《うじやう》をば悉《ことごと》く同一《どう》に無上覺《むじやうかく》、即《すなは》ち成佛《じやうぶつ》せしめ給《たま》へと云《い》ふ祈願《きぐわん》の意《い》である。見我身者以下《けんがしんじやいか》の四字八句《じく》は、簡單明瞭《かんたんめいりやう》に明王《めうわう》の功徳《くどく》を明王自身《めうわうじしん》に說《と》き示《しめ》されたる本懷《ほんくわい》と本誓《ほんぜい》とを云《い》ひ表《あら》はしたものである。

一、不動明王《ふどうめうわう》の體《たい》を見《み》ると、菩提心《ぼだいしん》が起《おこ》り救濟《きうさい》の慈悲心《じひしん》が發《はつ》すること。

二、不動明王《ふどうめうわう》の名《な》を聞《き》くものは、惑《わく》を斷《た》ち善《ぜん》を修《をさ》め得《う》ること。

三、不動明王《ふどうめうわう》の說《せつ》を聞《き》くものは、大《おほ》いなる智慧《ちゑ》を得《う》ること。

四、不動明王《ふどうめうわう》の精神《せいしん》、即《すなは》ち本誓本願《ほんぜいほんぐわん》を知《し》るものは、このまゝ即身成佛《そくしんじやうぶつ》すること

無始已來無量罪《むしいらいむりやうざい》以下《いか》は滅罪文《めつざいもん》、荷負引導師父母《かふいんどうしぶも》以下《いか》は功徳《くどく》を近親《きんしん》一切《さい》に普及《ふきふ》せしむる願文《ぐわんもん》である。

我々《われ〳〵》には過去《くわこ》の罪《つみ》もある。今世《こんぜ》に生《うま》れてからの罪《つみ》もある。日々夜々《にち〳〵やゝ》一念《ねん》一行《ぎやう》多《おほ》くの罪《つみ》を造《つく》つてゐる。それを眞言《しんごん》の威力《ゐりき》にて悉《こと〴〵》く消滅《せうめつ》せしめて、命《いのち》が終《をは》つ

た時《とき》には必《かなら》ず極樂淨土《ごくらくにようど》に往生《わうじやう》するやうに願《ねが》ひたい。又《また》獨《ひと》り自分《じぶん》が極樂《ごくらく》に往生《わうじやう》するのみでなく、師匠《しせう》とか父母《ぶも》とか、最《もつと》も大切《たいせつ》な人々《ひと〴〵》をも生死《しやうじ》の大苦海《だいくかい》から救《すく》ひたい。又《また》その他《た》、自分《じぶん》に恩《おん》あるもの一切《さい》を方便《はふべん》して共《とも》に安養上妙刹《あんやうじやうめうさつ》、即《すなは》ち極樂《ごくらく》に引《ひ》き導《みちび》いて往生《わうじやう》を得《え》させ給《たま》へ、更《さら》に又《また》人間《にんげん》は固《もと》より賢愚《けんぐ》一切《さい》の有情《うじやう》を悉《こと〴〵》く利益《りやく》して必《かなら》ず成佛《じやうぶつ》させ給《たま》へと云《い》ふ發願廻向《ほつぐわんゑかう》の文《もん》である。

——不動經講義・完——

第三篇　佛教秘密護摩法

一、護摩の起源

護摩の名義

護摩《ごま》は正《たゞ》しく蘇摩《ほうま》といふ梵語《ぼんご》である、この語《ご》には燒《や》くといふ義《ぎ》と、供養《くやう》といふ意《い》が含《ふく》まれて居《ゐ》る。それで火中《くわちう》に物《もの》を投《とう》じ燒《や》いて供養《くやう》することになり、更《さら》にまた火《ひ》は神《かみ》の口《くち》であるとなし、火《ひ》に物《もの》を投《とう》ずるのは、神《かみ》の口《くち》に供養《くやう》するのだといふ解釋《かいしやく》にもなつた、これは佛教以前《ぶつきようゐぜん》、波羅門教《はらもんきよう》の教意《きようい》であつたと同時《どうじ》に、大《だい》古《こ》より傳統《でんとう》したる印度民族《いんどみんぞく》の宗教的根本思想《しうきようてきこんぽんしさう》であつた、大日經疏《だいにちきようしよ》に、護摩《ごま》とは燒《や》くの義《ぎ》なりとあるが、單《たん》に物《もの》を燒《や》くだけではなく、燒食供養《しようじきくやう》の意《い》をも示《しめ》され、慧《え》林音義《りんおんぎ》には、護摩《ごま》とは火祭祀法《くわさいしはう》であるとして、物《もの》を焼《や》いて聖《しやう》、賢《けん》、衆《しう》に饗應《きやうおう》する意味《いみ》であることが述《の》べてある。

また大日經疏《だいにちきやうしよ》には、護摩《ごま》の義《ぎ》は、慧火《えくわ》を以《もつ》て煩惱《はんのう》の薪《たきぎ》を焼《や》き餘《あま》りなからしむるの義《ぎ》といひ、尊勝佛頂《そんしやうぶつちやう》の瑜伽法軌《ゆがほうき》には、護摩《ごま》とは、これを火天《くわてん》となす、火《ひ》よく草木卉木《さうもくきもく》を焼《や》いて餘《あま》す所《ところ》なし、天《てん》は智《ち》なり、智火《ちくわ》能く一切《さい》の無明《むめう》の株杌《しゆこう》を焼《や》いて盡《つく》さざる所《ところ》なしと。これ等《ら》は火《ひ》を神聖視《しんせいし》し、護摩《ごま》を神秘的《しんぴてき》に取扱《とりあつか》つたものである。而《しか》して波羅門教《はらもんきやう》の形式護摩《けいしきごま》に哲理的《てつりてき》の内容《ないよう》を加《くは》へて、佛教的《ぶつきやうてき》の純理的護摩化《じゆんりてきごまくわ》したものである、故《ゆゑ》に等《ひと》しく護摩《ごま》といつても、その内容《ないよう》と意義《いぎ》に大《おほ》いなる相異《さうい》あることを辨《わきま》へねばならぬ。

卽《すなは》ち佛教密部《ぶつきやうみつぶ》に於《お》ける護摩《ごま》の眞義《しんぎ》は、從來《じうらい》の意味《いみ》に於《お》ける火食供養《くわじきくやう》の義《ぎ》を捨《す》てはせぬが、それを進歩發達《しんぽはつたつ》せしめ、新《あら》たに大《だい》なる理義《りぎ》の下《もと》に、爐《ろ》の中《なか》に投《とう》ずる諸物《しよぶつ》を煩惱《はんのう》と爲《な》し、これを焼盡《しやうじん》して淸淨《しやうじやう》なる菩提心《ぼだいしん》を發生《ほつしやう》せしめ、一方《はう》には自己《じこ》修養《しゆやう》、向上解脱《かうじやうげだつ》の目的《もくてき》と爲《な》し、他方《たはう》には自己《じこ》も他人《たにん》も共《とも》に罪障《ざいしやう》を燒《や》き盡《つく》し、福徳増益《ふくとくぞうやく》を圖《はか》るといふ意味《いみ》となつたのである。

護摩の發端

西曆紀元《せいれききげん》二千年頃《ねんごろ》より、印度《インド》アリヤン民族《みんぞく》が五大河地方《だいがちはう》に土着《どちやく》するやうになつて、波羅門教《はらもんきやう》の吠陀時代《べーたじだい》には事火《じくわ》のことが盛《さか》んに行《おこな》はるるに至《いた》つた、吠陀《べーた》とは波羅門教《はらもんきやう》の教典《きやうてん》であつて、政治《せいぢ》法律《はふりつ》道徳《だうとく》醫藥《いやく》藝術《げいじゆつ》宗教《しうきやう》一切のことが記載《きさい》され、多《おほ》くの部門《ぶもん》に分《わか》れて居《ゐ》るが、その中《なか》に神《かみ》を讃美《さんび》し、また呪力《じゆりき》で神《かみ》の守護《しゆご》を蒙《かうむ》ることや、いろ／＼の祭式祭祀《さいしきさいし》に關《くわん》する器具《きぐ》とか供物《くもつ》にまで神秘力《しんぴりよく》があるとし、祭祀用《さいしよう》の文言《もんごん》をも神聖視《しんせいし》するに至《いた》り、民間《みんかん》の物欲的信仰《ぶつよくてきしんこう》と吠陀《べーた》の教義《きやうぎ》とが調和《てうわ》せられて、方《はう》、圓《ゑん》、半月《はんげつ》等《とう》の火壇《くわだん》を作《つく》つて、火食供養《くわじきくやう》を爲《な》し、その交換條件《かうくわんでうけん》として幸福《かうふく》を求《もと》め、最後《さいご》には死後《しご》、天上界《てんじやうかい》に生《うま》るることを希求《ききう》するに至《いた》つた、從《したが》つて吠陀教典《べーだきやうてん》には禳災《じやうさい》の密呪《みつじゆ》を集《あつ》めたものが多《おほ》く、呪力《じゆりき》によりて人間《にんげん》の禍福《くわふく》を支《し》配《はい》する有樣《ありさま》となつた、これがやがて進步《しんぽ》して、秘密佛教《ひみつぶつきやう》の陀羅尼《だらに》、即《すなは》ち呪《じゆ》、又《また》は謂《い》はゆる眞言《しんごん》となつた、そしてその相手方《あひてかた》たる神《かみ》にも種々《しゆ／＼》あるが、帝釋天《たいしやくてん》と稱《しよう》する因陀羅《いんだら》、阿耆尼《あぐに》といふ火天《くわてん》、大梵天《だいぼんてん》等《とう》が主要《しゆえう》なるものであつた。

更《さら》に又《また》、吠陀《べーだ》の教理《きやうり》は進《すゝ》んで、個人《こじん》の我《が》と大梵天《だいぼんてん》、即《すなは》ち宇宙我《うちうが》とが冥合《めいがう》することを志《こゝろざ》し、瑜伽《ゆが》（相應《さうおう》）派《は》とて諸慾《しよよく》を離《はな》れて神《かみ》を信《しん》じ、呪《じゆ》を唱《とな》へ、法式《はうしき》によつて梵天《ぼんてん》と相應《さいわう》一致《ち》する瑜伽《ゆが》の行《ぎやう》を勵《はげ》み　哲理的《てつりてき》宗教《しうきやう》の本義《ほんぎ》に到達《たうたつ》せんとするものもあり、又《また》一方《はう》には一家《か》に於《お》ける供養儀式等《くやうぎしきとう》を定《さだ》め、病氣平癒《びやうきへいゆ》・家畜繁殖《かちくはんしよく》、敵人降伏《てきじんごうぶく》、その他《た》いろ／＼の特殊《とくしゆ》の希望《きばう》を滿足《まんぞく》せしむることや、それに關《くわん》する尙家經《しやうかきやう》といふやうなものも發行《はつかう》さるるに至《いた》つた、これ等《ら》が悉《こと／＼》く換骨奪胎《くわんこつだつたい》されて意義《いぎ》あるものと進化《しんくわ》したのが、秘密佛教《ひみつぶつきやう》の念誦法《ねんじゆほふ》であり、護摩法《ごまほふ》である。

印契《いんかい》は梵語《ぼんご》にて慕捺羅《むどら》と稱《しよう》し、手《て》に印契《いんかい》を結《むす》びて、いろ／＼の作業的意義《さごふてきいぎ》を示《しめ》し、それにて身體《しんたい》の各所《かくしよ》を摩擦《まさつ》、即《すなは》ち加持《かぢ》して、神秘《しんぴ》の効驗《かうけん》あるものと考《かんが》へ、印契《いんかい》と眞言《しんごん》が非常《ひじやう》に重要《ぢうえう》なる役割《やくわり》を占《し》むることになつて居《ゐ》たのを、密佛教《みつぶつきやう》ではそれを三密《さんみつ》とし、三々平等《さんさんびやうどう》、入我我入《にふががにふ》といふ純理《じゆんり》に導《みちび》き、雄大《ゆうだい》なる秘密佛教《ひみつぶつきやう》の教系《きやうけい》を宗成《くわんせい》するに至《いた》つた。

佛教護摩の由來

波羅門教《はらもんきやう》の専横《せんわう》と墮落《だらく》によりて、全然化石《ぜんぜんくわせき》せる思想界《しさうかい》を打開《だかい》せんがために起《た》てる釋尊《しやくそん》は、その教徒《きやうと》に誨《なし》へて、先《ま》づ神秘的密呪《しんぴてきみつじゆ》を用《もち》ふるを禁《きん》じ、また波羅門《はらもん》教《きやう》に對《たい》しては、吾《わ》が法《ほう》は密呪《みつじゆ》を用《もち》ひずと旗幟《きし》を鮮明《せんめい》にし、或《ある》ひは奇蹟《きせき》を否認《ひにん》する等《とう》、専《もつぱ》ら道義的純理的嚴粛律《どうぎてきじゆんりてきげんしゆくりつ》を以《もつ》て教化《やうげ》した。釋尊《しやくそん》の大人格《だいじんかく》は能《よ》くこの純理《じゆんり》を徹底《てつてい》せしめたが、民間《みんかん》の舊慣《きうくわん》を徹底的《てつていてき》に掃蕩《さうとう》することは困難《こんなん》であり、また現《げん》前《ぜん》の物欲《ぶつよく》と未來《みらい》の安定《あんてい》、即《すなは》ち生天觀念《しやうてんくわんねん》の如《ごと》き、人間全體《にんげんぜんたい》、即《すなは》ち賢愚貴賤老若男《けんぐきせんらうにやくなん》女《によ》に關《くわん》せざる普遍的《ふへんてき》の本能《ほんのう》をば、これを如何《いかん》ともする能《あた》はず、釋尊《しやくそん》の滅後《めつご》、間《ま》もなく大衆的自由討究《たいしうてきじいうたうきう》、自由行動派《じいうかうどうは》が現《あら》はれ、嚴粛律《げんしゆくりつ》に對《たい》する反動《はんどう》や、本能的《ほんのうてき》希《き》求《きう》の復活《ふくくわつ》を試《こゝろ》みるものが出《い》づるに至《いた》つた。

斯《か》くて馬鳴《めみやう》　龍樹《りうじゆ》（眞言密教《しんごんみつきやう》にては龍猛《りうみやう》といふ）の出世前後《しゆつせいぜんご》より、一方《はう》には大《だい》乘的教義《じやうてききやうぎ》の發展《はつてん》をつづけ・一方《はう》には秘密呪法等《ひみつじゆほうとう》の加味《かみ》を見《み》るやうになつた。併《しか》しこの時代《じだい》の秘密佛教《ひみつぶつきやう》は謂《い》はゆる雜部密教《ざつぶみつきやう》とて、佛教《ぶつきやう》と波羅門教《はらもんきやう》の混合《こんがふ》、又《また》はその合《あひ》の子《こ》といふべきものにして、呪法《じゆほふ》も護摩《ごま》も物欲方面《ぶつよくはうめん》を主《しゆ》とするものに過《す》ぎなかつた。

例《たと》へば八世紀以前《せいきいぜん》の密教教典《みつきやうきやうてん》は、大約《たいやく》・教主《きやうしゆ》が釋迦如來《しやかによらい》であり、場所《はしよ》は多《おほ》く印度《いんど》であるが、その後《ご》に譯《やく》された密部經論《みつぶきやうろん》や儀軌《ぎき》は、教主《きやうしゆ》が多《おほ》く大日如來《だいにちによらい》であり、說所《せつしよ》も法界宮《ほつかいきう》とか　他化自在天宮《たけじざいてんぐう》となつて居《ゐ》る、從《したが》つてその教旨《きやうし》の如何《いかん》は別《べつ》とするも、これだけにても佛教內《ぶつきやうない》の顯教《けんぎやう》と密教《みつきやう》との區別《くべつ》が明《あき》らかであり　更《さら》にまた密教《みつきやう》の內《うち》に於《お》ける雜部密教《ざつぶみつきやう》と、純密教《じゆんみつきやう》との兩樣《りやうやう》あることが了知《りやうち》さるるのである。

七世紀《せいき》に譯《やく》された雜部密敎《ざつぶみつきよう》の諸經《しよきよう》にも、印契《いんかい》、眞言《しんごん》、畫像《ぐわざう》、壇法《だんほう》が說《と》かれてあるが、それは六世紀《せいき》の波羅門敎《はらもんきよう》をそのまま取《と》り入《い》れたものよりは　多少變態《たせうへんたい》して印契《いんかい》でも天部《てんぶ》に屬《ぞく》せしものを脫化《だつけ》せしめて佛部《ぶつぶ》の印契《いんかい》として解說《かいせつ》し、大《おほ》いに進化《しんくわ》の跡《あと》を示《しめ》してはゐるが、未《いま》だ舊臭《きうしう》を脫《だつ》せぬ所《ところ》が多《おほ》い、然《しか》るに八世紀《せいき》から十世紀《せいき》に亘《わた》つて、金剛智《こんがうち》や不空三藏《ふくうさんざう》、善無畏《ぜんむい》、般若《はんにや》、施護《せご》、法賢《ほうけん》等《とう》の譯《やく》したものは、純然《じゆんぜん》たる秘《ひ》密佛敎《みつぶつきよう》の立場《たちば》と眞髓《しんずゐ》を明確《めいかく》ならしめて居《ゐ》る。

要《えう》するに密敎《みつきよう》は龍樹《りうじゆ》を主唱者《しゆしようしや》として、それより佛敎《ぶつきよう》と波羅門敎《はらもんきよう》の混合時代《こんがふじだい》、密敎《みつきよう》の開發時代《かいはつじだい》、純密敎《じゆんみつきよう》の完成時代《くわんせいじだい》といふ次第《しだい》になつて居《ゐ》る、從《したが》つて佛敎秘密《ぶつきようひみつ》部《ぶ》の兩輪《りようりん》たる念誦法《ねんじゆほう》と護摩法《ごまほう》も、亦《また》それに準《じゆん》じて發達《はつたつ》し進化《しんくわ》し、完成《くわんせい》せられたものであることは勿論《もちろん》である、否《い》な念誦法《ねんじゆほう》と護摩法《ごまほう》とが發達《はつたつ》した結果《けつくわ》、純密敎《じゆんみつきよう》が完成《くわんせい》したといふ方《はう》が妥當《だたう》である。

大日經疏《だいにちきようしよ》には、波羅門護摩《はらもんごま》の邪法《じやほう》なるに反對《はんたい》し、彼等《かれら》を攝伏《せつぷく》して、佛敎護摩《ぶつきようごま》の勝《すぐ》れたる正法《しやうほう》であることを示《しめ》すために、佛教護摩《ぶつきようごま》を說《と》くといつて、いろ〳〵と解釋《かいしやく》が與《あた》へられてある。

二、護摩の目的

供養護摩

佛教《ぶつきよう》より見《み》て、事《じ》火外道《くわげどう》と稱《しよう》する波羅門教的《はらもんきようてき》の護摩《ごま》は、供養《くやう》の意義《いぎ》が主《しゆ》になつてゐた。供養《くやう》には三種《しゆ》の意義《いぎ》がある。第《だい》一には人生《じんせい》に不幸《ふかう》を及《およ》ぼす神《かみ》の意《い》を宥《なだ》むるため、第《だい》二に人間《にんげん》を恵《めぐ》む神《かみ》に食物《しよくもつ》を供《そな》へて、その活動《くわつどう》を盛《さか》んならしめ、惹《ひ》いて自分等《じぶんら》の幸福《かうふく》を增進《ぞうしん》せんとする意《い》、第《だい》三は自分等《じぶんら》の力《ちから》にて成《な》し能《あた》はざることを神《かみ》の力《ちから》によりて達《たつ》せんがため、その代償《だいしやう》として供養《くやう》するといふのであつた。そして實際上《じつさいじやう》には朝夕供養《あさゆふくやう》して一家《いつか》の幸福《かうふく》を祈《いの》り、又《また》は戰鬪《せんとう》その他《た》の勝利《しようり》成功《せいこう》を祈《いの》つて居《を》つた、今《いま》の結婚《けつこん》、安產《あんざん》、榮達《えいたつ》、祖先崇拜《そせんすうはい》、靈鬼供養等《れいきくやうとう》の祈禱《きとう》と大差《たいさ》はない、要《えう》するに現世《げんせ》の利益《りやく》といふことが主《しゆ》であつたが　それが他面《ためん》には贖罪《とくざい》といふ一種《しゆ》の傾向《けいかう》を生《しやう》じ、犠牲《ぎせい》を火中《くわちう》に投《とう》じ、贖罪供養《とくざいくやう》を行《おこな》ひ、それによつて死後《しご》に生天《しやうてん》したいといふ目的《もくてき》を有《いう》するに至《いた》つた。

精神的護摩

佛教《ぶつきやう》の秘密護摩《ひみつごま》も、その當初卽《たうしよすなは》ち七世紀頃《せいきごろ》までは、波羅門教《はらもんきやう》の護摩《ごま》と大差《たいさ》なく、矢張《やは》り物慾方面《ぶつよくはうめん》を主《しゆ》として、息災《そくさい》、增益《ぞうやく》、延命《えんめい》、敬愛《きやうあい》、鈎召《こうしやう》、調伏等《ちやうぶくとう》のために護摩供《ごまく》を行《おこな》ひ、一方《はう》には滅罪《めつざい》の目的《もくてき》をも伴《ともな》ひて、種々《しゆじゆ》なる理義《りぎ》の穿鑿《せんさく》が進《しん》步《ほ》し、遂《つひ》に滅罪《めつざい》が煩惱解脫《ぼんなうげだつ》に變化《へんくわ》し、息災《そくさい》の第《だい》一義《ぎ》を罪障燒盡《ざいしやうせうじん》と斷《だん》じ、增益《ぞうやく》の究竟《くきやう》を速成無上菩提《そくじやうむじやうぼだい》と爲《な》し、調伏法《ちやうぶくほう》にても惡人《あくにん》を轉向《てんかう》せしめんための悲愍法《ひみんほう》と稱《しよう》し、いづれも物慾以上《ぶつよくいじやう》の目的《もくてき》を示《しめ》すに至《いた》つた。

更《さら》にまた特殊《とくしゆ》の目的《もくてき》として信仰上《しんかうじやう》、單《たん》に念誦卽《ねんじゆすなは》ち印《いん》を結《むす》び眞言《しんごん》を誦《じゆ》するだけでは、中途倦怠《ちうとけんたい》して速《すみや》かに悉地成就《しつちじやうじゆ》することが困難《こんなん》の場合《ばあひ》が多《おほ》いから、念誦《ねんじゆ》を補助《ほじよ》するためにも護摩《ごま》は必要《ひつえう》である、眞《しん》の成就《じやうじゆ》を急速《きふそく》ならしむるには、念誦《ねんじゆ》と

護摩《ごま》と相伴《あひとも》ひ・相《あい》一致《ち》せねばならぬと云《い》ふやうになつた、火吽儀軌《くわうんぎき》に曰《いは》く、
この火供養《くわくやう》の法《ほう》は、念誦《ねんじゆ》を資《たす》けて、速《すみや》かに成就《じやうじゆ》せしむ云々《うんぬん》
斯《か》く物慾的《ぶつよくてき》の護摩《ごま》が、精神的意義《せいしんてきいぎ》を有《いう》するに至《いた》つたのは、佛教護摩《ぶつきやうごま》の波羅門《はらもん》教護摩《きやうごま》に比《ひ》して、大《だい》なる進歩《しんぽ》であり、又《また》その異《こと》なる所以《ゆゑん》であるが、事實《じじつ》に於《おい》ては矢張《やは》り物慾《ぶつよく》を主《しゆ》なる目的《もくてき》と爲《な》し、且《か》つ精神的《せいしんてき》のものならば、何《なん》のために護摩《ごま》を焼《た》くかといふ疑點《ぎてん》に至《いた》つては未《いま》だ充分《じうぶん》に解説《かいせつ》されてゐなかつた。

智光護摩

大日經世出世護摩品《だいにちきやうせいしゆつせごまぼん》に曰《いは》く、
秘密主《ひみつしゆ》　我《わ》れ往昔《わうじやく》の時《とき》に於《お》て、諸《もろ〳〵》の火性《くわしやう》を知《し》らずして、諸《もろ〳〵》の護摩《ごま》を爲《な》せり、彼《か》れは護摩《ごま》の行《ぎやう》にあらず、能《よ》く業果《ごうくわ》を成《じやう》ずるものにあらず、我《わ》れ復《ま》た菩提《ぼだい》を成《じやう》じ、十二火《くわ》を演説《えんぜつ》す云々《うんぬん》
大日經疏《だいにちきやうしよ》にはこれを解《げ》して、菩提《ぼだい》を成就《じやうじゆ》せず、心《こゝろ》の解脱《げだつ》を得《え》ない時《とき》の護摩《ごま》は、

波羅門教《ばらもんきょう》のそれと異《こと》なることなく、火《ひ》の自性《じしょう》を知《し》らぬから、その効果《かうくわ》がない、菩提《ぼだい》を成就《じょうじゅ》し、心《こころ》の解脱《げだつ》を得《え》た上《うへ》は、火《ひ》の自性《じしょう》を知《し》つて居《ゐ》るから、効果《かうくわ》のある護摩《ごま》を爲《な》すことが出來《でき》るといふ意《い》を示《しめ》したのである云々《うんぬん》と。

そして大日經《だいにちきょう》には、火《ひ》の自性《じしょう》を如來《にょらい》の一切智光《さいちくわう》であるとして、十二種《しゅ》の火《ひ》に就《つい》て深玄《しんげん》なる意義《いぎ》を說《と》きたる上《うへ》、更《さら》に護摩《ごま》に二種《しゅ》あり、內《ない》と外《げ》なり、業《ごう》と生《しょう》とに解脫《げだつ》を得《え》て、復《ま》た芽《が》は種《しゅ》より生《しょう》ずることあり　能《よ》く業《ごう》を燒《や》くを以《もつ》ての故《ゆゑ》に說《と》いて內護摩《ないごま》と爲《な》す、外用《げよう》に三位《ゐ》あり、三位《ゐ》は三の中《うち》に住《じゅう》して三業道《ごうどう》を成就《じょうじゅ》す、世間《せけん》の勝護摩《しょうごま》なり、若《も》しこれに異《こと》なりて作《な》すものは、護摩《ごま》の業《ごう》を解《げ》せざるものなり云々《うんぬん》。

大日經疏《だいにちきょうしょ》には、佛《ほとけ》、この說《せつ》を作《な》す所以《ゆゑん》は、諸《もろ〳〵》の外道《げどう》を伏《ふく》し、邪正《じゃじょう》を分別《ふんべつ》し、彼《かれ》をして眞《しん》の護摩《ごま》あることを知《し》らしめんと欲《ほつ》するが故《ゆゑ》なり云々《うんぬん》。

作壇修法《さだんしゆうほう》するを外護摩《げごま》といひ、外護摩《げごま》を觀想《くわんそう》に遷《うつ》して諦覺《たいがく》するを內護摩《ないごま》とい

ふ、即《すなは》ち内護摩《ないごま》は自身《じしん》の煩惱《ぼんのう》を燒《や》くことである、外護摩《げごま》について大日經疏《だいにちきようしよ》に曰《いは》く
外護摩《げごま》に就《つい》て釋《しやく》すれば、それに三種《しゆ》あり　一に本尊《ほんぞん》、二に眞言《しんごん》、三に印《いん》なり、本尊《ほんぞん》は供養《くやう》のためにこれを置《お》く、所宗《しよしう》の門《もん》に隨《したが》つて置《お》くべし（信《しん》ずる佛《ほとけ》を本尊《ほんぞん》とすること）又或《またある》ひは火《ひ》の中《なか》は是《こ》れ曼荼羅《まんだら》の位《くらゐ》（佛《ほとけ》の集合所《しゆうがふしよ》）なりと觀《くわん》ずるもよし、二に眞言《しんごん》とは爐《ろ》なり、置火《ちくわ》の處《ところ》なり、火力即《くわりきすなは》ち眞言《しんごん》なり、三に印《いん》とは是《こ》れ阿闍梨《あじやり》（行者《ぎやうじや》のこと）なり、自身即《じしんすなは》ち印《いん》なり、當《まさ》に外護摩《げごま》を爲《な》さんとする時《とき》は、この三位《ゐ》を正《たゞ》しく相當《さうたう》せしむべし、この三は是《こ》れ三業《ごう》を淨《きよ》むる義《ぎ》なり、三位《ゐ》とは身《み》と爐《ろ》と印《いん》なり、三業《ごう》を淨《きよ》めて三事《じ》を成《じやう》ず、尊《そん》はこれ意業《いごう》、眞言《しんごん》は是《こ》れ口業《くごう》、師身《ししん》の印《いん》は是《こ》れ身業《しんごう》なり、この因縁《いんねん》によつて能《よ》く三業《ごう》を淨《きよ》めて三事《じ》を成《じやう》ずるなり、三事《じ》とは息災《そくさい》、增益《ぞうやく》、降伏《かうぶく》なり。
又内護摩《またないごま》の意義《いぎ》を解《げ》して曰《いは》く、
護摩《ごま》は是《こ》れ燒《しよう》の義《ぎ》なり、護摩《ごま》によつて能《よ》く諸業《しよごう》を燒除《しようじよ》す、一切衆生《さいしゆじやう》は皆《み》な業《ごう》

に従《したが》つて生《しよう》じ、生《しよう》ずるによつて業《ごう》を轉《てん》ずるを以《もつ》て、輪廻《りんね》已《や》むことなし、業障《ごうしよう》を除《のぞ》くが故《ゆゑ》に、生《しよう》も亦《ま》た除《のぞ》くことを得《う》、即《すなは》ちこれ解脱《げだつ》を得《う》るなり、若《も》し能《よ》く業《ごう》を焼《や》くものは名《な》づけて内護摩《ないごま》といふ、いづれの處《ところ》に從《したが》つて解脱《げだつ》を得《う》るや、謂《い》はく煩惱業苦《ぼんのうごうく》に從《したが》つて解脱《げだつ》を得《う》るなり、既《すで》に世間《せけん》を離《はな》るれば即《すなは》ち種子《しゆじ》を生《しよう》ず、謂《い》はゆる白淨《にじよう》の菩提心《ぼだいしん》なり云々《うんぬん》。

これ事相《じそう》の外護摩《げごま》に相應《さうおう》せる内面的觀想《ないめんてきくわんそう》の肝要《かんえう》を痛説《つうせつ》せるものである。

羅字觀

大日經疏《だいにちきようしよ》には護摩《ごま》の極致《きよくち》、究竟《くきよう》の目的《もくてき》を示《しめ》して曰《いは》く、羅字《らじ》を觀《くわん》ぜよ、周匝《しうそふ》して火鬘《くわまん》あり、これを想《おも》ふて、その身《み》を周遍《しうへん》せしめよ、その身《み》また刀《とう》と索《さく》とを持《ぢ》せよ、この羅字門《らじもん》を以《もつ》ての故《ゆゑ》に、諸業《しよごう》を焼盡《しようじん》し、諸《しよ》障《しよう》を消除《せうぢよ》することを得《え》て、業障《ごうしよう》を淨《きよ》め、白淨《びやくじよう》の種子《しゆじ》を生《しよう》ずることを得《う》。

羅字《らじ》は火大《くわだい》の種子《しゆじ》である、塵垢不可得《じんくふかとく》の義《ぎ》あり、三角形《かくぎよう》、除障《じよしよう》を表《ひよう》す、不動尊《ふどうそん》

の種字《しゆじ》なり．故《ゆゑ》に大疏《たいしよ》には、

先《ま》づ不動明王《ふどうめうわう》を想《おも》ひ、その心上《しんじやう》に於《おい》て三角《かく》を作《な》せ、中《なか》に囉字《らじ》あり、字成《じじやう》じなば廻《めぐ》らして不動明王《ふどうめうわう》となせ、除障《じよしやう》の故《ゆゑ》に罪滅《つみめつ》し、寂然《じやくねん》の故《ゆゑ》に息災《そくさい》なり、是《こ》れ滅罪生善《めつざいしやうぜん》の義《ぎ》なりと。

この羅字觀《らじくわん》は内外《ないげ》の兩護摩《りやうごま》を融和同化《ゆうわどうくわ》せしめたものである、この内觀法《ないくわんほう》が欠《か》けたり、又《また》は内外《ないげ》併立對峙《へいりつたいぢ》して一致《ち》せぬ時《とき》は、その効《かう》が乏《とぼ》しいか、或《ある》ひは全然《ぜんぜん》無効《むかう》に歸《き》するものである、また大疏《たいしよ》に曰《いは》く、

眞言行者《しんごんぎやうじや》、但《た》だ世諦《せたい》の護摩《ごま》を作《な》して、この中《うち》の密意《みつい》を解《げ》せざれば、則《すなは》ち吠陀《べーた》の火祀《くわし》と、豈相濫《あにあひらん》せざらんや。

物慾滿足《ぶつよくまんぞく》の護摩《ごま》が、精神的解脱《せいしんてきげだつ》に進《すゝ》みて佛教的《ぶつきやうてき》となり、更《さら》に純密教《じゆんみつきやう》の理想《りさう》たる護摩《ごま》の外事作法《げじさほう》が供養法《くやうほう》たるばかりでなく、事相《じさう》そのものが直《たゞ》ちに精神修養《せいしんしうやう》法《ほう》であるといふ極致《きよくち》に到達《たうたつ》して、護摩《ごま》の意義目的《いぎもくてき》が天日《てんじつ》の如《ごと》く明《あき》らかになり、

又《また》極《きは》めて高尚完全《かうしやうくわんぜん》のものとなつたのである。

三、護摩の種類

雑種護摩

印度《いんど》でも日本《にほん》でも、古來《こらい》より現在《げんざい》に至《いた》つても、種々《しゆ／＼》の事柄《ことがら》に護摩法《ごまほう》が使用《しよう》されて居《ゐ》るが、それにも善用《ぜんよう》もあり利用《りよう》もあり、害用《がいよう》や濫用《らんよう》もあらう、俗世間的《ぞくせけんてき》に行《おこな》はれて居《ゐ》る護摩《ごま》の一班《はん》を擧《あ》ぐれば、先《ま》づ印度《いんど》では、

結婚式護摩《けつこんしきごま》、幼年《えうねん》より十二年間《ねんかん》の林間修學《りんかんしうがく》を終《をは》り、家《いへ》に歸《かへ》りて結婚《けつこん》す、夫妻《ふさい》長壽《ちやうじゆ》、子供《こども》の出生祈禱《しゆつしやうきとう》

男子出生祈禱護摩《だんししゆつしやうきぐわんごま》。姙娠《にんしん》三ケ月目《げつめ》に行《おこな》ふ

産胎安全祈禱護摩《さんたいあんぜんきとうごま》。姙娠《にんしん》四ケ月目《げつめ》

分髪式護摩《ぶんはつしきごま》。受胎《じゆたい》六ケ月目《げつめ》に夫《をつと》が妻《つま》の髪《かみ》を分《わ》くる時《とき》に行《おこな》ふ式《しき》と護摩《ごま》

命名式《めいめいしき》。子《こ》が生《うま》れると僧《そう》を招《せう》じ、命名《めいめい》す、そのとき護摩法《ごまほう》を行《おこな》ふ

幼兒《えうじ》食時《しよくじ》代《だい》。子供《こども》が初《はじ》めて穀物《こくもつ》を食《しよく》する時《とき》の護摩法《ごまほう》。

作髻式《さけいしき》。子供《こども》が成長《せいちやう》し、胎中《たいちう》からの毛髪《もうはつ》を剃《そ》り、髻《もとどり》を留《と》むるときの護摩《ごま》。

梵士《ぼんし》。波羅門《だらもん》の子《こ》は八歳《さい》にて家《いへ》を去《さ》り、師《し》に就《つ》きて入學《にふがく》し梵士《ぼんし》となる、そのとき護摩法《ごまほう》を行《おこな》ふ、これはなか〱大《おほ》げさな式《しき》である。

退學式《たいがくしき》。梵士《ぼんし》が十二年間修業《ねんかんしうぎやう》し、退學《たいがく》の際《さい》に行《おこな》ふ、恩師《おんし》に牛等《うしとう》を施與《せよ》し、大《たい》護摩《ごま》を行《おこな》ふ。

祖先供養護摩《そせんくやうごま》。新滿月護摩《しんまんげつごま》。滅罪護摩《めつざいごま》。息災護供《そくさいごま》。屋敷守護神《やしきしゆごしん》の供養護摩《くやうごま》。增益《ぞうやく》（主《しゆ》として家畜《かちく》を增《ま》すため）。降伏《ごうぶく》（敵《てき》を殺《ころ》すには鐵《てつ》百斤《きん》を取《と》り、滿月《まんげつ》の夜《よ》に呪《じゆ》し、忿怒神《ふんぬしん》に供養《くやう》す）。敬愛《きやうあい》（人《ひと》に愛《あい》せられんとする時《とき》は、二週間《しうかん》斷食《だんじき》し、米《こめ》と麥《むぎ》を別々《べつべつ》に供養《くやう》す）。鈎召《こうしやう》（千貨車《くわしや》の財《ざい》を得《え》んとするには、油煮《ゆうしや》の粉《こな》を千度《たび》供養《くやう》す）。僧《そう》が觸穢《しよくえ》の時《とき》は、その髮《かみ》を截《き》り、入學《にふがく》のとき授《さづ》かつた三條《でう》の紐《なに》を斷《た》ち、三岐《し》の杖《つゑ》を折《を》り、佛淨護摩《ぶつじやうごま》を行《おこな》ふ。下級《かきふ》の種族《しゆぞく》に觸《ふ》れたる時《とき》は、同種族《どうしゅぞく》の淨行者《じょうぎょうじゃ》を多《おほ》く集《あつ》め、火神《くわじん》を供養《くやう》して懺悔《さんげ》す。

日本《にっぽん》にても、病氣平癒《びょうきへいゆ》のため、立身出世《りっしんしゅっせ》のため、相手方《あひてがた》に勝《か》つため、金《かね》を儲《まう》けるため、旅行航海安全《りよかうこうかいあんぜん》のため、五穀《こく》豐作《ほうさく》のため、祈雨《きう》、祈晴《きせい》、防火《ばうくわ》その他《た》いろ〳〵の事《こと》に護摩祈禱《ごまきとう》を行《おこな》ふことがある。

三種護摩

秘密佛教《ひみつぶつきょう》の護摩《ごま》も、陀羅尼門諸部要目《だらにもんしょぶえうもく》には百二十種《しゅ》の護摩《ごま》ありと說《と》き、大曼荼羅經《だいまんだらきょう》の護摩品《ごまほん》には、五百種《しゅ》の護摩爐《ごまろ》があると說《と》いてある、これ等《ら》の護摩法《ごまほう》は遂《つひ》に統《とう》一されて三種《しゅ》となつた、それは息災法《そくさいほう》、增益法《ぞうやくほう》、調伏法《ちょうぶくほう》である。大日經《だいにちきょう》疏《しょ》にはこの三法《ほう》を內護摩《ないごま》の義《ぎ》を以《もっ》て解《げ》して曰《いは》く、
三業《ごう》を淨《きよ》めて三事《じ》を成《じょう》ず、三事《じ》とは息災《そくさい》、增益《ぞうやく》、調伏《ちょうぶく》これなり。
この三事《じ》を慈悲《じひ》に歸入《きにふ》し、この三事《じ》の中《うち》にて息災《そくさい》を作《な》すには、大慈大悲《だいじだいひ》を用《もち》ふ、この三平等《びょうどう》、大慈大悲和合《だいじだいひわがふ》の時《とき》は、一切息災尊《さいそくさいそん》を第《だい》一慈《じ》となすより、若《も》

し増《ぞう》益《やく》をなさんとせば、即《すなは》ち悲《ひ》と大喜《たいき》とを以《もつ》て和合《わがふ》するなり、若《も》し忿怒《ふんぬ》せば、火《ひ》を胎《たい》と爲《な》し、事《じ》を爲《な》せ、胎《たい》は即《すなは》ち心《しん》なり、謂《へ》はく因緣《いんねん》ありて忿怒《ふんぬ》の事《こと》をなし、人《ひと》を降伏《がうぶく》すべく、即《すなは》ち内心《ないしん》の中《うち》よりして忿怒《ふんぬ》を起《おこ》す、この忿怒《ふんぬ》は世間《せけん》の忿怒《ふんぬ》の如《ごと》きにあらざるなり、謂《い》はく大悲《だいひ》の心中《しんちう》より忿怒《ふんぬ》の實性《じつしやう》を照了《しやうりやう》して、方便《はうべん》を以《もつ》てこれを起《おこ》す、悪法《あくほう》を降伏《がうぶく》するを以《もつ》てなり。

この三種《しゆ》は、いづれも慈悲《じひ》を本《もと》となし、調伏《ちやうぶく》の如《ごと》きも寧《むし》ろ悪法《あくほう》に陷《おちい》るものを救濟《きうさい》して、善法《ぜんほう》に歸《き》せしめんとする主旨《しゆし》であることは自《おのづ》から明《あき》らかである。

因《ちな》みに降伏《がうぶく》と調伏《ちやうぶく》は、大體《だいたい》同《どう》一に解《かい》せらるるが、聊《いささ》か異《こと》なる點《てん》もある、即《すなは》ち降伏《がうぶく》には風天《ふうてん》を以《もつ》て本尊《ほんぞん》と爲《な》し、調伏《ちやうぶく》には忿怒焰曼德迦明王《ふんぬえんまんとくかみやうわう》を本尊《ほんぞん》となすと、大曼荼羅《だいまんだら》に說《と》いてある。

また調伏《ちやうぶく》は王難《わうなん》、賊難《ぞくなん》、怨讐等《おんしうとう》に對《たい》して行《おこな》ひ、降伏《がうぶく》は難調御者即《なんちやうぎよしやすなは》ち難化《なんげ》のものを攝伏《せつぷく》し、鉤召《こうしやう》して敬愛《きやうあい》せしめる法《ほう》としてある。

四種と五種

前記《ぜんき》の息災《そくさい》、増益《ぞうやく》、調伏《ちようぶく》の三種護摩《しゆごま》の中《うち》の増益法《ぞうやくほう》より敬愛《きようあい》の一法《ほう》を抽出《ひきだ》して別立《べつりう》せしめ四種《しゆ》とせるものあり、又更《またさら》に鈎召《こうしよう》を加《くは》へて五種《しゆ》と爲《な》し、或《ある》ひは延命《えんめい》法《ほう》を入《い》れて六種《しゆ》と爲《な》せるものあり、それ等《ら》は不動尊祈禱法《ふどうそんきとうほう》中《ちう》の念誦《ねんじゆ》の種別《しゆべつ》に就《つ》いて說《と》いた通《とほ》りであるが、三種《しゆ》とするも、四種《しゆ》、五種又《しゆまた》は六種《しゆ》とするも、その實質《じつしつ》に異變《いへん》はない、ただ分類上《ぶんるゐじよう》の技巧問題《ぎこうもんだい》に過《す》ぎぬのである。護摩法略抄《ごまほうりやくしよう》には敬愛《きようあい》を鈎《こう》、召《しよう》、敬《きよう》、愛《あい》の四種《しゆ》に分別《ふんべつ》してある。これで見《み》れば鈎召《こうしよう》は敬愛法《きようあいほう》から分出《ぶんしゆつ》したものであることが明《あき》らかなる上《うへ》に、細別《さいべつ》すれば息災《そくさい》、増《ぞう》、益《やく》、鈎《こう》、召《しよう》、敬愛《きようあい》、調伏《ちようぶく》、降伏《ごうぶく》、延命《えんめい》の十種《しゆ》とするも不可《ふか》なしといへるのである。

因《ちな》みに鈎召《こうしよう》を求財《くざい》としたものもある。

究竟成就護摩

各種《かくしゆ》の外護摩《げごま》を爲《な》したる後《のち》に、その護摩《ごま》の究竟成就《くきようじようじゆ》を祈《いの》る法《ほう》である、金剛頂《こんがうちよう》瑜伽護摩儀軌《ゆがごまぎき》に、三摩波多《さんまはた》護摩《ごま》として說《と》いてある、三摩波多《さんまはた》は究竟成就《くきようじようじゆ》と譯《やく》し、護摩《ごま》の目的《もくてき》を達《たつ》せんとする人《ひと》、卽《すなは》ち例《たと》へば病氣平癒《びようきへいゆ》とか、求財《くさい》とかの護摩修法《ごましゆほう》を依賴《いらい》せし人《ひと》の身體《しんたい》か、或《ある》ひは重要《ちようえう》なる所持品《しよぢひん》や衣服等《えふくとう》を呪《じゆ》して、その所求《しよぐ》の目的《もくてき》を完全《くわんぜん》に成就《じようじゆ》せしむる法《ほう》である。

物《もの》の安全《あんぜん》を望《のぞ》む時《とき》は、その物《もの》（卽《すなは》ち珍器《ちんき》、寶物《ほうもつ》の安全《あんぜん》にして缺損《けつそん》、盜難《たうなん》、火《くわ》難《なん》を免《まぬ》がれんために行《おこな》ふ場合《ばあひ》もある）を蘇器《そき》の前《まへ》に置《お》き、若《も》し物大《もつだい》なれば左右《さいう》の邊《へん》に置《お》く、蘇油《そゆ》を滿《み》たしたる小杓《せうしやく》を、その物《もの》の上《うへ》に持《も》ちてゆき、眞言《しんごん》の終句《しうく》、薩嚩訶《そはか》を二分《ぶん》し、蘇嚩《そは》の句《く》を誦《じゆ》する時《とき》に杓《しやく》を擧《あ》げ、訶《か》の音《ね》の聲《こゑ》を發《はつ》すると同時《どうじ》に、蘇《そ》を火中《くわちう》に投《とう》じて、訶《か》の音《ね》を絕《た》やさずに長《なが》く引《ひ》き、更《さら》に杓《しやく》を物《もの》の上《うへ》に持《も》ちてゆく時《とき》に訶《か》の音《ね》を絕《た》つ。

若《も》し人體《じんたい》に呪《じゆ》する時《とき》は、杓《しやく》をその人《ひと》の頭上《づじよう》に持《も》ちゆき、前《まへ》の如《ごと》くなすべし、若《も》しまた本尊《ほんぞん》の眞言《しんごん》に薩嚩訶《そはか》の句《く》がなければ、これを加《くは》へてよろし、この法《ほう》は特別《とくべつ》の法《ほう》とせず附帯法《ふたいほう》として、常《つね》に行《おこな》はれて居《ゐ》る。

水護摩

一種《しゆ》特別《とくべつ》の護摩《ごま》に、火《ひ》を用《もち》ひず、その反對性《はんたいせい》なる水《みづ》を以《もつ》て護摩《ごま》を行《おこな》ふことあり、佛說寶藏神大明曼荼羅儀軌經《ぶつせつほうぞうじんだいめうまんだらぎききやう》に曰《いは》く、

若《も》し水護摩儀則《みづごまぎそく》をなせば、衆生《しゆじやう》をして大財寶《だいざいほう》を得《え》せしむ、江河《こうが》の寂靜《じやくじやう》の處《ところ》に於《おい》て、先《ま》づ齋戒《さいかい》を結《むす》び、而《しか》して次《つぎ》に水內《すゐない》に入《い》り、水《みづ》を臍《ほぞ》に到《いた》らしめ、手《て》を以《もつ》て水《みづ》を施《ほどこ》して護摩《ごま》を作《な》す

次《つぎ》に水護摩《みづごま》を明《あか》せば、手《て》を以《もつ》て水《みづ》を掬《すく》ひ、而《しか》して却《かへ》つて水中《すゐちう》に傾《かたむ》け下《おろ》す、是《か》くの如《ごと》くして百掬《きく》、或《ある》ひは千掬《きく》に至《いた》る、賢聖《けんじやう》の前《まへ》に對《たい》して供献《くけん》を伸《の》ぶ、是《か》くの如《ごと》くして六ケ月《げつ》に至《いた》れば能《よ》く大財《たいざい》を得《う》

これは前《まへ》に示《しめ》したる波羅門《はらもん》の行《おこな》ふ所《ところ》であつて、護摩《ごま》を單《たん》に供養《くやう》の義《ぎ》に解《かい》して、變態《へんたい》せしめたるものである、併《しか》し、秘密佛教《ひみつぶつきやう》の教典《きやうてん》の中《うち》に、水護摩《みづごま》の一種《しゆ》が存《そん》

在《ざい》して居《ゐ》ることは疑《うたが》ひない。

內外兩護摩

外護摩《げごま》は火壇《くわだん》を作《つく》り、各種《かくしゅ》の供物《くもつ》を整《ととの》へ、修法《しゅほう》の種別《しゅべつ》によつて、本尊《ほんぞん》の相異《さうい》もあり、從《したが》つて眞言印《しんごんいん》がそれに相應《さうおう》せねばならぬことは云《い》ふまでもなく、また薪《たきぎ》の如《ごと》きもそれ〴〵木質《もくしつ》を異《こと》にするのである、そして又《また》、作法《さほう》に一定《てい》の順序規《じゅんじょき》律《りつ》がある。

然《しか》るに內護摩《ないごま》は、外護摩《げごま》の如《ごと》く種々《しゅ〴〵》の器具《きぐ》を用《もち》ひて護摩《ごま》を爲《な》し、外形的諸《がいけいてきもろ〳〵》の作業《さげふ》を主《しゅ》として、世間的慾望《せけんてきよくぼう》の滿足《まんぞく》を主《しゅ》とするのに反《はん》して、精神的解脫《せいしんてきげだつ》、佛道《ぶつどう》成就《じやうじゆ》を目的《もくてき》とするのであつて、外護摩《げごま》に用《もち》ひたる爐《ろ》や供物等《くもつとう》をその有《あ》りの儘《まゝ》に物質的《ぶつしつてき》にして、これを精神的《せいしんてき》に解《かい》する觀想的《くわんさうてき》の修法《しゅほう》である。三種乃至六種《しゅないししゅ》の觀《くわん》法《ほう》、物慾《ぶつよく》の成就《じやうじゆ》も否斥《ひせき》するのではないが、內心《ないしん》の煩惱《ぼんのう》を燒《や》き盡《つく》して、精神上《せいしんじやう》の大覺《たいかく》に至《いた》るのが本旨《ほんし》であるから、外護摩用《げごまよう》の壇《だん》や物具《ぶつぐ》がなくとても差支《さしつか》へはないが、今《いま》は內外兩護摩《ないげりようごま》を想應同化《さうおうどうくわ》せしむるために、爐《ろ》の火《ひ》を如來《によらい》の智光《ちくわう》と觀《くわん》ずるといふやうに、物《もの》に緣《えん》じて心《こころ》を淨《きよ》むるのである。大日經《だいにちきやう》の世《せ》、出世護摩品《しゆつせごまほん》に曰《いは》く、

復《ま》た次《つぎ》に內護摩《ないごま》は、業生《ごうしやう》を滅除《めつじよ》す、自《じ》の意《い》を了知《りやうち》して、遠《とほ》く色聲等《しきしやうとう》を離《はな》る、眼《げん》と耳《に》と鼻《び》と舌《ぜつ》と身《しん》と、及《およ》び語《ご》と意《い》との業《ごう》は、皆《み》な悉《ことごと》く心《こころ》より起《おこ》りて、心王《しんのう》に依止《えし》す、眼等《げんとう》の分別生《ふんべつしやう》じて、及《およ》び色等《しきとう》の境界《きやうかい》あり、智慧未生《ちえみしやう》の障《しやう》は、風燥《ふうそう》火《くわ》(智光《ちくわう》の二)能《よ》く滅《めつ》す、妄分別《まうふんべつ》を消除《せうじよ》して、淨菩提心《じやうぼだいしん》を成《じやう》ず、これを內護摩《ないごま》と名《な》づく。

かくて波羅門《はらもん》の四十四種《しゆ》の火《ひ》に對《たい》して、佛教護摩《ぶつきようごま》に十二種《しゆ》の火《ひ》あることを說《と》き、火《ひ》を如來《によらい》の智光《ちくわう》と解《かい》せり、波羅門護摩《はらもんごま》、雜種護摩《ざつしゆごま》、外護摩《げごま》、內護摩《ないごま》、內外《ないげ》一致護摩《ちごま》の種別《しゆべつ》、由《よ》つて以《もつ》て判明《はんめい》すべし。

神供法

神供法《じんくほう》は護摩法《ごまほう》そのものではない、護摩法《ごまほう》の附屬法《ふぞくほう》とも稱《しよう》すべきものである、不動尊護摩法《ふどうそんごまほう》の最後世天段《さいごせてんだん》に曰《いは》く、

次《つぎ》に十天《てん》、七曜《よう》、二十八宿《しゆく》おの〱の本明卽《ほんめうすなは》ち根本眞言《こんぽんしんごん》を誦《じゆ》して、これを獻《けん》ぜよ云々《うんぬん》と。

金剛頂護摩儀軌《こんがうちようごまぎき》に曰《いは》く

火天《くわてん》、本尊《ほんぞん》、滅惡趣尊《めつあくしゆそん》、世天《せてん》、七曜《よう》、二十八宿云々《しゆくうんぬん》と

また金剛頂瑜伽護摩儀軌《こんがうちようゆがごまぎき》には、護摩修法《ごましゆほう》の終《をは》りたる後《のち》、更《さら》にその道場外《どうぢやうぐわい》にて、諸天《しよてん》に供養《くやう》する一種《しゆ》の修法《しゆほう》を示《しめ》してある、卽《すなは》ち道場外《どうぢやうぐわい》に茅草《かや》、或《ある》ひは蓮華《れんげ》、或《ある》ひは靑草《あをくさ》を敷《し》き、或《ある》ひは圓壇《えんだん》を塗《ぬ》りて十位《ゐ》に分《わか》ち、諸天《しよてん》、七曜《よう》、二十八宿《しゆく》を招《まね》き、粳米《もちごめ》、油麻《ゆま》、菜豆《さいとう》等《とう》を相和《あひわ》し、これを煮《に》て雜粥《かゆ》として、各天尊《かくてんそん》の前《まへ》に各々《おの〱》一枚《まい》の淨葉《じやうえう》を配《はい》し、その葉《は》にこの粥《かゆ》を載《の》せて供養《くやう》するのである。

これは規定《きてい》の日數《にちよう》の間《あひだ》、護摩《ごま》を爲《な》し、その最終《さいしよ》の日《ひ》に爲《な》す修法《しうほう》で、神供法《じんくほう》と

いつて居《ゐ》る。

四、護摩の火壇

三種の造壇法

護摩壇《ごまだん》に三種《しゆ》あり、作《つく》り方《かた》によつて大壇《たいだん》、水壇《すゐだん》、木壇《もくだん》と分《わか》ち、形《かたち》の異《こと》なるにより方《はう》、圓《ゑん》、三角《かく》と區別《くべつ》し、又色《またいろ》によつて白《しろ》、黄《き》、黑《くろ》、又《また》は赤《あか》を加《くは》へて四種《しゆ》に分《わか》つ。

大壇《たいたん》は七日《か》にて造《つく》る、水壇《すゐだん》は一日《にち》に造《つく》る、共《とも》に土《つち》を用《もち》ゆ、木壇《もくだん》は前《まへ》二壇《だん》の略《りやく》式辨法《しきべんほう》である。大壇《たいたん》は造作法《ざうさほう》の大《だい》なると倶《とも》に大護摩《だいごま》に使用《しよう》する大法壇《だいほうだん》といふ意《い》もあり、大壇《たいだん》の造作《ざうさ》は、地《ち》を掘《ほ》り種々《しゆ〴〵》の穢物《えもつ》を除《のぞ》き、壇上《だんじやう》に諸佛《しよぶつ》の尊位《そんゐ》を點《てん》じて種々《しゆ〴〵》の作法《さほう》を爲《な》し、七日《か》間《かん》それ〴〵の順序規定《じゆんじよきてい》あり。

水壇《すゐだん》は急病兵亂《きふびやうへいらん》等《とう》の起《おこ》る時《とき》、俄《には》かに居宅《おくたく》の中《なか》に建壇《けんだん》を作《な》す、唯《た》だ灑水《しやすゐ》のみを以《もつ》てこれを淨《きよ》む、故《ゆゑ》に水壇《すゐだん》といふ、一日《にち》の中《うち》に造《つく》り終《をは》る。木壇《もくだん》は水壇《すゐだん》と同《おな》じ觀《くわん》念《ねん》を以《もつ》て造《つく》るべし、尤《もつと》も時間《じかん》に制限《せいげん》なし。

或《ある》ひは大壇《たいだん》は念誦法《ねんじゆほう》の壇《だん》にして、護摩壇《ごまだん》は別《べつ》に作《つく》ることあり、これを離壇護摩《りだんごま》といふ。又同一《またどう》の壇《だん》にて念誦《ねんじゆ》と護摩《ごま》とを行《おこな》ふを合壇護摩《がふだんごま》といふ。

造壇《ぞうだん》にはなか〳〵煩瑣《はんさ》の法式《ほうしき》あるものゆゑ、詳《くは》しくは瑜伽護摩儀軌《ゆがごまぎき》、火吽供養軌《くわうんくやうき》、建立曼荼羅儀軌《こんりふまんだらぎき》、秘藏記《ひぞうき》、陀羅尼集經《だらにしふきやう》、梵天擇地法等《ぼんてんたくちほうとう》を見《み》るべし。

因《ちな》みに密教《みつきやう》の修法《しうほう》は、念誦法《ねんじゆほう》と護摩法《ごまほう》なるも、念誦法《ねんじゆほう》の祭壇《さいだん》は供物《くもつ》をなすのみであるから別《べつ》の構《かま》へはいらぬが、護摩壇《ごまだん》は中央《ちうあう》に火爐《くわろ》を要《えう》し、その火《ひ》の中《なか》に供物《くもつ》を投《とう》ずるのである。

五種の爐壇と三院

爐壇《ろだん》の構造《こうざう》は修法《しうほう》の種類《しゆるゐ》に依《よ》つて、その形色《ぎやうしき》を異《こと》にす。

息災火壇《そくさいくわだん》。方量《はうりやう》四肘《ひじ》、或《ある》ひは三肘《ひじ》、壇中丸《だんちうまる》く鑪孔《ろこう》を掘《ほ》る、白黄《はくこう》の泥《どろ》を以《もつ》て法《ほう》の如《ごと》く爐《ろ》を泥《でい》す、壇《だん》の東西南北《とうざいなんぼく》の四門等《もんとう》に、輪《りん》、三戟叉《げきしや》、龍索印等《りうさくいんとう》を配布《はいふ》して畫《ゑが》く、爐底《ろてい》は輪《りん》を畫《ゑが》く。

增益火壇《ぞうやくくわだん》。作壇畫印《さだんぐわいん》は息印《そくいん》の如《ごと》し、爐《ろ》を方《はう》とす、赤黄土泥《せきこうどでい》を以《もつ》て爐《ろ》を塗《ぬ》る、爐《ろ》底《てい》は三股杵《さんこしよ》。

調伏火壇《ちようぶくくわだん》。三肘《ひじ》の三角火壇《かくくわだん》、黑《くろ》と泥《でい》を以《もつ》て塗《ぬ》る、爐黑《ろこく》、爐底《ろてい》三戟叉《げきしや》、三角《かく》は一角東《かくとう》を指《さ》し、一角西《かくにし》、一角南《かくみなみ》、爐底《ろてい》は獨股《どくこ》
鈎召火壇《こうしようくわだん》。金剛形《こんがうぎやう》、一肘《ひじ》、赤色《せきしよく》、爐底《ろてい》に鈎《こう》を畫《ゑが》く。

敬愛火壇《きやうあいくわだん》。蓮華形《れんげぎやう》、一肘《ひじ》、赤色《せきしよく》、爐底《ろてい》には蓮華《れんげ》を畫《ゑが》く。

この他《た》、敬愛爐《きやうあいろ》を半月形《はんげつがた》とせるもの、爐《ろ》の緣《えん》にそれ〴〵相應《さうおう》のものを畫《ゑが》く法《はう》あり、方量《はうりやう》も縱《よこ》、橫《たて》いづれも相違《さうゐ》せるものあり、今《いま》は大綱《たいこう》を示《しめ》す。

また火天《くわてん》の座位《ざゐ》を示《しめ》したるものあり、それ等《ら》は妙吉祥大教王經略出護摩儀《めうきつじやうだいきやうわうきやうりやくしゆつごまぎ》や、最上微妙大曼荼羅經《さいじやうびめうだいまんだらきやう》を見《み》るべし。

又以上《またいじやう》の爐壇《だんろ》に、各々《おの〳〵》中院《ちうゐん》、二院《ゐん》、三院《ゐん》を壇上《だんじやう》に分《わか》ちて三重《ちう》に建立《こんりう》し、その

各處《かくしよ》に左表《さひよう》の如《ごと》く、各種《かくしゆ》の佛形《ぶつぎよう》を畫《ゑが》く。それには金剛界曼荼羅《こんがうかいまんだら》に圖《づ》せる卅七尊《そん》と諸天等《しよてんとう》あり、三十七尊《そん》とは、五佛即《ぶつすなは》ち大日《だいにち》、不空《ふくう》、阿閦《あしゆく》、寶生《はうじやう》、彌陀《みだ》、四契《かい》、即《すなは》ち四波羅密《はらみつ》、五佛《ぶつ》の各周圍《かくしうゐ》にある金《こん》、寶《ほう》、法《ほう》、業等《ごうとう》の二十八尊《そん》、四隅內《ぐうない》供養即《くやうすなは》ち嬉《き》、鬘《まん》、歌《か》、舞《ぶ》、四隅外供養即《ぐうげくやうすなは》ち香《こう》、華《げ》、燈《とう》、塗《づ》、四攝《しう》、即《すなは》ち鈎《こう》、索《さく》、鏁《そ》、鈴《れい》である。

一、息災
- 中院《ちういん》——羯磨杵《かつましよ》、四隅華蓮華《ぐうぐわれんげ》。
- 第二院《だいゐん》——四契《かい》、四波羅密《はらみつ》、四隅內供養《ぐうないくやう》。
- 第三院《だいゐん》——八方天眷屬《はうてんけんぞく》、四隅於《ぐうお》四門外《らんげ》供養《くやう》、四攝《せつ》、中安偏照尊《ちうあんへんせうそん》。

二、増益
- 中院《ちういん》——羯磨寶《かつまはう》、四隅華蓮華《ぐうぐわれんげ》。
- 第二院《だいゐん》——寶生佛眷屬《はうじやうぶつけんぞく》。
- 第三院《だいゐん》——如前所說《によぜんしよせつ》。

中院《ちうゐん》——金剛鈎《こんがうこう》。四隅華蓮華《ぐうぐわれんげ》。

三、鈎召——第二院《だいゐん》——不動眷屬《ふどうけんぞく》。
　　　　　第三院《だいゐん》——四隅《ぐう》八方及《はうおよび》四門如初軍荼《もんにょしょぐんだ》。

四、降伏——中院《ちうゐん》——獨股羯磨杵《どくこかつましょ》、四隅畫蓮華《ぐうぐわれんげ》。
　　　　　第二院《だいゐん》——降三世眷屬《かうぜけんぞく》、四種忿怒相《しゅふんぬさう》。
　　　　　第三院《だいゐん》——如前所說《にょぜんしょせつ》、而皆忿怒相《にかいふんぬさう》。

五、敬愛——中院《ちうゐん》——蓮華羯磨《れんげかつま》、四隅畫三股杵《ぐうぐわこしょ》。
　　　　　第二院《だいゐん》——無量壽眷屬《なりようじゆけんぞく》、四種尊《しゅそん》。
　　　　　第三院《だいゐん》——四隅《ぐう》八方及門所說亦如前《はうぎふもんしょせつやくにょぜん》。

方壇圓爐

上來記述《じやうらいきじゆつ》せし如《ごと》く、護摩修法《ごましうほう》の壇《だん》にも爐《ろ》にもそれ〴〵修法《しうほう》の種類《しゆるゐ》に相應《さうおう》せる形色《ぎやうじき》があるが、日本《にほん》や支那《しな》では多《おほ》く木壇《もくだん》を用《もち》ふるから、その爐《ろ》は鐵爐《てつろ》になつて居《ゐ》る、而《しか》して一旦《たん》造作《ざうさ》した上《うへ》は、俄《には》かに造《つく》り直《なほ》す譯《わけ》にもゆかぬ故《ゆゑ》、同《どう》一のものを各修法《かくしゆうほう》に通用《つうよう》して居《ゐ》る、尤《もつと》もその事《こと》は既《すで》に大日經疏《だいにちきようしよ》にも左《さ》の如《ごと》く説《と》いてある。

息災壇《そくさいだん》は圓《ゑん》にして、中《なか》は白色《はくしよく》なり、故《ゆゑ》に壇《だん》は圓壇《ゑんだん》を本儀《ほんぎ》とす、然《しか》るに今時《こんじ》の息災《そくさい》には、方壇圓爐《はうだんゑんろ》を用《もち》ふ、それには甚深《じんじん》の理由《りいう》あり、方《はう》は出生《しゆつしやう》十二種《しゆ》の火《くわ》神《じん》の中《なか》に於《おい》て、大因陀羅《だいいんだら》即《すなは》ち第《だい》一の火神《くわじん》にして、胎藏界《たいざうかい》なり、圓《ゑん》は行滿《ぎやうまん》の火《ひ》にして第《だい》二の火神《くわじん》は金剛界《こんがうかい》なり、護摩《ごま》は不二《ふじ》の行《ぎやう》なるが故《ゆゑ》に、方壇圓爐《はうだんゑんろ》を用《もち》ふるなり。

かるが故《ゆゑ》に壇《だん》は胎藏界《たいざうかい》、爐《ろ》は金剛界《こんがうかい》、一つの護摩壇爐《ごまだんろ》が宇宙法界《うちうほつかい》を表示《ひやうじ》し、而《し》かも金胎《こんたい》一體《たい》をなせる義《ぎ》を含《ふく》めるものとするのである。

護摩壇の構造

第一圖《だいづ》は、護摩《ごま》の本儀《ほんぎ》に則《のつ》とれる息災法《そくさいほう》の圓壇圓爐《ゑんだんゑんろ》を示《しめ》せるものである。

第二圖《だいづ》は、現今普通《げんこんふつう》に用《もち》ふる方壇圓爐《はうだんゑんろ》を横《よこ》より見《み》たるものである、第三圖《づ》は同《おな》じものを上方《じやうはう》より鳥瞰《ちようかん》せしものである。

第《だい》四圖《づ》は、護摩供《ごまく》に集會《しふえ》する諸天《しよてん》、宿曜諸尊《しゆくようしよそん》の位置《ゐち》と供養順《くやうじゆん》とを示《しめ》せるものである。

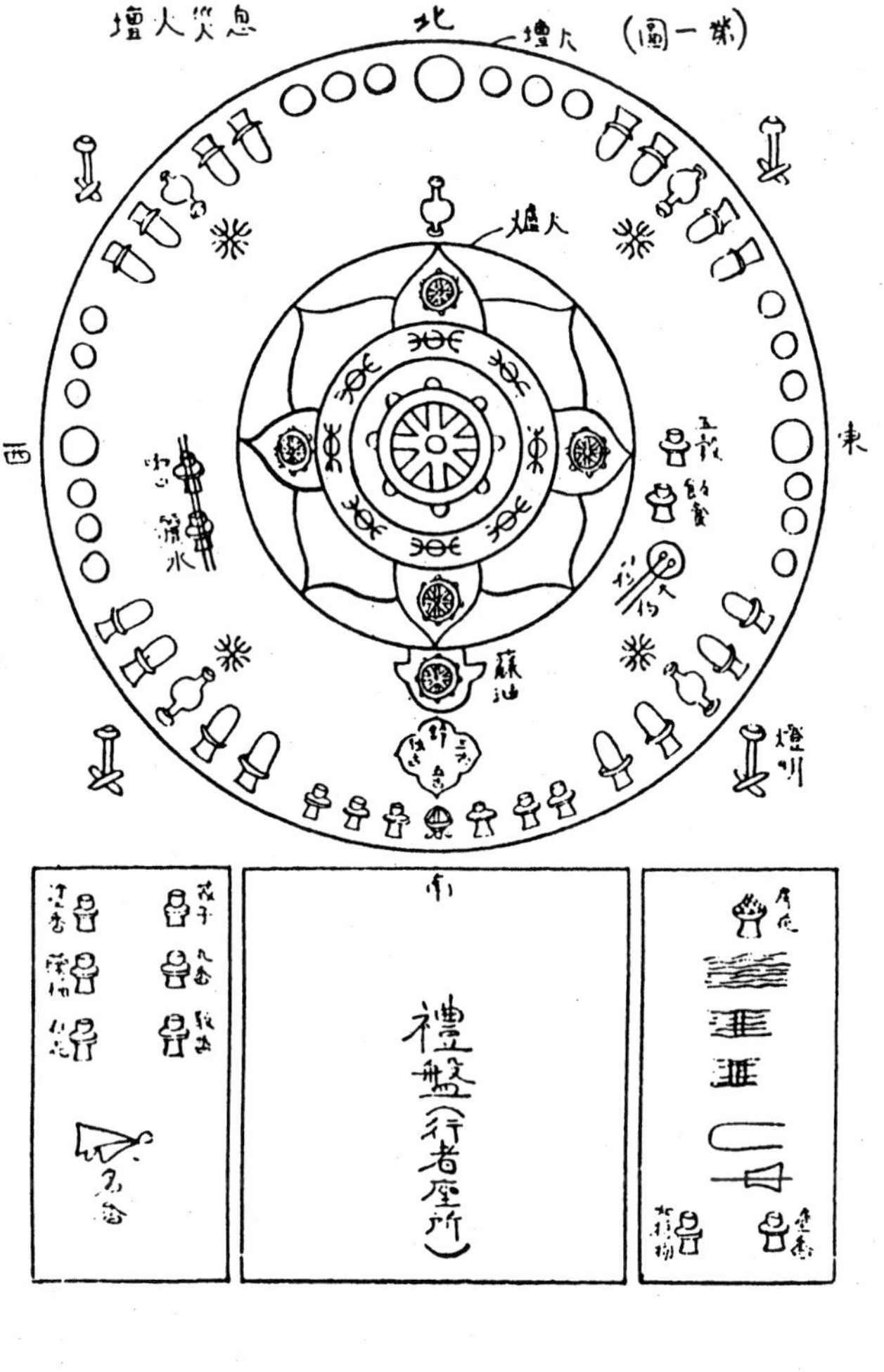

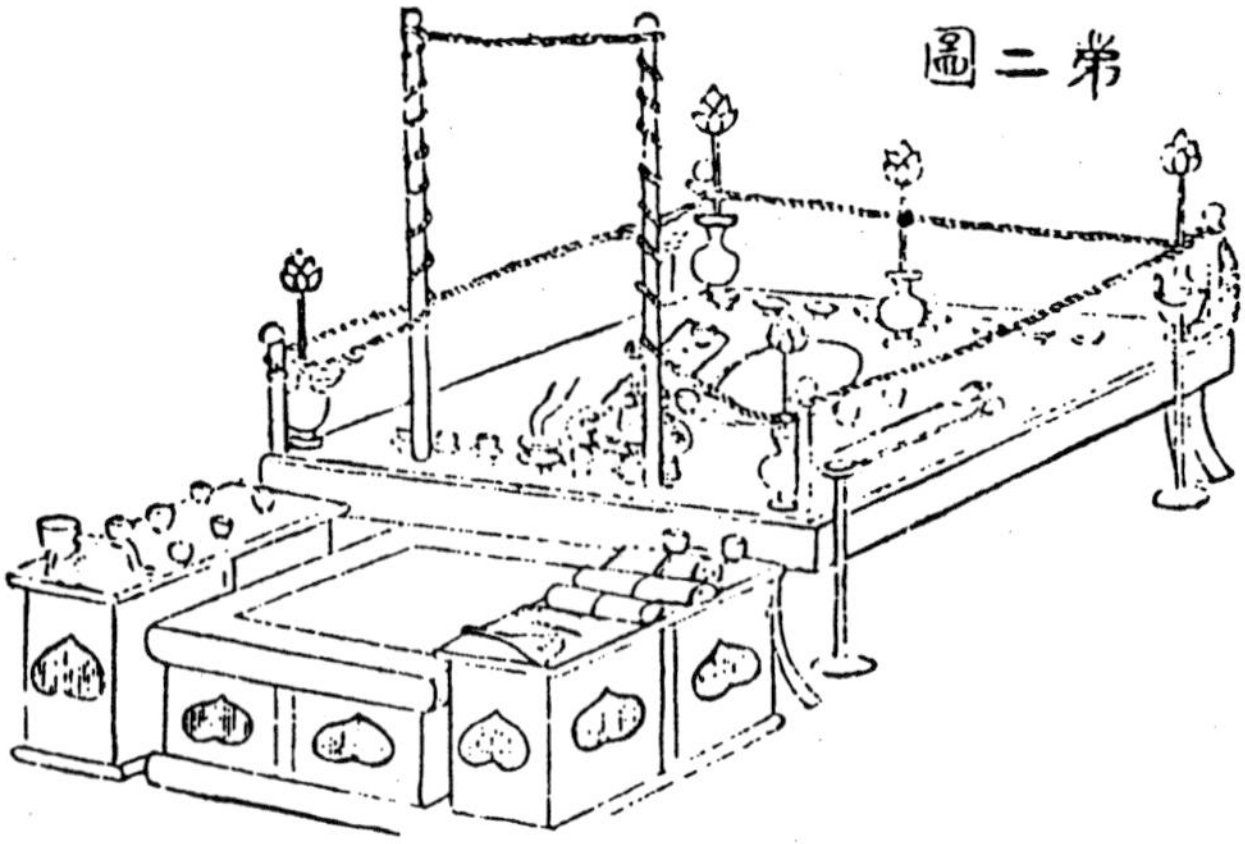

第二圖

五、護摩の法具

念誦法《ねんじゆほう》や護摩法《ごまほう》に用《もち》ふる法具《ほうぐ》は種々《しゆ〳〵》あるが、今《いま》ここには護摩法《ごまほう》に要《えう》する特別《とくべつ》のものを記《しる》す。

一、修行者《しゆぎようじや》の衣《え》服即《ふくすなは》ち法衣《ほうえ》、これも亦《ま》た修法《しゆほう》の種《しゆ》類《るゐ》によつて相違《さうゐ》して居《ゐ》る。

息災《そくさい》は白衣《びやくえ》。増益《ぞうやく》は黄衣《くわうえ》。調伏《ちようぶく》は黒衣《こくえ》。敬愛《きようあい》は赤衣《しやくえ》。鉤召《こうしよう》は赤衣《じやくえ》。

二、數珠《じゆず》、金剛杵《こんがうしよ》。この二つを同時《どうじ》に一手《て》に持《も》ちながら、供物《くもつ》を火中《くわちう》に投《とう》ず、即《すなは》ち右手《みぎて》にて供物《くもつ》を爐中《ろちう》に投《とう》じて本尊《ほんぞん》に供養《くやう》する時《とき》、左手《ひだりて》に數珠《じゆず》と金剛杵《こんがうしよ》とを持《も》つて居《ゐ》るのである。

息災《そくさい》には、水精數珠《すゐしようじゆず》、百八個《こ》、金剛杵《こんがうしよ》は金《きん》

第三圖

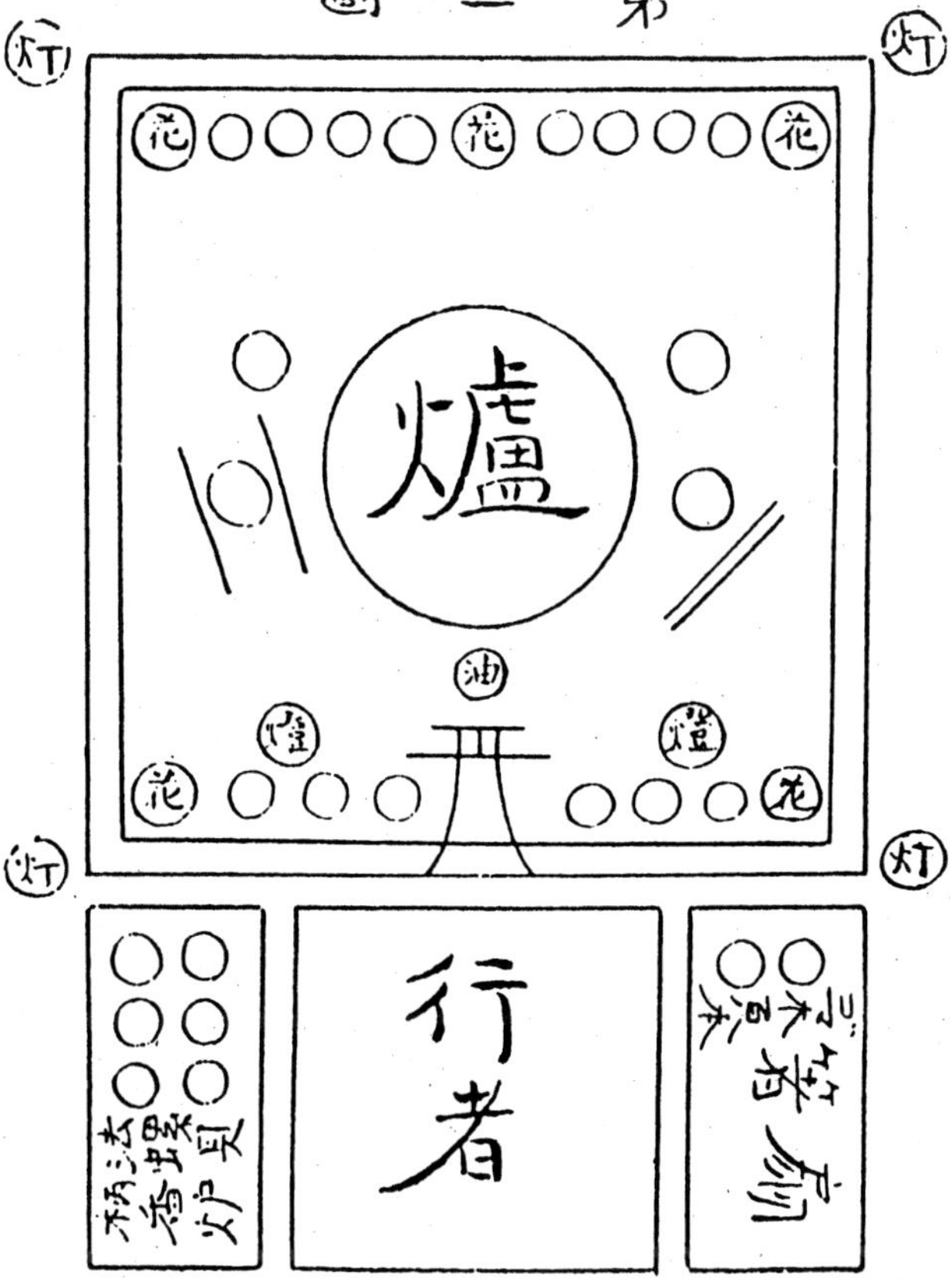

(注意)○ハ塩・白米等ノ如キ供物

増益《ぜうやく》には、菩提子《ぼだいし》数珠《じゆず》、百個《こ》、銀製金剛杵《ぎんせいこんがうしよ》。

七曜二十八宿十方世天の方位

第四圖

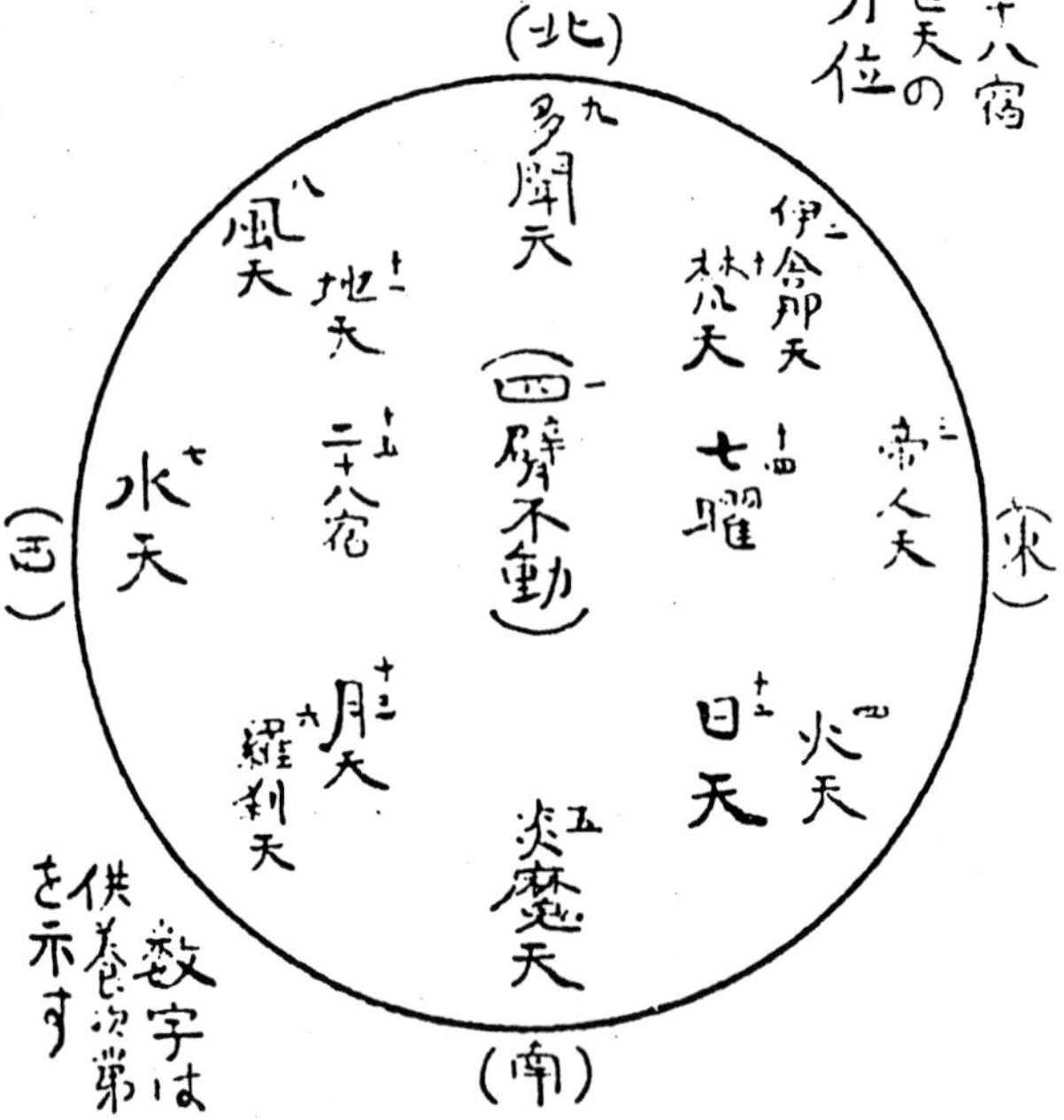

随用《ずゐよう》。悪法《あくほふ》には雑生《ざうしやう》、白鑞《はくつろ》、銅匙《どうひ》を用《もち》ふ。

降伏《ごうぶく》には、樓子《るし》数珠《じゆず》七十個《こ》杵《しよ》は鉛錫《えんしやく》。敬愛《きやうあい》には、蓮子《れんし》数珠《じゆず》、九十個《こ》、杵《しよ》は鍮石《ちゆうせき》。鈎召《こうしよう》は敬愛《きやうあい》と同《おな》じく、杵《しよ》は好賓鐵《こうひんてつ》を用《もち》ふることとあり。

三、扇《せん》。幸心流《こうしんりう》は檜扇《ひせん》、他《た》は堂扇《だうせん》を用《もち》ふ。

四、杓《しやく》。金製《きんせい》、柄《え》の長《なが》さ一肘《ひじ》、好法《こうほう》には銅《どう》、銀《ぎん》、金《きん》の三種《しゆ》

五、瀉水器《しやすゐき》。二種《しゆ》あり、供物《くもつ》並《なら》びに爐内《ろない》を淨《きよ》むるものを灑淨器《しやじやうき》といひ、神尊《しんそん》の口《くち》を洗《あら》ふものを漱口器《そうこうき》といふ。

また白木綿《しろもめん》にて壇《だん》の四方《はう》を水引《みづひき》す、丑寅《うしとら》の角《かど》より始《はじ》まり順《じゆん》に廻《めぐ》らして丑寅《うしとら》の角《かど》に至《いた》る。

六、薪《たきぎ》。謂《い》はゆる護摩木《ごまぼく》に二種《しゆ》あり、一は段木《ばんぼく》にて單《たん》に火《ひ》を燃《もや》す柴木《しばき》なり、他《た》は各種《かくしゆ》の供物《くもつ》と相前後《あひぜんご》して、爐中《ろちう》に投《とう》じて供養《くやう》するものにして、これを乳木《にうぼく》といふ、段木《だんぼく》は爐上《ろじやう》に一段《だん》又《また》は二段《だん》積《つ》み燃火《ねんくわ》するものゆゑ、段木《だんぼく》といふ、各段即《かくだんすなは》ち大天段《だいてんだん》、部主段《ぶしゆだん》・本尊段《ほんぞんだん》といふやうに、各段《かくだん》の修法《しうほう》毎《ごと》に一定《てい》の數《すう》を積《つ》み重《かさ》ね置《お》くものとす、これ亦《ま》た段木《だんぼく》と稱《しよう》する所以《ゆゑん》である、乳木《にうぼく》とは乳《ち》のある木《き》にて、桑《くは》、柏《かしは》、松《まつ》、穀木等《こくぼくとう》の如《ごと》きもの。

段木《だんぼく》は好法《こうほう》には好木《こうぼく》を用《もち》ひ(檜等《ひのきとう》の如《ごと》きもの)惡法《あくほう》には莿《とげ》のあるもの、辛臭味《しんしうみ》等《とう》のあるものを用《もち》ふと云《い》ふ。

息災《そくさい》には、橿木《かしはき》・紫丹木《したんもく》、穀木《こくぼく》、桑《くは》、柏等《かしはとう》
増益《ぞうやく》には、松木《まつのき》、阿波摩陵誐濕柴《あはまりようがしつし》
敬愛《きようあい》には、穀木《こくぼく》、鉢羅奢木《はらしやぼく》、阿濕縛他樹木《あしつはたじゆもく》
調伏《ちようぶく》には、迦他羅木《かたらもく》・棘針木《そくしんぼく》・曷迦木《きよかぼく》　棗木《なつめ》、佉稱木《きやしようもく》、悪木《あくもく》、俊木《しゆんもく》

六、護摩の供養物

息災護摩法の供物

五寶《ほう》　金《きん》　銀《ぎん》　眞珠《しんじゆ》　瑠璃《るり》　水精《すゐしやう》或ひは琥珀など用ふ
五香《かう》　沈《ちん》　白檀《びやくだん》　丁子《ちようじ》　鬱金《うこん》　龍腦《りうのう》
五藥《やく》　人參《にんじん》　茯苓《ぶくりよう》　赤箭《せきせん》　石菖蒲《せきしようぶ》　天門冬《てんもんとう》
五穀《こく》　稻《いね》　大豆《だいづ》　小豆《せうづ》　大麥《おしなぎ》　胡麻《ごま》

増益護摩法

五寶《はう》　黄金《わうごん》　白銀《はくぎん》　眞珠《しんじゆ》　水精《すゐしやう》　瑠璃《るり》

五香《かう》　白檀《びやくだん》　鬱金《うこん》　蘇合《そがふ》　丁子《ちやうじ》　青木香《せいもくかう》

五薬《やく》　哥勤梨《かろりく》　桂心《けいしん》　地黄《ちわう》　枸杞《くご》　天門冬《てんもんとう》

五穀《こく》前の如し

敬愛護摩法

五寶《ほう》前の如し

五香《かう》　龍脳《りうなう》　鬱金《うこん》　白檀《びやくだん》　丁子《ちやうじ》　麝香《じやかう》

五薬《やく》　人參《にんじん》　茯苓《ぶくりやう》　天門冬《てんもんとう》　石菖蒲《せきしやうぶ》　牛黄《ごわう》

五穀《こく》前の如し

調伏護摩法

五寶《わう》　金《きん》　銀《ぎん》　眞珠《しんじゆ》　螺貝《らがひ》　赤珠《しやくじゆ》代へて琥珀を用ふ

五香《かう》　安息《あんそく》　麝香《じやかう》　甲香《かふかう》　丁子《ちやうじ》　蘇香《そかう》

五薬《やく》　石菖蒲《せきしやうぶ》　鬼臼《ききう》　鬼箭《きせん》　射子《しやし》　巴豆《はづ》

五穀《こく》前の如し

七、諸尊の神格

佛教《ぶつきよう》には諸佛諸菩薩《しよぶつしよぼさつ》といひ、また諸神諸天等《しよしんしよてんとう》といひて幾多《いくた》の神佛《しんぶつ》がある、その數《すう》は無際限《むさいげん》であつて、三千佛妙經《ぶつめうきよう》には三千の佛名《ぶつみよう》を擧《あ》げ、尙《な》ほその他《た》に恒河《ごうが》砂《しや》の佛《ほとけ》、卽《すなは》ち印度《いんど》の恒河《ごうが》の砂《すな》ほどの佛《ぶつ》があるとしてある、そこで一見《けん》、多神敎《たしんきよう》の如《ごと》くであるも、實《じつ》はこれ等《ら》多數《たすう》の佛神《ぶつしん》を統《とう》一し歸納《きなう》すれば、結局《けつきよく》、大日如來《だいにちによらい》一佛《ぶつ》となるのである、そして翻《ひるが》へつて又《また》この大日如來《だいにちによらい》を演繹《えんやく》し開發《かいほつ》すれば、幾《いく》千百の佛菩薩《ぶつぼさつ》と現《あら》はれて活躍《くわつやく》することになる、卽《すなは》ち大日如來《だいにちによらい》は普門《ふもん》であり、萬德《まんとく》を總《す》べて居《ゐ》る、他《た》の諸佛諸菩薩《しよぶつしよぼさつ》は、その大日《だいにち》の一門《もん》であり一德《とく》であるといふことになるのである。

例《たと》へば體《たい》は一つであつても、作動《さどう》は千萬無量《まんむりよう》であるが如《ごと》く、吾人《ごじん》一人《にん》にても禮裝《れいさう》して紳士《しんし》高官《かうくわん》の者《もの》とも化《け》し、勞働服《らうどうふく》を纏《まと》ふて工夫《こうふ》とも變《へん》じ、家庭服寢衣《かていふくしんい》を着《き》て好々爺《かう／＼や》ともなり、また字《じ》を書《か》く、飯《めし》も焚《た》く、演説《えんぜつ》もする、荷物《にもつ》を運《はこ》ぶといふやうに、いろ／＼の仕事《しごと》をする。更《さら》に又《また》これを國家《こくか》の上《うへ》より有機的《いうきてき》に見《み》れば、主權者《しゆけんしや》は一つであるが、文官《ぶんくわん》あり武官《ぶくわん》あり、司獄者《しごくしや》あり、教師《きようし》あり、技師《ぎし》ありて、各種各般《かくしゆかくはん》の政務《せいむ》を遂行《すゐかう》し、治國安民《ちこくあんみん》の効果《かうくわ》を全《まつた》ふするが、それ等《ら》多數多樣《たすうたやう》の作動《さどう》は悉《ことごと》く統治主權《とうちしゆけん》の發動《はつどう》であつて、決《けつ》して個々《こゝ》別立《べつりつ》するものでなく、互《たが》ひに連鎖《れんさ》があり、一手《て》に統卒《とうそつ》されて居《ゐ》るのと同《どう》一理趣《りしゆ》である。

そこで普門萬徳《ふもんまんとく》、總體《そうたい》の本尊《ほんぞん》を離《はな》れて一門《もん》一徳《とく》は別立《べつりつ》せぬが、普門萬徳《ふもんまんとく》の作用《さよう》として一門《もん》一徳《とく》の活動《くわつどう》が現《あら》はれ、その作用《さよう》の上《うへ》から見《み》れば、一門即普門《もんそくふもん》、即《すなは》ち地方官《ちはうくわん》の行政作用《ぎようせいさよう》も直《たゞ》ちに主權《しゆけん》の發動《はつどう》であるといふことが出來《でき》るやうなものである。

政治事務《せいじじむ》に行政官《ぎようせいくわん》、立法官《りつほふくわん》、司法官《しはうくわん》、又《また》は文武官《ぶんぶくわん》あるが如《ごと》く、佛神《ぶつしん》にもそれぞれ一門《もん》一徳《とく》の役目《やくめ》がある、これをその神佛《しんぶつ》の本誓《ほんぜい》とも、本願《ほんぐわん》ともいふ。左《さ》れば信者《しんじや》として祈禱《きとう》するには、各佛神《かくぶつしん》の本誓《ほんぜい》に順《したが》ふて修行《しゆぎやう》するのが捷徑《しようけい》である、卽《すなは》ち餅《もち》は餅屋《もちや》、病氣《びやうき》は醫者《いしや》といふやうに、その受持《うけも》ちに賴《たの》むのが本筋《ほんすぢ》である、そこで護摩法《ごまほう》を行《おこな》ふにも、その種類《しゆるゐ》によりて本尊《ほんぞん》を異《こと》にするのが至當《したう》である。既《すで》に本尊《ほんぞん》が定《さだ》まれば、他《た》の諸尊《しよそん》は假《か》りに本尊《ほんぞん》より上位有力《じやうゐいうりよく》のものであるとしても、その修法《しゆほう》に對《たい》しては幇助者《ほうじよしや》として、その目的《もくてき》の達成《たつせい》を後援《こうえん》すべき筋道《すぢみち》である。

護摩《ごま》の修法《しゆほう》に就《つい》ては、幾多《いくた》の變遷《へんせん》あり、また宗派《しゆうは》流派《りうは》によりて種々《しゆ〳〵》の段取《だんど》りがある。現在普通《げんざいふつう》に行《おこな》はれて居《ゐ》るのは、先《ま》づ第《だい》一に火天段《くわてんだん》といふのである、これは火天《くわてん》を勸請《くわんじやう》して供養《くやう》するのである、火天《くわてん》は護摩《ごま》、卽《すなは》ち火《ひ》を燃《た》くのであるから最《もつと》も重要《ぢうえう》な役割《やくわり》を持《も》つて居《ゐ》る、謂《い》はば司會者格《しくわいしやかく》であるから、四種《しゆ》又《また》は五種《しゆ》の修《しう》法《ほう》に皆《み》な出《で》て來《く》る　辨士《べんし》は代《かは》つても司會者《しくわいしや》は同《どう》一といふ類《るゐ》である、尤《もつと》も祈禱《きとう》の種類《しゆるゐ》が異《こと》なれば、色相等《しきさうとう》の變《かは》ることがある、これも亦《ま》た自然《しぜん》の理數《りすう》である。

火天段《くわてんだん》の次《つぎ》に部主《ぶしゆ》とか部母段《ぶもだん》といふのがある、これは一切《さい》の念誦法《ねんじゆほう》や護摩法《ごまほう》は三部《ぶ》五部《ぶ》の疇埒《ちゆうらつ》に籠《こ》められて、その規束《きそく》を離《はな》るることが出來《でき》ぬ。

三部《ぶ》とは胎藏界《たいぞうかい》の佛部《ぶつぶ》、蓮華部《れんげぶ》金剛部《こんがうぶ》である、佛部《ぶつぶ》は本有《ほんぬ》の淨菩提心《じやうぼだいしん》の理體《りたい》金剛部《こんがうぶ》は煩惱折破《ぼんなうしやくは》の本有《ほんぬ》堅固《けんご》なる智用《ちよう》、蓮華部《れんげぶ》は本有淨菩提心《ほんぬじやうぼだいしん》の清淨《しやうじやう》なること蓮華《れんげ》の如《ごと》きをいひ、この三を神格化《しんかくくわ》したるものが佛《ぶつ》、金《こん》、蓮《れん》の胎《たい》の三尊《そん》である。

五部《ぶ》とは金剛界《こんがうかい》の方《はう》の建方《たてかた》にて、三部《ぶ》は胎藏界《たいぞうかい》と同《おな》じきも、それが現體《げんたい》ではなく、活動作用《くわつどうさよう》として現《あら》はれたるものをいひ、そしてその佛部《ぶつぶ》から寶部《ほうぶ》と羯磨部《かつまぶ》を開《ひら》き、福《ふく》と德《とく》との實際的効用《じつさいてきかうよう》を表示《ひようじ》したるものにて、胎《たい》の三部《ぶ》は理《り》。金《こん》の五部《ぶ》は用《よう》、而《し》かも金胎不二《こんたいふじ》、體用不可分《たいようふかぶん》であるから、五部《ぶ》三部《ぶ》は結局同《けつきよくおな》じものに歸《き》するのである。

而《しか》して五部《ぶ》の佛部《ぶつぶ》は大日如來《だいにちによらい》が部主《ぶしゆ》、金剛部《こんがうぶ》は阿閦如來《あしゆくによらい》、寶部《ほうぶ》は寶生如來《ほうじやうによらい》が部主《ぶしゆ》、蓮華部《れいげぶ》は阿彌陀如來《あみだによらい》、羯磨部《かつまぶ》は不空成就如來《ふくうじやうじゆによらい》が部主《ぶしゆ》であるから、部主段《ぶしゆだん》とは部主《ぶしゆ》即《すなは》ち部母《ぶも》であるから部母段《ぶもだん》ともいふ、故《ゆゑ》にこの段《だん》ではその護摩修法《ごましうはう》が佛部《ぶつぶ》の範圍《はんゐ》に屬《ぞく》するものであれば、部主《ぶしゆ》たる大日如來《だいにちによらい》を修法《しうはう》の本尊《ほんぞん》より先《さ》きに勸請《くわんじやう》して供養《くやう》するのである、これは恰《あだ》かも會場《くわいぢやう》の持主《もちぬし》に挨拶《あいさつ》するやうなものである。

因《ちな》みに胎《たい》の三部《ぶ》では、佛部主《ぶつぶしゆ》は金輪佛頂《こんりんぶつちやう》。蓮華部主《れんげぶしゆ》は馬頭觀音《まとうくわんのん》。金剛部主《こんがうぶしゆ》は三世勝金剛《ぜしやうこんがう》とすることが蘇悉地經《そしつちきやう》に見《み》ゆ。

次《つぎ》に本尊段《ほんぞんだん》は云《い》ふまでもなく、護摩法《ごまはう》の主尊《しゆそん》であり、祈禱《きとう》の客體《きやくたい》であるから、勸請《くわんじやう》して供養《くやう》し、また請願《せいぐわん》する。

火吽儀軌《くわうんぎき》には、息災法《そくさいほう》では大約普賢《たいやくふげん》、增益法《ぞうやくほう》では觀音《くわんのん》、調伏法《ちやうぶくほう》では大約金剛《たいやくこんがう》手《しゆ》を主《しゆ》と爲《な》すとしてあるが、これは修法《しうほう》の性質《せいしつ》に相應《さうわう》せるものを示《しめ》せる迄《まで》であつて、大約《たいやく》の筋道《すぢみち》を示《しめ》せるに外《ほか》ならぬ。固《もと》より行者信者《ぎやうじやしんじや》の信奉《しんぽう》する神格《しんかく》に向《むか》ひて祈願《きぐわん》することを防《さまた》げるものではないばかりか、自由選擇《じいうせんたく》の餘地《よち》を示《しめ》されたものである。

本尊段《ほんぞんだん》の次《つぎ》に諸尊段《しよそんだん》がある、これは部主《ぶしゆ》の眷屬《けんぞく》もあれば、本尊《ほんぞん》の眷屬《けんぞく》もあり、その他《た》、曼荼羅上《まんだらじよう》の諸尊《しよそん》や、勸請《くわんじよう》せんとする觀想上《くわんさうじよう》のものあるべし　これは助力者《じよりよくしや》を請待《しようだい》して、法益《ほうやく》を增大熾盛《ぞうだいしじよう》ならしむるためである。

次《つぎ》に世天段《せてんだん》といふのは、十天《てん》　七曜《よう》、二十八宿等《しゆくとう》の諸神《しよじん》で、これ等《ら》は佛說《ぶつせつ》により從來《じうらい》の惡因《あくいん》を斷《た》ち、佛法守護《ぶつほうしゆご》を誓《ちか》ふたものであるから、一種《しゆ》の院外閍《ゐんぐわいだん》とも云《い》ふべきもの故《ゆゑ》、相當《さうたう》の敬意《けいい》を表《ひよう》さねばならぬことは當然《たうぜん》である。

次《つぎ》に息災護摩《そくさいごま》の本尊《ほんぞん》は白色《はくしよく》　火天《くわてん》は白色白衣《はくしよくびやくえ》、閼伽《あか》を持《も》つ增益《ぞうやく》は本尊《ほんぞん》は黃色《くわうしよく》、火天《くわてん》は深黃色《しんくわうしよく》、金剛杵《こんがうしよ》を執《と》る。

敬愛《きやうあい》は本尊赤色《ほんぞんせきしよく》、火天《くわてん》は赤色《せきしよく》、在手放光《ざしゆはうくわう》、風天《ふうてん》の位《くらゐ》に住《ぢう》す。

調伏《ちやうぶく》は本尊黑色《ほんぞんこくしよく》、火天《くわてん》は身黑《しんこく》、又《また》は烟《けむり》の如《ごと》し。

因《ちな》みに五段護摩《だんごま》も流派《りうは》に由《よ》り、名稱順位《めいしようじゆんゐ》を異《こと》にし、また天台密教《てんだいみつきやう》では宿曜《しゆくよう》と世《せ》天《てん》を分《わか》ち、更《さら》に滅惡趣《めつあくしゆ》を加《くは》へて、七段《だん》と爲《な》せり。

更《さら》に火天《くわてん》の格式《かくしき》や、解穢《かいゑ》の主《しゆ》としての烏樞沙摩明王《うすしまみやうわう》等《とう》の配置《はいち》につき、各種《かくしゆ》の異説《いせつ》がある。

八、修法の軌則

壇爐《だんろ》の設備《せつび》が整《ととの》ひ、法器《ほうき》や支度物《したくもつ》が具足《ぐそく》して、いよ〱修法《しゆほう》に取掛《とりかゝ》ることになれば、行者《ぎやうじや》は修行《しゆぎやう》の法軌《ほうき》に從《したが》ひ、一擧《きよ》一動《どう》苟《いや》しくも忽《ゆるが》せにしてはならぬ。先《ま》づ修行《しゆぎやう》と各種《かくしゆ》の配當《はいたう》を左《さ》に表示《ひやうじ》すべし。

名《な》	息災《そくさい》	增益《ぞうやく》	降伏《がうぶく》	鈎召《こうしよう》	敬愛《きやうあい》
形《かたち》	正圓《しやうゑん》	正方《しやうはう》	三角《さんかく》	金剛《こんがう》	蓮葉《れんえふ》
色《いろ》	白色《はくしき》	黃色《わうじき》	黑色《こくじき》	雜色《ざうしき》	赤色《しやくしき》
時《とき》	初夜《しよや》	初日《しよにち》	中日《ちうにち》	一切《さい》	初夜《しよや》夜中
面《めん》	北《きた》	東《ひがし》	南《みなみ》	諸方《しよはう》	西《にし》

尊《そん》	佛《ぶつ》部《ぶ》	寶《ほう》部《ぶ》	忿《ふん》怒《ぬ》	金《きん》鈎《こう》	蓮《れん》華《げ》
木《き》	甘《かん》木《もく》	菓《くわ》木《もく》	苦《く》木《もく》	刺《し》木《もく》	華《くわ》木《もく》
寸《すん》 檀木	八指《し》	十指《し》	八指《し》	八指《し》	八指《し》
同《おなじく》 乳木	六指《し》	十指《し》	八指《し》	八指《し》	八指《し》
燒《しよう》 加持	胡《ご》麻《ま》	粳《かう》米《まい》	芥《け》子《し》	粳《かう》米《まい》	粳《かう》米《まい》
爐《ろ》 爐底	輪《りん》	三《さん》股《こ》	一《いつ》股《こ》	鈎《こう》	蓮《れん》華《げ》

護《ご》摩《ま》の修《しう》法《ほう》に當《あた》り、行《ぎやう》者《じや》の一擧《きよ》一動《どう》は、徹《てつ》底《てい》せる純《じゆん》理《り》に立《りつ》脚《きやく》して、一々これを觀《くわん》想《さう》せねばならぬ、今《いま》その大《たい》要《えう》を示《しめ》せば左《さ》の如《ごと》し。

一花《くわ》を取《と》つて火《くわ》中《ちう》に投《とう》じ、これに火《くわ》天《てん》を迎《むか》へ、香《かう》水《すゐ》を爐《ろ》の中《うち》に灑《そゝ》いで火《くわ》天《てん》の口《くち》に灑《そゝ》ぐと觀《くわん》ずる。又《また》大《たい》杓《しやく》にて蘇《そ》を火《くわ》中《ちう》に投《とう》じて、火《くわ》天《てん》の口《こう》中《ちう》へ投《とう》ずると觀《くわん》じ、且《か》つ火《くわ》天《てん》の色《しき》形《ぎやう》を觀《くわん》想《さう》する。更《さら》に火《くわ》天《てん》に供《く》養《やう》した諸《しよ》物《もつ》に就《つ》いては、その諸《しよ》供《く》物《もつ》が火《くわ》天《てん》の身《しん》中《ちう》に遍《へん》滿《まん》して、一層《そう》無《む》量《りやう》の供《く》物《もつ》となり、これを他《た》の神《しん》格《かく》に供《く》養《やう》する

ことになると觀《くわん》ずる。儀軌《ぎき》に曰《いは》く、

想《おも》ふ心《こゝろ》より身中《しんちう》に遍《みつ》る無量《なりよう》の塗香雲《づかううん》、燒香雲《しようかううん》、飯食燈明《おんじきとうめう》種々《しゆ／＼》の供養《くやう》を流出《るしゆつ》し、一切《さい》の佛菩薩《ぶつぼさつ》、緣覺聲聞《えんがくしようもん》及《およ》び一切《さい》の世天《せてん》を供養《くやう》す。

これは一般《はん》に行者《ぎようじや》が供養《くやう》する供物《くもつ》を、火天《くわてん》が媒介者《ばいかいしや》となつて一切《さい》の佛菩薩《ぶつぼさつ》に供養《くやう》して呉《く》れる意《い》を表《あら》はしてある。この意味《いみ》から轉《てん》じて他《た》に請召《せいしよう》した諸神格《しよしんかく》に對《たい》して供養《くやう》した時《とき》の觀想《くわんさう》も、亦《ま》たこれに類《るゐ》するやうになつてゐる。從《したが》つて又《また》五種《しゆ》の護摩《ごま》に應《おう》じて、その觀想《くわんさう》の爲《な》し方《かた》が不同《ふどう》である。今《いま》次《つぎ》に五種《しゆ》の異《こと》なる點《てん》を示《しめ》せば、

息災護摩《そくさいごま》にては、聖衆並《せいしゆうなら》びに本尊《ほんぞん》の心外遍身《しんげへんしん》の毛孔《もうく》より供養雲海《くやううんかい》を流出《るしゆつ》し、一切《さい》の佛《ほとけ》を供養《くやう》して、一切《さい》三惡趣《あくしゆ》の苦惱《くなう》を除《のぞ》くと觀《くわん》ず。

增益法《ぞうやくほう》にては、聖衆或《せいしゆうある》ひは本尊《ほんぞん》より雲海《うんかい》の供養《くやう》を流出《るしゆつ》して、一切《さい》の佛菩薩《ぶつぼさつ》を供養《くやう》し・一切《さい》の有情《うじやう》六道《だう》四生《しやう》を遍觸《へんしよく》し、皆《み》な榮盛《えいせい》富貴《ふうき》延命《えんめい》を獲《う》ると觀《くわん》ず。

降伏法《がうぶくほう》にては、火天《くわてん》心外《しんげ》遍身中《へんしんちう》より、器杖《きじやう》を流出《るしゆつ》し彼《か》の人《ひと》の上《うへ》に投《とう》じ、忿怒《ふんぬ》尊身中《そんしんちう》より器杖《きじやう》雲海《うんかい》を流出《るしゆつ》し、虚空《こくう》一切《さい》忿怒尊《ふんぬそん》を供養《くやう》し、即《すなは》ちこの器杖《きじやう》は彼《か》の家《いへ》及《およ》び身上《しんじやう》に落《お》つと觀《くわん》ず。

鈎召法《こうしようほう》にては、本尊《ほんぞん》の心外《しんげ》遍身《へんしん》より無量《むりやう》の金剛鈎《こんがうこう》を流出《るしゆつ》し、虚空《こくう》一切《さい》の佛《ぶつ》、賢聖《けんじやう》を供養《くやう》し、この象鈎《しゆうこう》を以《もつ》て三悪趣《あくしゆ》の有情《うじやう》を鈎召《こうしよう》し、人天善所《にんでんぜんしよ》に安置《あんち》し、即《すなは》ちこの衆鈎《しようこう》を以《もつ》て彼《か》の人《ひと》の心《こころ》に入《い》れて召《しよう》じ來《きた》ると觀《くわん》ず。

敬愛法《きようあいほう》にては、本尊《ほんぞん》の身中《しんちう》より花箭《くわせん》を流出《るしゆつ》し、無量世界《むりやうせかい》に遍《あま》ねく、一切《さい》佛賢《ぶつけん》聖《じやう》を供養《くやう》し、縁覺聲聞《えんがくしやうもん》の厭離心《おんりしん》及《およ》び六道《だう》四生《しやう》の互《たが》ひに憎悪《ぞうあく》するを射《い》つて、この衆箭《しゆうせん》を以《もつ》て彼《か》の人《ひと》の五處《しよ》を射《い》ると觀《くわん》ず、五處《しよ》とは額《ひたひ》、兩乳《りやうちゝ》、心《むね》及《およ》び下分《げぶん》なり。

また息災《そくさい》、増益《ぞうやく》の兩護摩《りやうごま》には、定心《ぢやうしん》に住《ぢう》し、調伏《ちようぶく》の時《とき》は瞋怒《しんぬ》の心《こころ》に住《ぢう》すべし、更《さら》に増益《ぞうやく》、敬愛《きようあい》には歡喜《くわんき》の心《こころ》を起《おこ》すべしといふ。

この五種《しゆ》の色《いろ》に付《つ》いては、白色《はくしよく》は大日如來《だいにちによらい》の淨法色《じやうほうしき》、一切衆生《さいしゆじやう》の本源《ほんげん》ゆへ初《はじ》めと爲《な》し、赤色《せきしよく》は寶幢如來《ほうどうによらい》、發菩提心《ほつぼだいしん》の色《いろ》にして伏魔除障《ふくまじよしやう》を示《しめ》すゆへ第《だい》二と爲《な》し、黄色《くわうしよく》は娑羅樹王《さらじゆわう》の色《いろ》、成覺《じやうかく》、萬德開敷《まんとくかいふ》、金剛《こんがう》の實際《じつさい》に至《いた》るゆへ第《だい》三、青色《せいしよく》は無量樹《むりやうじゆ》の色《いろ》、加持方便《かぢはうべん》、普賢《ふけん》大悲《だいじ》悲《ひ》、虚空《こくう》の萬象《ばんしやう》を具《ぐ》するがゆへに第《だい》四となし、黑色《こくしよく》は黑音如來《こくおんによらい》の色《いろ》、普門《ふもん》の迹《あと》、住大涅槃《ぢうだいねはん》、幽玄《ゆうげん》なるゆへ最後《さいご》に居《ゐ》ると。その他種々《たしゆじゆ》の解說《かいせつ》がある。

また塗香《づかう》、華《はな》、燒香《しようかう》、飯食《おんじき》、燈明《とうめう》等《とう》についても、それ〴〵觀想《くわんさう》の法《ほう》があるが、それは不動尊護摩法《ふどうそんごまほう》に解說《かいせつ》してあるから、參照《さんせう》せられたい。

九、內外兩護摩の同化

外護摩《げごま》は上述《じやうじゆつ》の如《ごと》く事火《じくわ》である、內護摩《ないごま》にてはその火《ひ》を智火《ちくわ》と見《み》て、十二種《しゆ》の解釋《かいしやく》を施《ほどこ》してある、大日經疏《だいにちきやうしよ》に曰《いは》く、

第《だい》一智火《ちくわ》。菩提心《ぼだいしん》の慧火《ゑくわ》にして、無始以來《むしいらい》の無明《むみやう》なる薪《たきゞ》を燒《や》きて遺餘《ゐよ》あることとなく、一切《さい》如來《によらい》の功德《くどく》を自然《しぜん》に成就《じやうじゆ》す、是《こ》れ卽《すなは》ち大日如來《だいにちによらい》なり。

第《だい》二行滿火《ぎやうまんくわ》。大悲《だいひ》を根《こん》とし、菩提心《ぼだいしん》を種子《しゆじ》としたる心性圓明清淨《しんしやうゑんめうしやうじやう》の義《ぎ》で、この妙行《めうぎやう》の火《ひ》に依《よ》つて、垢《く》心戯論《しんけろん》の薪《たきぎ》を焚《た》き、猶豫《いうよ》不決定《ふけつぢやう》にして、佛教《ぶつきやう》を信《しん》ぜざる心《こゝろ》を淨除《じやうじよ》する、この火《ひ》は第《だい》一の火《ひ》と共《とも》に息災《そくさい》護摩《ごま》に適《てき》する。

第《だい》三風燥火《ふうそうくわ》。修行者《しゆぎやうじや》が、菩提心《ぼだいしん》を起《おこ》して進《すゝ》んでも無始以來《なしいらい》の妄惑煩惱《まうわくぼんなう》の根本《こんぽん》を未《いま》だ除《のぞ》くことが出來《でき》ず、屢々觀行《しば〳〵くわんぎやう》の心《こゝろ》を破《やぶ》るから、この火《ひ》を用《もち》ふるのである。丁度《ちやうど》この火《ひ》は、世間《せけん》の風《かぜ》が能《よ》く重雲《ぢううん》を散《ち》らす如《ごと》く、諸種《しよしゆ》の障《さわり》を吹《ふ》き散《ち》らす智光《ちくわう》である。この火《ひ》は調伏護摩《ちやうぶくごま》に適《てき》する。

第《だい》四盧醯多火《ろけいたくわ》。朝日《あさひ》の如《ごと》き火《ひ》で、智惠《ちゑ》の鋭利《えいり》なるを表《あら》はす。

第《だい》五沒栗拏火《もつりたくわ》。和合《わがふ》の義《ぎ》で、喜怒相和《きどさうわ》して寂然《じやくねん》たる智《ち》を表《あら》はす火《ひ》。

第《だい》六忿怒火《ふんぬくい》。忿怒調伏《ふんぬちやうぶく》の意《い》を表《あら》はす火《ひ》。

第《だい》七闍吒寂《じやたら》(溫腹《おんぷく》)火《くい》。內的智《ないてきち》を表《あら》はした火《ひ》で、極忿怒《ごくふんぬ》を意味《いみ》する。

第《だい》八羅灑那《きりな》(除遣《じよけん》の義《ぎ》)火《くい》。一切《さい》業垢《ごうく》を燒《や》き除《のぞ》いて殘餘《ざんよ》あらしめぬ智《ち》。

第《だい》九章生火《しやうしやうくわ》。自在《じざい》の智慧《ちゑ》で、意《い》に依《よ》つて生《しやう》ずる萬事《ばんじ》を皆《み》な成就《じやうじゆ》せしむる智《ち》。

第《だい》十羯羅微火《きやらびくわ》（受食火《じゆじきくわ》）。不明《ふめい》、更《さら》に問《と》ふべし。

第《だい》十一、この火《ひ》の名《な》、梵本《ぼんほん》に欠《か》く。

第《だい》十二謨賀那《ごかな》（悉成《しつせい》）火《くわ》。能《よ》く一切《さい》の事《こと》を成就《じやうじゆ》せしむる智《ち》、即《すなは》ち所作已辨《しよさこべん》、伏《ふく》魔《ま》の義《ぎ》、又《また》は他人《たにん》の悪心《あくしん》を止《とゞ》むる意《い》を表《あら》はす。

この十二種《しゆ》の諸火《しよくわ》は、皆《み》な精神的智火《せいしんてきちくわ》を示《しめ》したもので、第《だい》一の智火《ちくわ》は他《た》の總《そう》體《たい》を表《ひやう》し、他《た》の諸火《しよくわ》はその智火《ちくわ》の作用《さよう》に種々《しゆ／＼》ある事《こと》を更《さら》に示《しめ》したものである。

次《つぎ》に内護摩《ないごま》の起源《きげん》を尋《たづ》ぬるに、外道《げどう》に對《たい》する政略《せいりやく》たると同時《どうじ》に、思想界自然《しさうかいしぜん》の發達《はつたつ》より來《きた》れるものであることは、今更《いまさら》いふまでもないが、その所據《しよきよ》としては、涅槃經《ねはんぎやう》に在《あ》る左《さ》の金句《きんく》に見《み》るべし。

煩悩《ぼんなう》を薪《たきゞ》と爲《な》し、智慧《ちゑ》を火《ひ》と爲《な》し、この因縁《いんねん》を以《もつ》て涅槃《ねはん》の飯《はん》を成《じやう》ずるを常樂《じやうらく》我《が》と云《い》ふ。

また內護摩《ないごま》の實質《じつしつ》に就《つい》ては、その壇《だん》を修行者自身《しゆぎやうしやじしん》の身體《しんたい》と爲《な》し、爐《ろ》を己身《こしん》の口《くち》として、身內《しんない》の智火《ちくわ》を以《もつ》て、煩惱《ぼんなう》の薪《たきぎ》を、その爐《ろ》とせる己身《こしん》の口《くち》にて燒《や》き盡《つく》さんとするのであるが、これは遮斷《しやだん》である。卽《すなは》ち消極的《せうきよくてき》の觀想《くわんさう》である、更《さら》に積《つ》極的《きよくてき》に、護摩曼荼羅《ごままんだら》は卽《すなは》ち是《こ》れ己身《こしん》、亦《ま》た卽火天《そくくわてん》。火天卽大日如來《くわてんそくだいにちによらい》と觀《くわん》じ、護《ご》摩壇《まだん》が自分《じぶん》の身《み》であり、自身卽大日如來《じしんそくだいにちによらい》と觀《くわん》ずるのを德斷《とくだん》といふ。

この他五種《たしゆ》の修法《しうほう》を內護摩《ないごま》にて觀《くわん》ずる時《とき》は、息災《そくさい》は大日如來《だいにちによらい》、金剛薩埵《こんがうさつた》。增《ぞう》益《やく》は北方不空成就如來《ほつはうふくうじやうじゆにょらい》、十方世界諸佛《はうせかいしよぶつ》。敬愛《きやうあい》は西方無量壽佛《さいはうむりやうじゆぶつ》、十方世界《はうせかい》一切菩《さいぼ》薩《さつ》。鈎召《こうしやう》は南方寶生如來《なんはうほうじやうにょらい》、一切菩薩《さいぼさつ》。調伏《ちやうぶく》は東方阿閦如來《とうはうあしゆくによらい》、一切菩薩《さいぼさつ》の金剛忿《こんがうふん》怒尊《ぬそん》なりと。神格觀《しんかくくわん》を爲《な》すものとす。

又《また》三性和合《しやうわがふ》、自身《じしん》と慧火《ゑくわ》と大日《だいにち》と三々平等《さんぐびやうどう》なりと觀《くわん》する法《ほう》がある。

更《さら》にまた囉字觀《らじくわん》、嚩字觀《ばんじくわん》などの觀法《くわんほう》もある。

要《えう》するに內護摩《ないごま》は精神的觀想《せいしんてきくわんさう》であるから、事相《じさう》の外護摩《げごま》に關係《くわんけい》なく、獨立《どくりつ》して修《しう》することが出來《でき》るが、外護摩《げごま》は内護摩《ないごま》の觀想《くわんさう》と相伴《あひともな》はねば、事火外道《じくわげどう》と撰《えら》ぶなきに至《いた》るのである、併《しか》し内護摩《ないごま》も事護摩《じごま》を緣《えん》して益々《ますます》その内觀《ないくわん》を刺戟《しげき》し增《ぞう》長《ちやう》せしめて堅固《けんご》ならしめ、兩々相俟《りやうりやうあひま》つて互《たが》ひに優良化《いうりやうくわ》し、遂《つひ》に有意義《いういぎ》の同化《どうくわ》、偉大《ゐだい》の効果《かうくわ》を發生《はつせい》するに至《いた》つたのである。

一〇、護摩の効果

所期《しよき》の祈願《きぐわん》が成就《じやうじゆ》するか、否《いな》かに就《つい》ては、その現場《げんぢやう》、周圍《しうゐ》の出來事《できごと》について、種々《しゆじゆ》の考察《かうさつ》を爲《な》すこともあり、或《ある》ひは行者《ぎやうじや》の態度《たいど》動作《どうさ》によつて、特殊《とくしゆ》の判斷《はんだん》を下《くだ》すこともあり、或《ある》ひは現神觀《げんしんくわん》、卽《すなは》ち本尊《ほんぞん》またはその他《た》の諸尊《しよそん》が出現《しゆつげん》せりと錯《さく》覺《かく》、或《ある》ひは幻覺《げんかく》を起《おこ》すこともあり、或《ある》ひは夢想觀《むさうくわん》を云々《うんぬん》するものもあるが、儀《ぎ》軌《き》の示《しめ》す所《ところ》にては、火焰《くわえん》の相《さう》によつてその吉凶《きつけう》、成否《せいひ》を判斷《はんだん》して居《ゐ》る、尊勝佛《そんしようぶつ》頂儀軌《ちやうぎき》の護摩品《ごまぼん》に曰《いは》く、

息災法《そくさいほう》は火色白《くわしよくしろ》。增益法《ぞうやくほう》は火色黃《くわしよくき》。降伏法《こうふくほう》は火色赤《くわしよくあか》。鈎召法《こうしようほう》は火色靑《くわしよくあを》。また

火焔《くわえん》の形《かたち》が傘蓋《さんがい》、金剛杵《こんがうしよ》、蓮華釋《れんげしやく》にして、焔光善妙《えんくわうぜんめう》の聲音《せいおん》あるものを吉相《きちさう》としまた息災法《そくさいほう》では、火焔熾盛《くわえんしじよう》にして一個《こ》に集《あつ》まり、烟《けむり》なきを吉祥《きちじやう》の相《さう》とし、増益《ぞうやく》法《ほう》もこれと同《おな》じく、烟《けむり》あるは降伏《ごうぶく》の吉相《きちさう》とす、また息災《そくさい》にて白色《はくしよく》は最上吉相《さいじやうきちさう》。増益《ぞうやく》は赤色《せきしよく》、また烟《けなり》あつてその色赤黒《いろせきこく》なれば、三種《しゆ》の護摩《ごま》に通《つう》じて吉祥《きちじやう》の相《さう》なりと爲《な》し、また火焔《くわえん》が雲色及《うんしよくおよ》び種々《しゆじゆ》の相《さう》を現《あら》はすを不吉《ふきち》とせり。

又《また》十世紀頃《せいきごろ》の譯經《やくきやう》に現《あら》はれたる火相《くわさう》を見《み》るに、その火煽《ひあふ》がずして自然《しぜん》に燃《も》へ、無烟《むえん》にしてその焔熾盛《ほのほしじよう》、諸障蔽《しよしやうおほ》ふことなく、右《みぎ》に旋《めぐ》つて日《ひ》の照《て》るが如《ごと》く、その色金《いろきん》の如《ごと》く、或《ある》ひは珊瑚《さんご》の如《ごと》く、或《ある》ひは廣《ひろ》く、或《ある》ひは長《なが》く、或《ある》ひは虹霓雷閃《こうげいらいせん》の如《ごと》く、或《ある》ひは孔雀《くじやく》、蓮華朶《れんげだ》、護摩《ごま》の杓《しやく》、金剛杵《こんがうしよ》、三叉《さんしや》、横刀《わうたう》、幢幡《どうはん》、車《くるま》の如《ごと》く、また諸樂器《しよがくき》、鼓《つゞみ》、笛等《ふえとう》の聲《こゑ》の如《ごと》く、或《ある》ひは蘇《そ》を燒《や》く香氣《かうき》の如《ごと》きものは、皆《み》な吉祥《きちじやう》の相《さう》にして、速《すみや》かにその目的《もくてき》を達《たつ》するものと爲《な》してある。

これに反《はん》して、火《ひ》の燃《も》へ難《がた》きもの、又燃《またも》へても烟多《けむりおほ》く、その火焔《くわえん》が熾盛《しじやう》ならず、微弱《びじやく》にして或《ある》ひは消《き》え、又《また》は消《き》えざるも烟《けむり》と混《こん》じて紅赤《こうせき》の色《いろ》なきもの、又《また》は太陽《たいよう》が雲《くも》に覆《おほ》はれて不明《ふめい》なるもの、或《ある》ひは火焰《くわえん》が上騰《じようとう》するも、牛頭《ごづ》または驢《ろ》馬《ば》の狀態《じようたい》を呈《てい》し　或《ある》ひは火焰《くわえん》が迸《ほとば》しりて修行者《しゆぎようじや》を燒《や》く如《ごと》きもの、又《また》は火氣《くわき》が死《し》屍《し》を燒《や》く如《ごと》きもの、これ等《ら》は皆《み》な不吉《ふきち》の相《さう》にして、その目的《もくてき》は達《たつ》せられないものとしてある。

又更《またさら》にその不吉《ふきち》の相《さう》を滅《めつ》するには、卽《すなは》ち稻華《とうくわ》、白芥子《しろけし》、酥蜜等《そみつとう》を混和《こんわ》し、赤《せき》身大明王《しんだいめうわう》や、穢跡忿怒明王《えせきふんぬめうわう》の眞言等《しんごんとう》を誦《じゆ》して、これを爐中《ろちう》に投《とう》ずれば、自然《しぜん》にその相《さう》を滅《めつ》するものとされてゐる。

要《えう》するに火《ひ》の燃《も》へ方《かた》と、火焰《くわえん》の形《かたち》と色《いろ》と、香《にほひ》と、音《おん》の如何《いかん》によつて、成否《せいひ》、吉凶《きつけう》を考察《かうさつ》し判斷《はんだん》する譯《わけ》であるが、その實《じつ》を剋《こく》すれば、成否《せいひ》は第《だい》六感《かん》の直覺《ちよくかく》により、直感《ちよくかん》、直覺《ちよくかく》また火相《くわさう》と相伴《あひともな》ふものと云《い》つてよからう。

さて次《つぎ》に護摩修行《ごましゆぎよう》の目的《もくてき》が達《たつ》せらるるものとした場合《はあひ》に於《おい》て、その效果《かうくわ》は如《い》何《か》なる樣式《やうしき》に發現《はつげん》するかといふに、それは滿願《まんぐわん》の際《さい》に現《あら》はれるのが本筋《ほんすぢ》である、例《たと》へば病氣《びやうき》平癒《へいゆ》の修法《しうほう》にては、滿願《まんぐわん》の時《とき》より快方《くわいはう》に向《むか》ふとか、起居《ききよ》不自由《ふじいう》なものが、安樂《あんらく》に行動《かうどう》し得《う》るとかいふ如《ごと》きものである、それから又《また》一七日《にち》の修法《しうほう》が畢《をは》りてより修法《しうほう》と同期間《どうきかん》の七日《か》中《ちう》に追々《おひ〳〵》と效果《かうくわ》の現《あら》はれ來《く》るものとある、三週《しう》間《かん》の修法《しうほう》なれば修法後《しうほうご》三週内《しうない》に何等《なんら》かの徴候《ちようこう》を見《み》るのである、然《しか》るに七日《か》の修《しう》法《ほう》で爾後《じご》七日《か》間《かん》に效果《かうくわ》があり、三七日《にち》の修法《しうほう》は、その後《ご》三週間《しうかん》を經《へ》ざれば效果《かうくわ》現《あら》はれずとすれば、長《なが》く修法《しうほう》するほど損《そん》なりと思《おも》ふものもあらんが、一般情勢《はんじやうせい》よりすれば、一七日《にち》の修法《しうほう》は、その目的《もくてき》が左《さ》ほど大事《だいじ》にあらざるも、三七日《にち》の修法《しうほう》は事件《じけん》が重大性《ぢうだいせい》のものゆゑ、修法期間《しうほうきかん》が長《なが》く、效果《かうくわ》の發生《はつせい》が暇取《ひまど》ることになるのも當然《たうぜん》である。若《も》し一七日《にち》にて然《しか》るべきものを、三七日間《にちかん》も修法《しうほう》すれば、滿願《まんぐわん》を待《ま》つまでもなく修法中《しうほうちう》に效果《かうくわ》が發生《はつせい》するであらう。

又目的《またもくてき》としたる效果《かうくわ》は發生《はつせい》せざるも、他《た》に好事《かうじ》を招《まね》くことあり、例《たと》へば求財《くざい》の修《しう》法《ほう》をなせしも財《ざい》は獲《え》られなかつたが、仕官《しくわん》等《とう》の幸運《かううん》を僥倖《げうかう》せりといふが如《ごと》きことである。

更《さら》にまた長期間《ちやうきかん》効果《かうくわ》なく、却《かへ》つて益々《ます〳〵》不幸《ふかう》を招《まね》くが如《ごと》きこともある、それには種々《しゆ〴〵》の因縁《いんねん》あるべし、斯《か》かる場合《はあひ》に落膽《らくたん》せず、また怨望《えんばう》せず、不信《ふしん》を起《おこ》さず、靜《しづ》かに時期《じき》を待《ま》つべきである、一旦信仰《たんしんかう》し修行《しゆぎやう》したることは何時《いつ》かは報《むく》ひの發生《はつせい》せぬといふ理《り》はない、若《も》しそれを慌《あは》てて怨望《えんばう》したり、不信《ふしん》を起《おこ》したりすれば、その人《ひと》は根本的《こんほんてき》に惡性難化《あくせいなんげ》のものと云《い》ふ他《ほか》はない。たとへ効果《かうくわ》なしとするも、惡事《あくじ》を爲《な》せしにあらず、善事《ぜんじ》に汲々《きう〳〵》たる善人《ぜんにん》もなほ世《よ》に容《い》れられざるもの多《おほ》きを見《み》て、大《おほ》いに反省《はんせい》すべきである。

併《しか》し行者《ぎやうじや》さへ誠意《せいい》あれば、行《おこな》ふただけの効果《かうくわ》は必《かなら》ずある、若《も》し行者《ぎやうじや》が不徳不《ふとくふ》正《せい》なれば、佛《ほとけ》を汚《けが》し、自他共《じたとも》に冥罰《めいはつ》を蒙《かうむ》るものと知《し》らねばならぬ。

第四篇 不動金縛り法

一、不動金縛り法の由來

不動金縛《ふどうかなしば》り法《ほう》の根源《こんげん》は、聖無動經《しようむどうきよう》の中《なか》に在《あ》る左《さ》の文句《もんく》に由來《ゆらい》して居《ゐ》る、經文《きようもん》に曰《いは》く、

金剛手菩薩《こんがうしゆぼさつ》、火生三昧《くわじようまい》に入《い》る、その光《ひかり》は普《あま》ねく無邊《むへん》の世界《せかい》を照《て》らし、火焔熾盛《くわえんしじよう》にして諸障《しよしよう》を焚燒《ぼんしよう》す、內外《ないげ》の諸魔《しよま》恐怖《くふ》し、馳《は》せ走《はし》りて山中《さんちう》に入《い》らんとすれども、遠《とほ》く去《さ》る能《あた》はず、大海《たいかい》に入《い》らんとすれども、亦《ま》た去《さ》ること能《あた》はず、聲《こゑ》を舉《あ》げて大《おほ》いに叫《さけ》び、唯《た》だ佛《ほとけ》の所《ところ》に至《いた》りて救護《くご》を乞《こ》ひ、魔業《まごう》を捨《す》てゝ大悲心《だいひしん》を發《おこ》し、釋提《しやくだい》、桓因《くわんいん》、梵天王等《ぼんてんわうとう》、深禪定《しんぜんじよう》を捨《す》てて、この處《ところ》に入《い》り來《きた》り、天龍《てんりう》

八部《ぶ》皆《み》な悉《ことごと》く來《きた》つて菩《ぼ》薩《さつ》の所《ところ》に至《いた》り、禮《らい》を作《な》して坐《ざ》す。

この金《こん》剛《がう》手《しゆ》といふのは不《ふ》動《どう》尊《そん》のことである、火生三昧《くわしやうさんまい》といふのは智《ち》光《くわう》の定《じやう》である、この不《ふ》動《どう》尊《そん》の定光《じやうくわう》の威《ゐ》力《りき》に打《う》たれて、外《げ》道《どう》や悪魔《あくま》が大《おほ》いに恐《おそ》れ、逃《に》げて山《やま》や海《うみ》に隠《かく》れようとしたが、足《あし》腰《こし》が痺《しび》れて動《うご》けない、そこで發《ほつ》心《しん》したれば佛《ほとけ》の所《ところ》に行《ゆ》くことが出《で》來《き》た、そして從來《じうらい》の悪《わる》いことを止《や》めて正道《しやうどう》に立《た》ち返《かへ》つた。

釋提《しやくだい》、桓因《くわんいん》、梵天《ぼんてん》王《わう》等《とう》といふのは帝釋天《たいしやくてん》初《はじ》め皆《み》な天上界《てんじやうかい》の王様《わうさま》である、それ等《ら》の天《てん》王《わう》も不動尊《ふどうそん》の威光《ゐくわう》に打《う》たれ、深《ふか》い禪定《ぜんじやう》に入《い》つて避《さ》けやうとしたが、その禪定《ぜんじやう》は外《げ》道《どう》の法《ほう》であるから、佛教《ぶつきやう》の禪定《ぜんじやう》、殊《こと》に不動尊《ふどうそん》の火炎定《くわえんじやう》には到底《たうてい》かなわぬので、とう／＼出《で》て來《き》て降參《かうさん》した。

また天《てん》龍《りう》八部《ぶ》といふのは、夜《や》叉《しや》や阿《あ》修羅《しゆら》の如《ごと》き鬼《き》神《じん》であるが、それ等《ら》も閉口《へいこう》して、打《う》ち揃《そろ》ふて降伏《かうふく》したといふのである。

それからまた同經《どうきやう》の後《のち》の文句《もんく》に、

大刀劍《たいたうけん》の如《ごと》く、魔軍《まぐん》を摧破《さいは》し、亦《ま》た羂索《けんさく》の如《ごと》く大力《たいりき》の魔《ま》を縛《はく》すとある。羂索《けんさく》といふのは、丈夫《ぢやうぶ》な繩《なは》である、捕繩《とりなは》を以《もつ》て縛《しば》るやうに、大力《たいりき》の相手《あひて》を縛《しば》りつけて動《うご》かれぬやうにするといふのである。これは繩《なは》で縛《しば》るのではなく、火《くわ》炎定《えんじやう》の迫力《はくりよく》で、身體《しんたい》がすくんでしまうのである。

この羂索《けんさく》の如《ごと》く大力《たいりき》の魔《ま》を縛《はく》すといふのが、謂《い》はゆる不動金縛《ふどうかなしば》り法《ほう》の根據《こんきよ》である。それで不動金縛《ふどうかなしば》り法《ほう》は實際《じつさい》の繩《なは》はいらぬ、繩《なは》で縛《しば》るのではなく、繩《なは》で縛《しば》るやうに、定力《ぢやうりき》で縛《しば》るのであるから、相手《あひて》を金縛《かなしば》りにかけやうとするには、自《じ》分《ぶん》が先《ま》づ定《ぢやう》に入《はい》つて定力《ぢやうりき》を起《おこ》さねばならぬ。

この不動金縛《ふどうかなしば》り法《ほう》は、古來名僧《こらいめいそう》がしば〳〵行《おこな》ふて居《ゐ》る、布袋和尚《ほていおしやう》が虎《とら》を威壓《ゐあつ》して、遂《つひ》に虎《とら》と遊《あそ》び戲《たは》むれ、虎《とら》の背《せ》を枕《まくら》にして眠《ねむ》る等《とう》、初《はじ》めはこの金縛《かなしば》り法《ほう》にかけたのである、役《えん》の行者《ぎやうじや》が葛城山《かつらぎさん》の山王一言主神《さんのうひとことぬしのかみ》を金縛《かなしば》りにかけて手下《てした》にしたことや、前鬼後鬼《ぜんきこうき》を小使《こづかひ》にして追《お》ひ使《つか》つたのも、皆《みな》この金縛《かなしば》り法《ほう》の威力《ゐりよく》である成田《なりた》不動尊《ふどうそん》を奉《ほう》じて将門《まさかど》降伏《ごうぶく》の祈禱《きとう》をなしたる寛朝大僧正《くわんてうだいそうじよう》が、大和《やまと》大峰山《おほみねさん》で大蟒《おほうははみ》を退治《たいぢ》したり、又《また》は十數人《すうにん》の山賊《さんぞく》を一喝《かつ》の下《もと》に皆《み》な倒《たふ》したといふが如《ごと》きも、矢張《やは》り不動金縛《ふどうかなしば》り法《ほう》である。眞言密教《しんごんみつきよう》の一派《は》たる醍醐派《だいごは》、卽《すなは》ち修驗道《しゆげんだう》山伏《やまぶし》の中《うち》には、この金縛《かなしば》り法《ほう》を修練《しうれん》して、猛獸毒蛇《まうじうどくぢや》や、賊徒《ぞくと》を征伏《せいふく》した例《れい》が澤山《たくさん》ある。後《のち》にはこの金縛《かなしば》り法《ほう》が、九字護身法《じごしんほう》と一致《ち》又《また》は混同《こんどう》して、一種《しゆ》の職業的修法《しよくげふてきしうほう》となり、或《ある》ひは俗化墮落《ぞくくわだらく》して香具師《やし》の手品的《しじなてき》なものになつたものもある。

因《ちな》みに九字《じ》を切《き》るといふのは九字護身法《じごしんほう》のことで、これは支那固有《しなこいう》のものともいひ、密教《みつきよう》から出《で》たもので不動金縛《ふどうかなしば》り法《ほう》も畢竟《ひつきよう》、九字護身法《じごしんほう》の一部《ぶ》だといふ說《せつ》もある、それ等《ら》は後《のち》に九字《じ》の所《ところ》で明解《めいかい》する。

又《また》一方《ほう》、劍道《けんだう》の發達《はつたつ》するに從《したが》ひ、禪《ぜん》の極意《ごくい》と不動法《ふどうほう》の妙諦《めうたい》と、劍術《けんじゆつ》の奧義《おくぎ》が互《たが》ひに一致《ち》して、活殺自在《くわつさつじざい》の氣合法《きあひほう》となつて、幾多《いくた》の劍豪劍聖《けんがうけんせい》を出《だ》した、氣合《きあひ》術《じゆつ》と金縛《かなしば》り法《ほう》とは兄弟以上《きやうだいいじやう》の連關《れんくわん》がある、寧《むし》ろ一體不可分《たいふかぶん》、不二《ふじ》一如《によ》といふも不可《ふか》なき位《くらゐ》である。

二、金縛り法の實義

強敵《きやうてき》とか、又《また》は凶暴《けうばう》なる相手《あひて》に出遇《であ》ひ、これを避《さ》ける餘裕《よゆう》がない、倒《たほ》すか倒《たほ》さるるか二つに一つ、さういふ場合《ばあひ》に氣合術《きあひじゆつ》とか金縛《かなしば》り法《ほう》とかいふものが役《やく》に立《た》つ、併《しか》しいくら不思議《ふしぎ》な文句《もんく》(呪文《じゆもん》)等《とう》を唱《とな》へたり、恐《こわ》い掛《か》け聲《ごゑ》を出《だ》したからとて、僅《わづ》かな一擧手《きよしゆ》、一言《ごん》で相手《あひて》が參《まゐ》るべきものではない、言詞《ことば》や手《て》の振《ふ》り方《かた》で、強《つよ》いものを遣《や》りつけることが出來《でき》れば、誰《たれ》でも爭《あらそ》ふて、それを習《なら》ふであらうが、實際《じつさい》はそんなに手取早《てつとりはや》くゆくものではない、則《すなは》ち長時間《ちやうじかん》に亙《わた》りて不斷《ふだん》に修練《しうれん》を積《つ》まぬ限《かぎ》り、型《かた》だけでは、いざといふ時《とき》、何《なん》の役《やく》にも立《た》たぬ、平素《へいそ》の修《しゆ》行《ぎやう》が出來《でき》て居《を》れば、咄嗟《とつさ》の場合《ばあひ》たゞの一音《おん》だけでも、指《ゆび》一本動《ほんうご》かすことだけでも敵《てき》も挫《くぢ》くことが出來《でき》る、それで危機直面《ききちよくめん》の場合《ばあひ》と、平素《へいそ》の修練《しうれん》の場合《ばあひ》とを一應《おう》分《わ》けて考《かんが》へねばならぬ、修練《しうれん》の方《はう》は面倒《めんだふ》な順序《じゆんじよ》や法則《はうそく》もある、それを一々稽古《けいこ》する必要《ひつえう》があるが、直面刹那《ちよくめんせつな》の場合《ばあひ》は、臨機應變《りんきおうへん》、型《かた》も順序《じゆんじよ》も理窟《りくつ》もいらぬ、不斷《ふだん》に叩《たゝ》きこんだ力《ちから》が迸《ほとばし》り出《で》さへすればよいのである。

金縛り法平常の修行

本尊安置《ほんぞんあんち》。東方《とうはう》より西面《せいめん》。又《また》は北方《ほつはう》南面《なんめん》。

東方《とうはう》　降三世夜叉明王《かうさんぜやしやめうわう》　西方《さいはう》　大威徳夜叉明王《だいゐとくやしやめうわう》

中央《ちうわう》　大日《だいにち》大聖《たいしやう》不動明王《ふどうめうわう》

南方《なんはう》　軍荼利夜叉明王《ぐんだりやしやめうわう》　北方《ほつはう》　金剛夜叉明王《こんがうやしやめうわう》

先《ま》づ中央《ちうわう》を禮拜《らいはい》し
次《つぎ》に東《とう》、南《なん》、西《さい》、
北《ほく》の順序《じゆんじよ》に禮拜《らいはい》す

供養《くやう》。毎朝《まいてう》の修行《しゆぎやう》の時《とき》、水《みづ》、香《かう》、花《はな》、燈《とう》、飯《はん》、又《また》は米《こめ》を献《けん》じ、不動經《ふどうきやう》を三遍《べん》讀誦《どくじゆ》す。

次《つぎ》に後《のち》に圖示《づし》せる轉法輪《てんほうりん》の印《いん》を結《むす》びて左《さ》の神歌《しんか》を唱《とな》ふ。

ゆるくとも、よしや許《ゆる》さず、縛《しば》りなわ

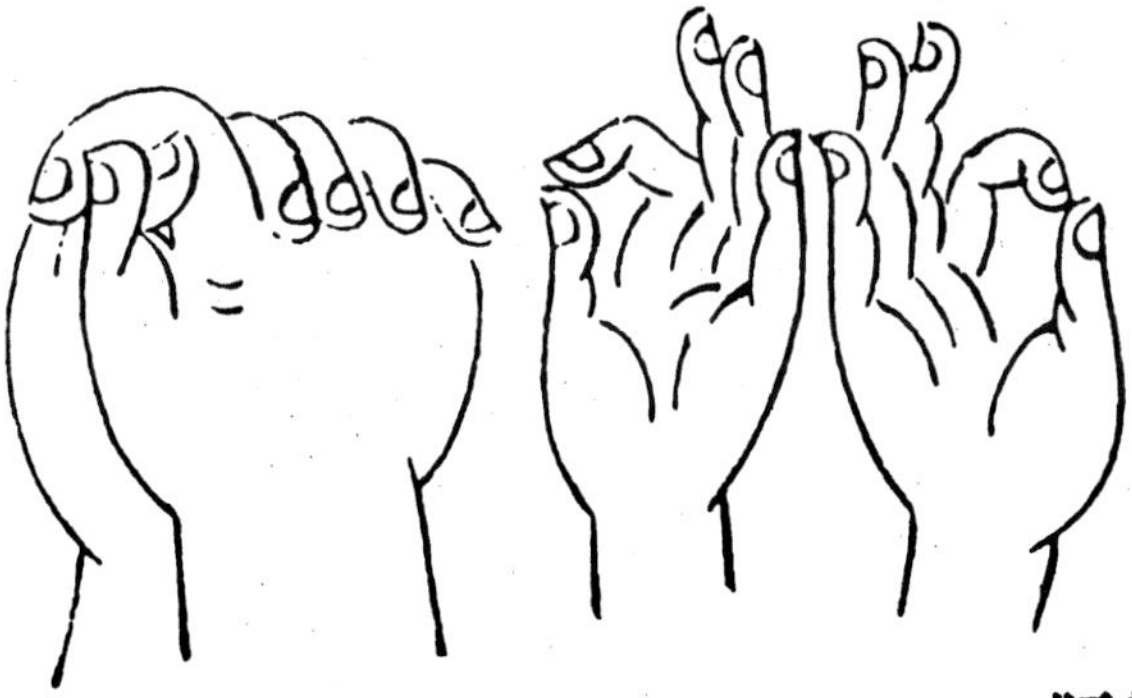

不動《ふどう》の心《こころ》、あらん限《かぎ》りは

この歌《うた》は兩部神道《りやうぶしんたう》になりて作《つく》りたるものゆゑ、必ずしも大切《たいせつ》なものではない。

次《つぎ》に眞言《しんごん》。行《ぎやう》、滿《まん》、勝《しやう》(一遍《べん》)。唵《おん》、娑婆訶《そわか》(三遍《べん》)。納《と》、舍《しや》、克《こ》(一遍《べん》)。吽《うん》、吽《うん》、吽《うん》(三遍《べん》)。

次《つぎ》に不動《ふどう》の七秘印《ひいん》。

外縛印《げばくいん》。眞言《しんごん》は、

曩莫三曼多《なうまくさんまんだ》、縛日羅多《はさらた》、仙多《せんた》、摩訶盧舍耶多耶《まかろしやなたや》、蘇《そ》婆多《はた》、羅耶《らや》、吽《うん》、多羅多《たらた》、唯《がん》、滿《まん》。

劍印《けんいん》。眞言《しんごん》は、

唵《おん》、枳哩哩《きりり》、枳哩《きり》。

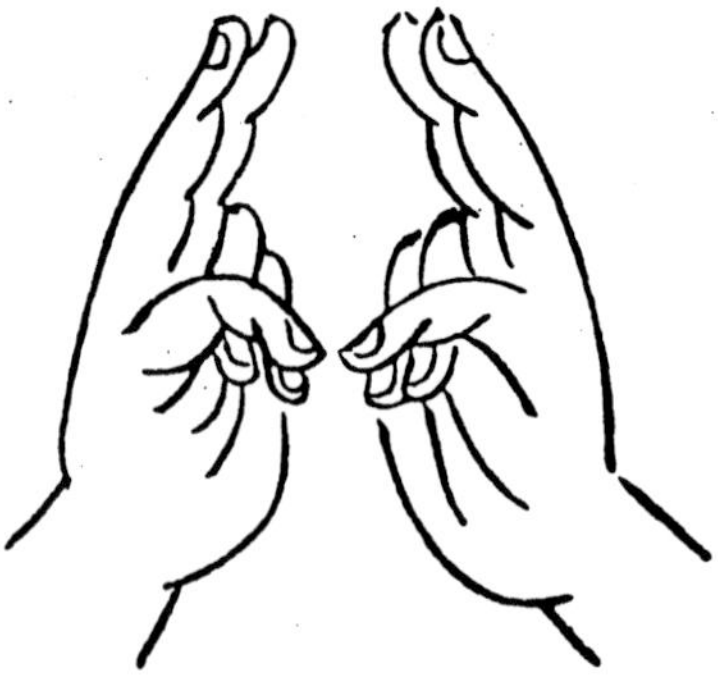

刀印《たういん》。眞言《しんごん》は、
唵《おん》、枳哩《きり》、枳哩《きり》、娑婆訶《そわか》。

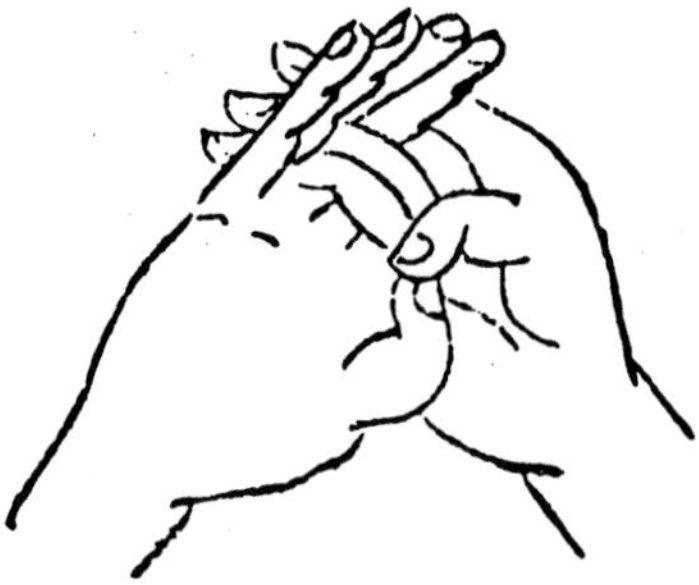

轉法輪印《てんほうりんいん》。
眞言《しんごん》は前《まへ》の外縛印《げはくいん》の眞言《しんごん》と同《おな》じ。

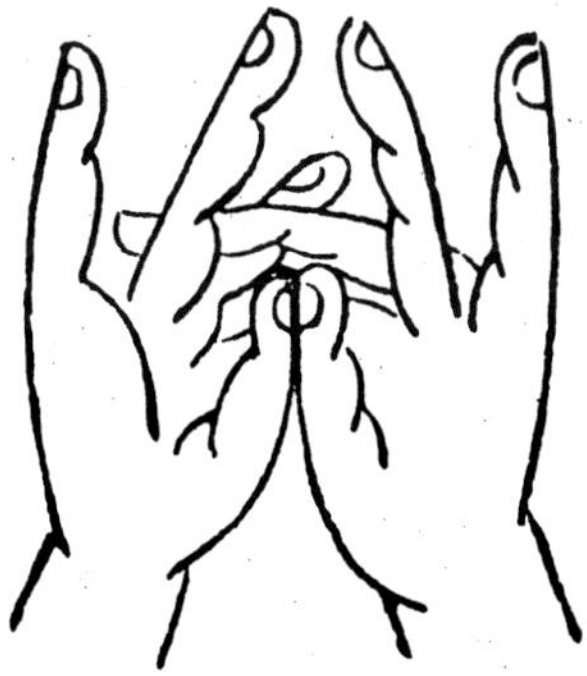

外《げ》五《ご》鈷《こ》印《いん》。眞言《しんごん》は、
曩莫《なうまく》、三曼多《さんまんだ》、縛日羅赧《はさらたん》、怛羅吒《たらた》、婀慕伽戰拏《あぼがせんだ》、
摩訶路灑拏《まかろしやだ》、娑破吒也《さはたや》、婀曩也《あのうや》、阿安婀《あさぶ》、阿三忙《あさんほ》
銀爾《ぎに》、吽《うん》、吽《うん》、尾覲南《びぎな》、吽《うん》、怛羅吒《たらた》。

勅《ちよく》

諸天教勅印《しよてんきようちよくいん》。眞言《しんごん》は、
唵《おん》、枳哩《きり》、吽《うん》、佉倶《きやぐ》、吽《うん》。

内縛印《ないはくいん》。眞言《しんごん》は、
外縛印《げはくいん》と同《おな》じ。

右《みぎ》の七印《いん》を順次《じゆんじ》に結《むす》び、各々《おの/\》その眞言《しんごん》を誦《とな》へ、三遍《べん》、七遍《へん》、二十一遍《べん》、百八遍《へん》、千八十回《くわい》と重《かさ》ぬべし。

次《つぎ》に九字《じ》を切《き》るといふことあるも、それは混合流《こんがふりう》にして強《し》ひて行《おこな》ふに及《およ》ばず但《たゞ》し九字護身法《じごしんほう》の所《ところ》にて説示《せつじ》すべし。

七印《いん》とその眞言《しんごん》の結誦《けつじゆ》が終《なは》れば、起立《きりつ》して左足《ひだりあし》を半歩《はんぽ》後《うしろ》に引《ひ》き、腰《こし》を据《す》へて少《すこ》しも浮《う》かぬやうに落着《おちつ》け、右足《みぎあし》が少《すこ》し弓形《ゆみなり》になるやうにし、前《まへ》の刀印《たういん》を結《むす》び、左手《さしゆ》は印《いん》のまま腰《こし》にあて、恰《あだか》も腰《こし》に在《あ》る刀劔《とうけん》の鞘《さや》を、帯《おび》の上《うへ》より押《おさ》ゆる型《かた》になし、右手《みぎて》は肩《かた》と並行《へいかう》に上《あ》げ、氣海丹田《きかいたんでん》、即《すなは》ち臍《へそ》より下《した》の方《はう》に深呼吸《しんこきふ》同様《どうやう》に充分《じうぶん》の力《ちから》を入《い》れ、阿吽《あうん》の氣合《きあひ》が熟《じゆく》すれば、くわツと眼《め》を見開《みひら》き、數歩《すうほ》の所《ところ》に在《あ》る強《きよう》敵《てき》を睨《にら》みつくるが如《ごと》く、瞬《またゝ》きをせずに見詰《みつ》め、それと同時《どうじ》に右手《みぎて》を印《いん》のまま振《ふ》り上《あ》げ、大上段《だいじようだん》に斬《き》りつける、振《ふ》り上《あ》ぐる刹那《せつな》に、曳《えい》と腹聲《はらごゑ》を出《だ》す、斬《き》りつける刀《かたな》、即《すなは》ち右手《みぎて》を引《ひ》くときに、吽《うん》と中聲《ちうごゑ》にて力聲《ちからごゑ》をかける。

これは幾十回《いくくわい》、何千回《なんくわい》となく、餘閑《よかん》さへあれば、これだけを庭《には》でも、野《の》でも、山《やま》でも、始終修練《しじゆうしうれん》すべし、修練《しうれん》の心得方《こゝろえかた》は、

一、足《あし》の踏《ふ》み方《かた》、腰《こし》の落着方《おちつけかた》

二、氣息《きそく》の調《とゝの》へ方《かた》

三、眼《め》の力《ちから》

四、聲《こゑ》の力《ちから》

五、振《ふ》り上《あ》げ打《う》ち下《おろ》す早《はや》さ

以上《いじよう》の修練《しうれん》が充分《じうぶん》になれば、敵《てき》に出遇《であ》ひたる時《とき》、印《いん》もいらぬ、刀劔《とうけん》もいらぬ出逢頭《であひがしら》に、くわッと睨《にら》み、左《ひだり》を一歩《ほ》引《ひ》くと共《とも》に、曳《えい》の聲《こゑ》と倶《とも》に、右刀印《うたういん》にて敵《てき》の眼《め》なり、喉《のど》なりを突《つ》く型《かた》をすれば、それにて相手《あひて》はすくんで動《うご》けぬのである。

而《しか》してそれがいよ〳〵熟達《じゆくたつ》すれば、五人《にん》でも十人《にん》でも同時《どうじ》にやれる、聲《こゑ》だけでもやれるやうになるのである。

相手《あひて》の縛《ばく》を解《と》くには、

唵《をん》、嚩日羅《はさら》、納舎斛《としやこく》

と誦《とな》へ、彈指《つまはぢき》すべし。

三、不動金縛り法と九字護身法

九字《じ》とは、臨《りん》、兵《へい》、闘《とう》、者《しや》、皆《かい》、陣《ちん》（陳《ちん》に作《つく》るあり誤《あやまり》なり）裂《れつ》（列《れつ》また烈《れつ》に作《つく》る誤《あやま》れり）在《ざい》、前《ぜん》である、道教《だうきやう》の人《ひと》は九字《じ》の本源《ほんげん》は支那《しな》に始《はじ》まり、大公望《たいこうばう》の如《ごと》きもこれを用《もち》ひて、紂王討伐《ちうわうたうばつ》に奇功《きこう》を奏《そう》し、漢《かん》の三傑随《けつすゐ》一たる張良《ちやうりやう》はこの法《ほう》を黄《くわう》石公《せきこう》より授《さづ》かり、伏敵保身《ふくてきほしん》に偉大《ゐだい》の補《たすけ》を爲《な》し、諸葛孔明《しよかつこうめい》も亦《また》その八門遁甲法《もんとんこうほう》に繰《く》り入《い》れて常用《じようよう》し、その他名將《ためいしよう》のこれを用《もち》ひしもの少《すく》なからず、然《しか》るに佛教《ぶつきよう》の渡來《とらい》せしより、佛家《ぶつけ》にてこれを修《しう》するもの多《おほ》く、いろ〳〵の印《いん》、呪文等《じゆもんとう》を附加《ふか》して自然《しぜん》、佛教《ぶつきよう》の秘法《ひほう》の如《ごと》くになつたのであるといはれる。

また日本《にほん》にても古來《こらい》よりこれを尊重《そんちよう》し、兵家《へいけ》は護身降敵《ごしんごうてき》の秘法《ひほう》と爲《な》し、辨慶《べんけい》、楠正成《くすのきまさしげ》、天海《てんかい》、眞田父子《さなだふし》、由井正雪《ゆゐしようせつ》、又《また》は弘法大師《こうぼうだいし》、日蓮聖人等《にちれんしようにんとう》もこれを使用《しよう》し更《さら》に塚原卜傳《つかはらぼくでん》、荒木又右衛門《あらきまたゑもん》、伊《い》藤《とう》一刀齋《たうさい》、宮本武藏等《みやもとむさしとう》もこれによりて氣合《きあひ》の奧義《おくぎ》に達《たつ》した。修驗山伏《しゆけんやまぶし》は常《つね》にこれを用《もち》ひて、山野《さんや》に伏《ふ》し、猛獸毒蛇《まうじうどくだ》を呵斥《かしやく》し民間《みんかん》にては齒痛《しつう》、てんかん、おこり、腹痛《ふくつう》、腦神經病等《のうしんけいびようとう》を一喝《かつ》の下《もと》に平癒《へいゆ》せしむその尤《ゆう》なるものは暴《あは》れ馬《うま》を留《とど》むる等《とう》の離《はな》れ業《わざ》を演《えん》ぜしこと多《おほ》しとされる。

佛家《ぶつけ》にては修驗《しゆけん》深秘《じんぴ》行法《ぎようほう》切紙《きりがみ》傳授《でんじゆ》九字《じ》護身法《ごしんほう》といひ、九字《じ》の神術《しんじゆつ》、縱橫《じうわう》の神《しん》術《じゆつ》、六甲秘《こうひ》呪等《じゆとう》と稱《しよう》して、各字《かくじ》に印《いん》と眞言《しんごん》を附《ふ》し、更《さら》に佛《ぶつ》、菩薩《ぼさつ》、明王《めうわう》に配當《はいたう》し、兩部《りようぶ》にては神祇《しんぎ》の名《な》を加《くは》へて九字《じ》を切《き》るといふことが、大《だい》なる修行《しうぎやう》、重要《ぢうえう》の行事《ぎやうじ》となつて居《ゐ》る。

全體《ぜんたい》九字《じ》は、佛教《ぶつきやう》の陀羅尼《だらに》や呪文《じゆもん》卽《すなは》ち眞言《しんごん》とは、その根抵《こんてい》を異《こと》にし、純然《じゆんぜん》たる漢文《かんぶん》にて、梵語《ぼんご》を譯《やく》したるものではない、併《しか》し九字《じ》を切《き》るといふことそれ自《じ》體《たい》は、印《いん》を結《むす》び眞言《しんごん》を唱《とな》へて叱呵《しつか》する密教《みつきやう》の修法《しうほう》と、同《どう》一理趣《りしゆ》であるから、本《ほん》家爭《けあらそ》ひは別《べつ》として、同《どう》一に取扱《とりあつか》ふべきである、佛家《ぶつけ》がいろ〳〵と附加《ふか》したのは進歩發達《しんぽはつたつ》と見《み》てもよければ、俗化墮落《ぞくくわだらく》させたものともいへるのである。

また佛教《ぶつきやう》にては不動金縛《ふどうかなしば》り法《ほう》は、九字護身法《じごしんほう》の一部《ぶ》でありと爲《な》し、金縛《かなしば》り法《ほう》よりも先《ま》づ九字《じ》護身《ごしん》を學《まな》び、それに重《おも》きを置《お》くものもあるが、見方《みかた》によりては不動金縛《ふどうかなしば》り法《ほう》を開《ひら》いたのが九字法《じほう》とも云《い》へる。九字法《じほう》から金縛《かなしば》りが出《で》たといふのは、聊《いさゝ》か受取《うけと》れぬ、金縛《かなしば》り法《ほう》には不動經《ふどうきやう》や不動印《ふどういん》、不動眞言《ふどうしんごん》といふ嚴然《げんぜん》たる根據《こんきよ》がある、併《しか》しいづれにしても相提携《あひていけい》して、厚生利用《こうせいりよう》のために眞《しん》の正味《しやうみ》の所《ところ》を發揮《はつき》すべきである。

四、九字護身法の要領

九字護身法《じごしんほう》も矢張《やは》り平素不斷《へいそふだん》に修練《しうれん》せねば、咄嗟《とつさ》の場合《ばあひ》に効果《こうくわ》は現《あら》はれない修驗者等《しゆげんじやとう》は五年《ねん》も七年《ねん》も練習《れんしふ》したものである、本尊安置《ほんぞんあんち》、供物《くもつ》、心身清淨《しんしんしやうじやう》、禮拜等《らいはいとう》すべて普通《ふつう》の略念誦法《りやくねんじゆほう》と相異《さうゐ》なし。さて九字《じ》にはそれ〳〵密教《みつきやう》の印《いん》があるから、その印《いん》を結《むす》んでは、その字《じ》を眞言《しんごん》と思《おも》つて誦《とな》へてもよければ、印《いん》にはそれぞれ本尊《ほんぞん》も眞言《しんごん》もあるから、その本尊《ほんぞん》を念《ねん》じ、その眞言《しんごん》を唱《とな》へ、それが九字《じ》終《をは》りたる上《うへ》にて、刀印《たういん》を以《もつ》て九字《じ》を一字《じ》づつ唱《とな》へて、第《だい》一字《じ》臨《りん》は横《よこ》、第《だい》二字《じ》兵《へい》は縱《たて》。それより交互《かうご》に縱《たて》、横《よこ》と切《き》り、四縱五横《じうわう》に、縱《たて》は眞甲《まつこう》殼竹割《からたけわり》、横《よこ》は胴切《どうぎ》りといふ氣持《きもち》にて斬《き》り棄《す》つべし。

切紙《きりがみ》九字護身法《じごしんほう》に曰《いは》く、この九字《じ》は身《み》を護《まも》る大秘法《だいひほう》なれば、輕忽《けいこつ》に修《しう》してはならぬ、先《ま》づ手《て》を洗《あら》ひ、口《くち》を漱《すゝ》ぎ、北《きた》に向《むか》ひて濁氣《だくき》を吐《は》き、東《ひがし》に向《むか》ひて生氣《せいき》を吸《す》ひ込《こ》むこと三回《くわい》、齒《は》を叩《たゝ》くこと三十六度《ど》、氣《き》を下《くだ》し氣海丹田《きかいたんでん》に力《ちから》を入《い》れ、安《あん》靜《じよう》に修法《しうほう》すべしとある、その文字《もんじ》と印《いん》は左《さ》の如《ごと》し。

一、臨《りん》

馬《ば》頭觀音《とうくわんのん》、又《また》は毘沙門天《びしやもんてん》。眞言《しんごん》は、
おん、べいしらまんだや、そわか

獨鈷印《とつこいん》
左右《さいう》の手《て》を内《うち》へ組《く》みて
人指《ひとさしゆび》を立《た》てゝ合《あは》す

二、兵《ひやう》

大金剛輪印《だいこんごうりんいん》
二手《にしゆ》を内《うち》に組《く》み人指《ひとさしゆび》を
立《た》て合《あは》せ中指《なかゆび》をからむ

大《だい》金《こん》剛《ごう》輪《りん》菩《ぼ》薩《さつ》、又《また》は十一面《めん》観《くわん》音《のん》。眞《しん》言《ごん》は、
おん、そんばにそんば、うん、ばさら、うん、はつた

三、闘《とう》

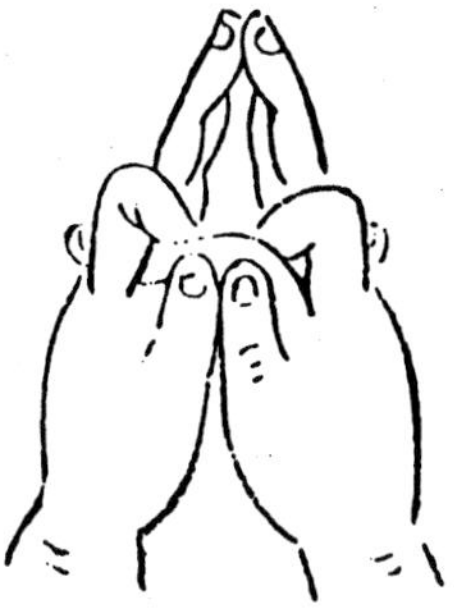

外《げ》獅《じ》子《し》印《いん》

左《さ》右《いう》たがひに中《なか》指《ゆび》にて人《ひとさし》指《ゆび》をからみながら伏《ふ》せ拇《おや》指《ゆび》無名《くすり》指《ゆび》小《こ》指《ゆび》を立《た》て合《あは》す

如《によ》意《い》輪《りん》観《くわん》音《のん》、又《また》は大《だい》笑《しよう》明《めう》王《わう》。眞《しん》言《ごん》は、
おん、ちれいたら、しうたら、ららはら、そだ、のう、そわか

四、者《しや》

内《ない》獅《じ》子《し》印《いん》

左《さ》右《いう》たがひに中《なか》指《ゆび》にて無名《くすり》指《ゆび》をからみ拇《おや》指《ゆび》人《ひとさし》指《ゆび》小《こ》指《ゆび》を立《た》て合《あは》す

不動《ふどう》明王《みやうわう》。眞言《しんごん》は、
なうまく、さまんだ、ばさら、だん、かん

外《げ》縛《はくの》印《いん》
二《に》手《しゆ》各《おの/\》外《そと》へ組合《くみあは》すのである

五、皆《かい》

愛染《あいぜん》明王《みやうわう》。眞言《しんごん》は、
おん、ばさら、やきしや、うん

六、陣《ちん》

内《ない》縛《はくの》印《いん》
左右《さゆう》の十指《じつし》を互《たが》ひに内《うち》へ組合《くみあは》せて入《い》れるのである

正観音《しやうくわんのん》、又《また》は三寶荒神《さんぽうくわうじん》。眞言《しんごん》は、おん、あみりてい、うん、はつた

七、裂《れつ》

智《ち》拳《けんの》印《いん》

左四指《ひだりしし》を握《にぎ》り人指《ひとさしゆび》のみを立《た》て右《みぎ》にて圖《づ》の如《ごと》く左《ひだり》の人指《ひとさしゆび》を掌握《しやうあく》す

夜叉大明神《やしやだいみやうじん》、又《また》は阿彌陀如來《あみだにょらい》。眞言《しんごん》は、おん、びろはき、しやなうぎ、やちはたにー、そわか

八、在《ざい》

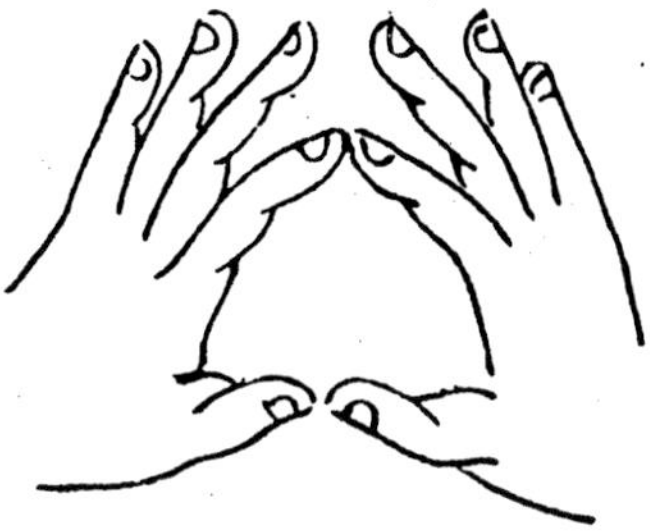

日《にち》輪《りんの》印《いん》

左右《さゆう》の拇指《おやゆび》、人指《ひとさしゆび》の先《さき》を付《つ》け餘《あまり》の四指《しし》は開《ひら》き散《ち》らすのである

日天子《にってんし》、又《また》は彌勒菩薩《みろくぼさつ》。眞言《しんごん》は、
おん、しゆちり、きやらろば、うん、けん、そわか

九、前《ぜん》

隱《おん》形《ぎやう》印《いん》
左《ひだり》の手《て》を輕《かる》く握《にぎ》り右《みぎ》の手《で》を上《うへ》より添《そ》ふ

尊勝佛頂《そんしようぶつちやう》、又《また》は文殊菩薩《もんじゆぼさつ》、又《また》は魔利支天《まりしてん》。眞言《しんごん》は、
おん、びろだ、きやや、きしやじ、はた、ゐい、そわか
次《つぎ》に左《さ》の如《ごと》き刀印《たういん》を結《むす》び、九字《じ》を一々唱《とな》へつつ、一々切《き》る、それは左圖《さつ》の如《ごと》く、四縱五横《じうわう》に切《き》るのである。

刀《たう》印《いん》

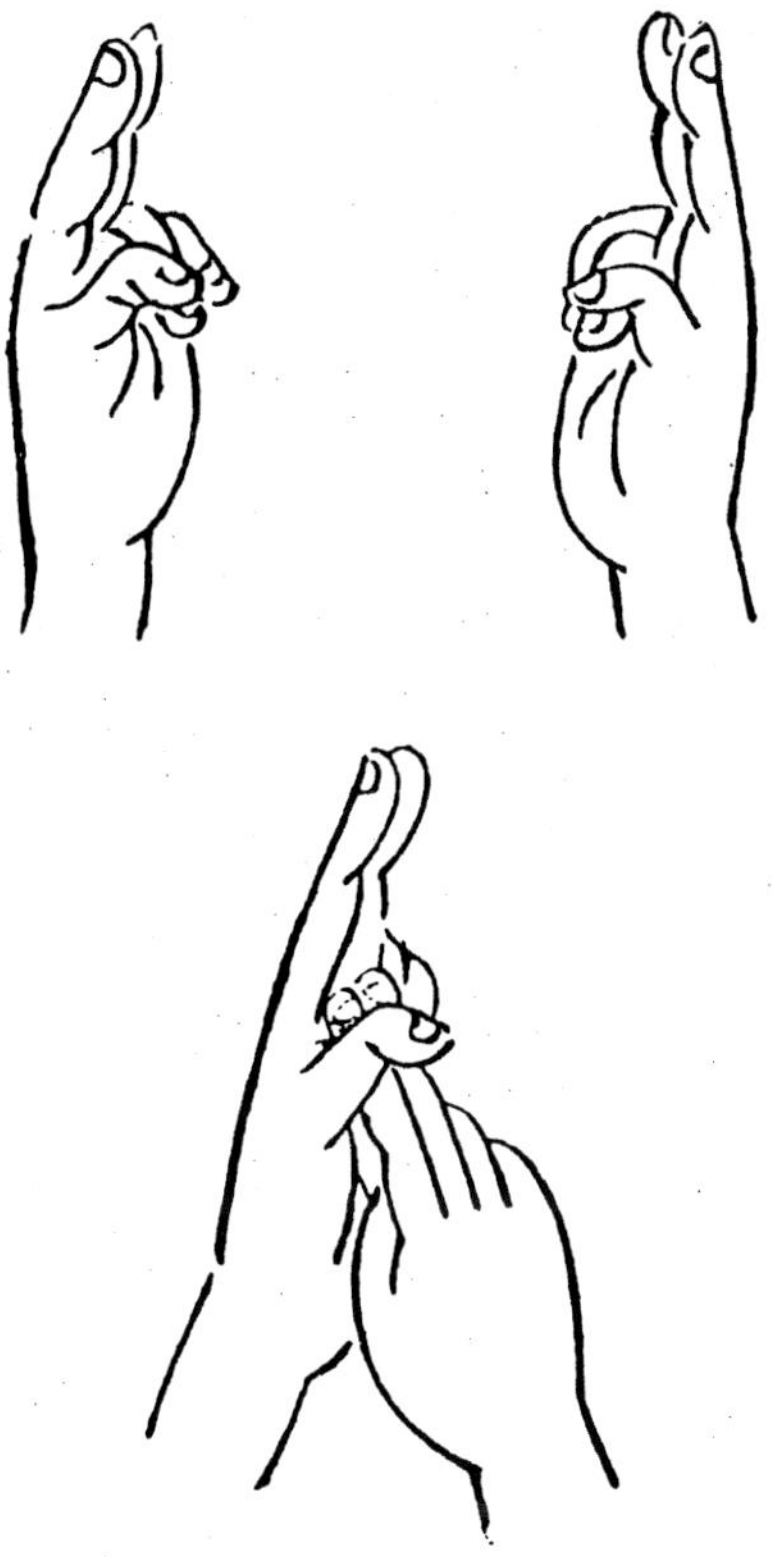

刀印《たういん》の下《した》の方《はう》より、切《き》る時《とき》は上《うへ》のやうに、左右《さゆう》の手《て》を分《わか》ちて、交互《かうご》に切《き》るなりまた左手《ひだりて》を腰《こし》にあて、右手《みぎて》のみにて切《き》ることも熟練《じゆくれん》すべし、それは咄嗟《とつさ》の場合《はあひ》、兩手《りようて》を用《もち》ふることが出來《でき》ぬ時《とき》の用意《ようい》である。

この九字《じ》法《ほう》はいろ〳〵のことに應用《おうよう》されて居《ゐ》るが、これを兵法《へいはう》として解釋《かいしやく》す

る時《とき》は、諸葛孔明《しよかつこうめい》の流儀《りうぎ》が頗《すこぶ》る我《わ》が意《い》を得《え》て居《ゐ》る、則《すなは》ち兵闘《へいとう》に臨《のぞ》む者《もの》は、皆《みな》の

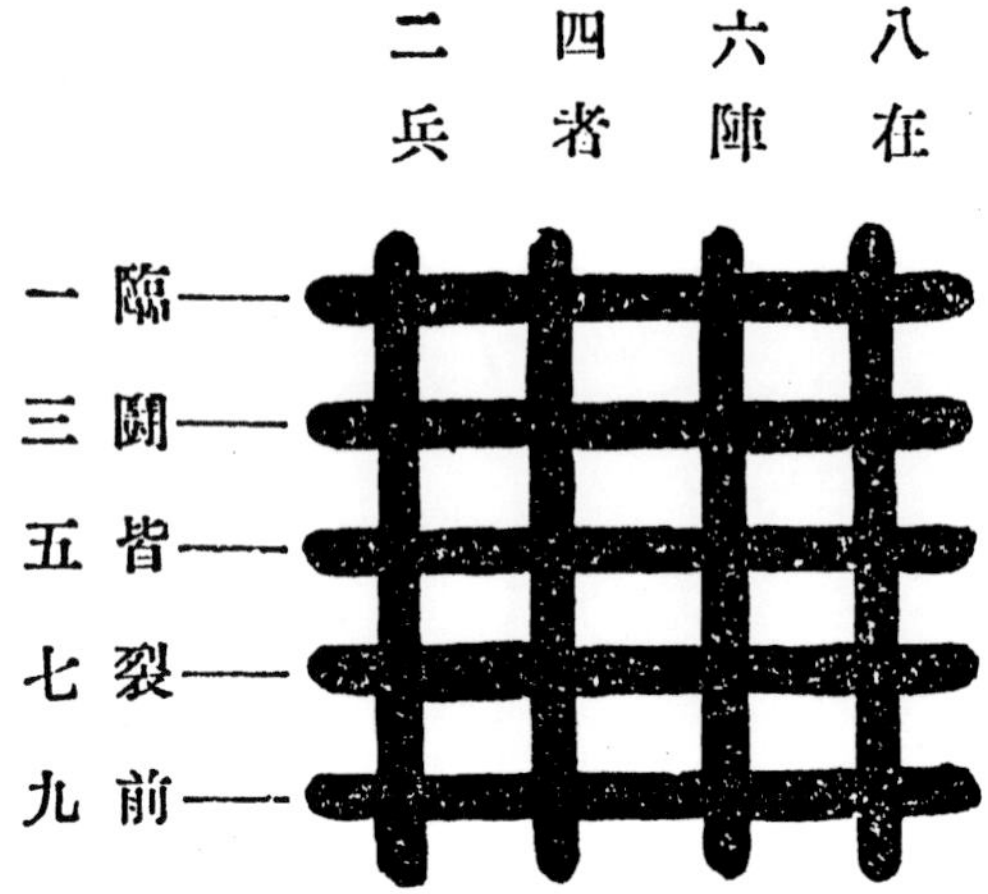

右《みぎ》の手《て》を劍《けん》に象《かたど》り左《ひだり》の手《て》を鞘《さや》に象《かたど》りて上圖《じやうづ》の如《ごと》くになして腰《こし》にをき右手《みぎて》を拔《ぬ》きて四縱五横《しじゆうごわう》に切《き》るのである。

陣《ぢん》を裂《さ》いて、前《すゝ》むに在《あ》りといふのである、すべて戰場《せんぢやう》に臨《のぞ》んで勝《かち》を制《せい》する要諦《えうたい》は一切《さい》の陣組《ぢんぐみ》を突裂《つきやぶ》つて、猛進《まうしん》する外《ほか》はない、突撃《とつげき》、突破《とつぱ》、肉彈戰《にくだんせん》より他《ほか》に勝《しよう》

利《り》の法《はう》はない、最後《さいご》の五分《ぶん》、否《い》な一分《ぶん》、斬《き》らせて、斬《き》るのだといふのが大主意《だいしゆい》である。

これは獨《ひと》り戰爭《せんさう》や力業《ちからわざ》のみに應用《おうよう》すべきではなく、人間社會《にんげんしやくわい》一切《さい》の事柄《ことがら》に活用《くわつよう》が出來《でき》る、外交《ぐわいかう》でも商賣《しやうばい》でも、學問《がくもん》でも、面倒《めんだう》な仕事《しごと》でも、この筆法《ひつぱふ》を善用《ぜんよう》すれば十中《ちう》の八九までは成功《せいこう》するのである、又《また》この法《はう》を修練《しうれん》したものは膽力《たんりよく》にも力技《りきぎ》にも、音聲《おんせい》にも、何處《どこ》かに人《ひと》に異《こと》なる迫力《はくりよく》が自然《しぜん》に備《そな》はるものが多《おほ》い。

五、危機卽應九字早切法

扨《さ》て切紙《きりがみ》九字護身法《じごしんほう》は眞言秘密法《しんごんひみつほう》の正式《せいしき》として、修驗行者等《しゆげんぎやうじやら》が神前佛前《しんぜんぶつぜん》に於《おい》て行《ぎやう》を爲《な》す場合《ばあひ》、惡鬼妖魔《あくきえうま》の障礙《しやうげ》を除《のぞ》くためにするか、又《また》は時間《じかん》に餘裕《よゆう》のある時《とき》に修《しう》するものであつて、形式《けいしき》が多《おほ》くて咄嗟《とつさ》の場合應用《ばあひおうよう》することが出來難《できがた》い故《ゆゑ》その効驗《かうけん》を立所《たちどころ》に顯《あら》はし得《え》ない。依《よ》つて玆《ここ》には臨機應用早九字《りんきおうようはやじ》の切方《きりかた》を說明《せつめい》しよう。これに熟《じゆく》すれば如何《いか》なる危急《ききふ》の場合《ばあひ》と雖《いへど》も卽座《そくざ》に實行《じつかう》して、その効驗《かうけん》を顯《あら》はし得《う》るのである。而《しか》してその實行方法《じつかうはうほう》は至《いた》つて平易簡略《へいいかんりやく》であるから、少《すこ》しく修行《しうぎやう》すれば何人《なにびと》にも容易《ようい》に實行《じつかう》が出來《でき》るのである。

凡《およ》そ九字《くじ》を切《き》るには、身體《しんたい》を清淨《しやうじやう》にしなければならぬことは云《い》ふまでもない然《しか》し時《とき》と場合《ばあひ》に依《よ》りそれが出來《でき》なければ、心《こゝろ》を清淨《しやうじやう》にすればよい、それには一點《てん》の妄想邪念《もうさうじやねん》もなく、眞《しん》に熱心《ねつしん》かつ純《じゆん》一の心《こゝろ》にならねばならぬ、假《か》りにもその効驗《かうけん》に疑《うたが》ひを抱《いだ》くとか、又《また》は他《た》の雜念《ざつねん》に妨《さまた》げられるやうな事《こと》があれば啻《たゞ》にその効驗《かうけん》なきのみならず、却《かへ》つて禍《わざは》ひの身《み》に及《およ》ぶことがある。

早《はや》九《く》字《じ》活《くわつ》法《はふ》

臨《りん》兵《ひやう》鬪《とう》者《しや》皆《かい》陣《ぢん》裂《れつ》在《ざい》前《せん》

一　丨　一　丨　一　丨　一　丨　一

一體《たい》、九字《じ》を切《き》るのに、左右《さゆう》の手《て》で交《かは》る〴〵切《き》るのを法《ほう》となすの說《せつ》もあるがそれは誤《あやま》りである。咄嗟《とつさ》の場合《はあひ》、或《ある》ひは手《て》に何《なに》か持《も》つてゐる時《とき》は、右手《みぎて》のみで切《き》るのが便利《べんり》である。殊《こと》に昔時《せきじ》の武士《ぶし》等《ら》は左手《ひだりて》で刀《かたな》の鯉口《こひぐち》を少《すこ》しく切《き》り指《ゆび》を以《もつ》て鍔《つば》を押《おさ》えて身構《みがま》へながら、九字《じ》を切《き》る場合《はあひ》等《とう》多《おほ》く、從《したが》つて右手《みぎて》のみで切《き》つたものである。危急《ききふ》の際《さい》は何事《なにごと》も敏速《びんそく》に行《おこな》はねばならぬ。右手《みぎて》をのみ使用《しよう》して最《もつと》も速《すみや》かに九字《じ》を切《き》ることをも練習《れんしふ》せねばならぬ。元來《ぐわんらい》、修驗者《しゆけんじや》等《ら》が神佛《しんぶつ》の前《まへ》で指《ゆび》と指《ゆび》とを組合《くみあは》せて內獅子《ないじし》、外獅子《げじし》等《とう》種々《しゆ〴〵》の形《かたち》を爲《な》して印相《いんさう》を結《むす》ぶのは、自分《じぶん》が爲《な》さんとしてゐる行《ぎやう》を、惡鬼妖魔《あくきえうま》の爲《た》めに妨害《はうがい》されることを恐《おそ》れ、九字《じ》の密《みつ》法《ほう》を以《もつ》て、これ等《ら》を退散《たいさん》させんがために修《しう》するのである。且《かつ》それは神佛《しんぶつ》の前《まへ》で爲《な》すこと故《ゆゑ》、種々《しゆ〴〵》の形式《けいしき》に拘泥《かうでい》して外見《ぐわいけん》を衒《てら》ふ氣《き》もちがあるので、咄嗟《とつさ》の場合《はあひ》に應用《おうよう》が出來《でき》ない。然《しか》らば右手《みぎて》のみで切《き》る場合《はあひ》は如何《いか》にするかと云《い》へば、先《ま》づ第《だい》一に右手《みぎて》の拇指《おやゆび》を伏《ふ》せ無名指《くすりゆび》と小指《こゆび》とを以《もつ》てその拇指《おやゆび》の前《まへ》に重《かさ》ね伏《ふ》せ、中指《なかゆび》、人指《ひとさしゆび》の二つを直立《ちよくりつ》させ、よく心《こゝろ》を落付《おちつ》けて一心《しん》に自己《じこ》の信《しん》ずる神佛《しんぶつ》を心中《しんちう》に默《もく》念《ねん》し、一心《しん》を籠《こ》めて第一《だいい》に臨《りん》を横《よこ》に引《ひ》き、次《つぎ》に兵《へい》を縦《たて》に引《ひ》き、又次《またつぎ》に鬪《とう》を横《よこ》に引《ひ》き、前《まへ》に示《しめ》すが如《ごと》くに交《かは》るぐ〳〵九字《じ》を切《き》るのである。

扨《さ》てこれを爲《な》すには、縦横《たてよこ》ともに眞直《まつすぐ》に亂《みだ》れないやうに切《き》らねばならぬ。それゆゑ平素修行《へいそしゆぎやう》する時《とき》には、障子《しやうじ》のサンを目標《もくひやう》として爲《な》すがよい。又《また》一尺《しやく》ばかりの割竹《わりだけ》を組合《くみあは》せて九字《じ》の形《かたち》を造《つく》り置《お》き、これを壁《かべ》に懸《か》けて目標《もくひやう》となし修練《しうれん》するも便宜《べんぎ》な方法《はうはふ》である。何《いづ》れにしても修練《しうれん》を爲《な》す場合《はあひ》には、端坐《たんざ》して下腹《したはら》に力《ちから》を入《い》れ、謂《い》はゆる丹田《たんでん》に精氣《せいき》を滿《み》たし、充分《じうぶん》に精神《せいしん》の統一《とう》を圖《はか》つて修業《しゆぎやう》しなければならぬ。斯《か》くの如《ごと》くして百日《にち》千日《にち》と修練《しうれん》の功《こう》を積《つ》み行《ゆ》けば、咄嗟《とつさ》の場合《はあひ》、非常《ひじやう》の機《き》に臨《のぞ》んで狼狽《らうばい》する事《こと》なく、能《よ》くこの密法《みつぽう》を實行《じつかう》することが出來《でき》て、危《き》難《なん》を免《まぬが》れ、安心立命《あんしんりうめい》が得《え》られるのである。又《また》その修練《しうれん》の功《こう》を積《つ》み得《え》た上《うへ》は、九字《じ》を切《き》りて後《のち》、直《たゞ》ちに大喝《たいかつ》一聲《せい》、氣合《きあひ》を懸《か》けつゝ指《ゆび》を以《もつ》て遙《はる》かに障子《しやうじ》を望《のぞ》んで切《き》る眞似《まね》をすれば、數間《すうけん》を隔《へだ》てた障子《しやうじ》の紙《かみ》が恰《あだか》も銳利《えいり》な刃物《はもの》で切《き》りし如《ごと》く一筋《すぢ》に切《き》り破《やぶ》ることも出來《でき》るのである。

六、金縛り法と氣合術

劒道《けんだう》の秘義《ひぎ》に、一眼《げん》、二左《さ》足《そく》、三聲《しやう》、四術《じゆつ》、五力《りき》といふことがある、第《だい》一に眼《め》が確《たしか》でなくてはならぬ、ちらつく劒先《けんさき》に目《め》を瞬《また》きするやうでは、到底物《たうていもの》にならぬ、又相手《またあひて》の虚所弱點《きよしよじやくてん》を看破《かんは》する眼力《がんりき》がなくてはならぬ。第《だい》二に左足《ひだりあし》の踏《ふ》み方《かた》、力《ちから》の入《い》れ方《かた》が大事《だいじ》である、右手《うしゆ》は進《すゝ》むか、退《ひ》くか、横《よこ》に寄《よ》るかの舵《かぢ》を取《と》る役《やく》であるゆゑ、何時《いつ》でも自由自在《じいうじざい》に發動《はつどう》の出來《でき》る構《かまへ》でなくてはならぬが、左手《さしゆ》はしつかりして居《ゐ》らねば、腰《こし》に力《ちから》が入《い》らぬ、屁《へつ》ぴり腰《ごし》では一撃《げき》の下《もと》に潰《つぶ》される、腰《こし》に力《ちから》が入《はい》れば氣海丹田《きかいたんでん》、即《すなは》ち下腹《したはら》に重《おも》みが出來《でき》る、そこから第《だい》三の聲《こゑ》が出《で》れば力聲《ちからごゑ》となる、胸先《むなさ》きや喉《のど》から出《で》る聲《こゑ》は、單《たん》なる石《いし》や瓦《かはら》のころがる音《おと》に過《す》ぎない下腹《したはら》から出《で》る聲《こゑ》には眞力《しんりき》が籠《こも》つて居《ゐ》る、喝殺《かつさつ》の迫力《はくりよく》がある、坐禪《ざぜん》をするのは氣《き》海《えへ》丹田《たんでん》に力勢《りきせい》を籠《こ》めるのが主《しゆ》である、これが即《すなは》ち劍禪《けんぜん》一致《ち》の極意《ごくい》である。

下腹《したはら》から出《で》る聲《こゑ》を喝殺《かつさつ》の活聲《くわつせい》といひ、大抵《たいてい》のものは、それが膽《きも》にこたへて眼《め》を廻《ま》はす、障子《しやうじ》等《など》に向《むか》つてやれば、小地震《せうぢしん》のやうにびり〱と震《ふる》ひ響《ひゞ》く、劍道《けんだう》の氣合《きあひ》は、この聲《こゑ》と眼光《がんくわう》から出《で》た威力《ゐりよく》をいふのである、眼《め》、腰腹足《こしはらあし》、聲《こゑ》この三つが揃《そろ》へば、腕《うで》に神氣《しんき》が生《しやう》じ、劍《けん》に鬼氣《きき》が起《おこ》る、ここに至《いた》つたのが達人《たつじん》である、四の技《わざ》や五の力《ちから》といふ如《ごと》き何《なん》十人《にん》力《りき》などは何《なん》の價《あたひ》もない、尤《もつと》も技《わざ》も上手《じやうづ》、力《ちから》も多《おほ》い方《はう》がよい。

以上《いじやう》の如《ごと》く解釋《かいしやく》して見《み》ると、禪《ぜん》の喝殺《かつさつ》や、劍道《けんだう》の氣合氣死《きあひきし》と、不動《ふどう》の金縛《かなしば》り法《はう》とは、その實質《じつしつ》に於《おい》て何等《なんら》の相違《さうゐ》もないと見《み》てよからう。金縛《かなしば》り法《はう》が嘘《うそ》ならば喝殺《かつさつ》も氣死《きし》も誤魔化《ごまくわ》しといふの外《ほか》ない、喝殺《かつさつ》、氣死《きし》が本當《ほんたう》ならば、金縛《かなしば》り法《はう》もたしかである、殊《こと》に金縛《かなしば》り法《はう》には信仰《しんかう》が加《くは》はり、神佛《しんぶつ》の背景《はいけい》があるだけに、一層《そう》の妙味《めうみ》があり、又有力《またいうりよく》と見《み》て差支《さしつか》へない、その代《かは》りに迷信化《めいしんくわ》してはならぬ。

要《えう》は修練《しうれん》に在《あ》ると共《とも》に又《また》その人《ひと》の人格《じんかく》に在《あ》る、成否《せいひ》は眞劍《しんけん》か不眞面目《ふまじめ》かによることで、熱誠《ねつせい》を以《もつ》て修練《しうれん》すれば必《かなら》ず極地《きよくち》に達《たつ》し得《う》る、技術《ぎじゆつ》は異《ことな》つても、極地《きよくち》の達人《たつじん》は恐《ことごと》く一元化《げんくわ》するものである。

九字護身法《じごしんほう》もよいが、それよりは金縛《かなしば》り法《ほう》の方《はう》が單純《たんじゆん》で便利《べんり》である、尙《な》ほ劍道《けんだう》の氣合《きあひ》は一層《そう》手取《てつと》り早《はや》い、併《しか》しいづれにしても相當《さうたう》の長期間《ちようきかん》、苦修練行《くしうれんぎやう》を積《つ》まねば、生兵法《なまへいほう》は大怪我《おほけが》の因《もと》である、修練《しうれん》が充分《じうぶん》であつて、いよ〳〵實地《じつち》に臨《のぞ》めば、簡便《かんべん》も複雜《ふくざつ》もない、順序《じゆんじよ》も規則《きそく》もない、當意卽妙《たういそくめう》、一氣呵成《きかせい》、活殺自在《くわつさつじざい》、伸縮無礙《しんしゆくむげ》、妙《めう》用窮《ようきはま》りなしでである。

——不動金縛り法・完——

第五篇　軍陣必勝伏敵神變大秘法

一、敵國降伏大祈禱

總《す》べて祈禱《きとう》では、天下《てんか》泰平《たいへい》、國家《こくか》安康《あんこう》、衆生解脫《しゆじようげだつ》を祈《いの》るのが、無上殊勝《むじようしゆしよう》の大《だい》淨白法《じようびやくほう》としてある、これは增益《ぞうやく》に敬愛《きようあい》及《およ》び延命《えんめい》をも加《くは》へたる大修法《だいしうほう》であるが、古來《こらい》この大法《たいほう》を正式《せいしき》に行《おこな》つたことは殆《ほと》んどない、個人《こじん》として僧侶《そうりよ》やその他《た》のものが、時《とき》たま折《な》りに觸《ふ》れて行《おこな》ふとか、每朝夕《まいあさゆふ》、神佛禮拜《しんぶつらいはい》の序《つい》でに一句《く》一文《もん》の祈《き》念《ねん》をささぐるものはあるが、それは略式《りやくしき》の又《また》その略《りやく》である、本格《ほんかく》に行《おこな》へば千日《にち》の祈《いの》り詰《づめ》といふので、一寸《ちよつ》と誰《たれ》も手《て》が出《で》ぬのである。

第《だい》二は敵國《てきこく》降伏《ごうぶく》の祈禱《きとう》で、これは暴惡《ばうあく》を膺懲《ようちよう》するのであるから、息災法《そくさいほう》で行《おこな》ふのと、降伏法《ごうぶくほう》で行《おこな》ふのとの二がある、兎《と》に角《かく》敵味《てきみ》方《かな》何《なん》千萬《まん》、何億萬《なんおくまん》といふ人《じん》民《みん》の安危《あんき》生命《せいめい》に關《くわん》することであるから、特殊《とくしゆ》の大祈禱法《だいきとうほう》となつて居《ゐ》る。

この祈禱《きとう》は百ケ日《にち》を一期《ご》として正式《せいしき》に行《おこな》はねばならぬから、これ亦《ま》た容易《ようい》ではない、日本《にほん》では元寇《げんこう》の時《とき》に一度行《どおこな》はれた。

文永《ぶんえい》十一年《ねん》十月《ぐわつ》に對島《つしま》で、蒙古軍《もうこぐん》が狼籍《らうぜき》を極《きは》めたが、遂《つひ》に暴風《ばうふう》のために潰滅《くわいめつ》した、それから建治元年《けんぢぐわんねん》には、元使杜世忠《げんしとせいちう》が斬《き》られ、弘安《こうあん》二年《ねん》には周福《しうふく》が斬《き》られた、そこで同《どう》四年《ねん》七月《ぐわつ》に范文虎《はんぶんこ》が十萬《まん》の大軍《たいぐん》、戰艦《せんかん》四千餘隻《よせき》を率《ひき》ひて來襲《らいしふ》した、その事《こと》はこちらも豫《か》ねて覺悟《かくご》であり、朝鮮《てうせん》からも內報《ないはう》があつて、およその時期《じき》も推知《すゐち》が出來《でき》てゐた。

そこで弘安《こうあん》四年《ねん》三月《ぐわつ》の彼岸會《ひがんゑ》が濟《す》むと、政府《せいふ》では全國《ぜんこく》三千餘社《よしや》の明神社《めうじんしや》、座《ざ》主門跡《すもんぜき》の居《ゐ》る大寺《たいじ》、その他有德名僧《たうとくめいそう》の住《ぢう》して居《ゐ》る寺々《てら〳〵》に命令《めいれい》を發《はつ》して、百ケ日《にち》間不斷《かんふだん》の敵國降伏祈籠《てきこくごうぶくきとう》を行《おこな》はしめた、そしてその最後《さいご》の一七日《にち》に當《あた》る期間《きかん》、畏《おそ》

れ多《おほ》くも、

龜山上皇《かめやまじやうくわう》は、御親《おんみづか》ら石清水《いはしみづ》八幡宮《まんぐう》に、御參籠遊《ごさんろうあそ》ばされ給《たま》ひ、御身《おんみ》を以《もつ》て國難《こくなん》に代《か》はらせ給《たま》はんとの、御捨身《ごしやしん》の御祈願《ごきぐわん》をなされ給《たま》ふた。

神風來《しんぷうらい》、神風來《しんぷうらい》、四千の軍艦悉《ぐんかんことごと》く覆沒《ふくもつ》す。

世《よ》或《ある》ひは七月《ぐわつ》は颱風《たいふう》の時期《じき》、偶然《ぐうぜん》の颱風《たいふう》に遭遇《さうぐう》せしなりといふ、それも一理《り》あり、併《しか》し東北《とうほく》より颶風起《たいふうおこ》りし事《こと》といひ、伊勢《いせ》も熱田《あつた》も京都《きやうと》も、中國《ちうごく》も宇佐《うさ》も、同時《どうじ》に吹《ふ》き捲《まく》つたといふ正記《せいき》あり、颱風《たいふう》としては少《すこ》しく行方《ゆきかた》がおかしい、東北《とうほく》から來《く》る颱風《たいふう》や、關東《くわんとう》も中國《ちうごく》も九州《しう》も同時《どうじ》に吹《ふ》くわけはない、併《しか》しそれはそれとして、前《まへ》の文永《ぶんえい》の風《かぜ》は十月《ぐわつ》であつた、十月《ぐわつ》は新曆《しんれき》の十一月末《ぐわつまつ》である、これは如何《いか》に解《かい》すべきか。

兎《と》に角《かく》、元寇《げんこう》の變《へん》には、祈禱費《きとうひ》の方《はう》が軍費《ぐんぴ》よりも多額《たがく》であつたと云《い》はれて居《ゐ》る、これは譽《ほ》むべきことではないが、當時《たうじ》としては國民精神總動員《こくみんせいしんそうどういん》の代表的典《だいひやうてきてん》型《けい》として、それが武力《ぶりよく》に充分反映《じうぶんはんえい》したことは明《あき》らかであらう。

日清日露《につしんにちろ》の役《えき》にも、日支事變《につしじへん》でも、戰勝祈願《せんしようきぐわん》、武運長久《ぶうんちようきう》の祈願《きぐわん》が盛《さか》んに行《おこな》はれたが、元寇《げんこう》の時《とき》のやうに百ケ日祈《にちいの》り詰《づめ》はない、それは時代《じだい》の變化《へんくわ》でもある。いづれにしても敵國降伏《てきこくごうぶく》の本格的祈禱《ほんかくてききとう》は、個人《こじん》としては行《おこな》へない、特殊《とくしゆ》の大神社《だいじんしや》、大寺院《だいじゐん》、大教會《だきよいうくわい》が自發的《じはつてき》に行《おこな》ふ以外《いぐわい》に方法《はうほう》はないのである。

二、敵陣折伏大修法

これは敵《てき》の主將《しゆしよう》一人《にん》を指定《してい》して調伏《ちようぶく》するものである、三七の二十一日《にち》を期間《きかん》とする大護摩修法《だいごましうほう》の大祈禱《だいきとう》として知《し》られて居《ゐ》る、坂上田村麿將軍《さかのうへたむらまろしようぐん》が東夷征伐《とういせいばつ》の時《とき》に行《おこな》はしめて、大功《たいこう》を奏《そう》し、その御禮《おんれい》に京都東山《きようとひがしやま》の淸水寺《きよみづでら》を建立《こんりふ》した、又最《またもつと》も著名《ちよめい》なのは天慶《てんけい》の亂《らん》に、今《いま》の成田山不動尊《なりたさんふどうそん》を寛朝大僧正《くわんてうだいそうじよう》が京都《きようと》より奉持《ほうぢ》して、下總公津《しもふさきみつ》が原《はら》で、二十一日《にち》の大護摩修法《だいごましうほう》を行《おこな》ふた、その滿願《まんぐわん》の日《ひ》に、將門《まさかど》の血《ち》塗《まみ》れの姿《すがた》が護摩《ごま》の煙《けむり》の中《なか》に現《あら》はれた、それは丁度將門《ちやうどまさかど》が平貞盛《たひらのさだもり》に射《い》られ、藤原《ふぢはら》秀卿《ひでさと》に首《くび》を斬《き》られたのと同時刻《どうじこく》であつたといふ。

また織田信長《おだのぶなが》は戰國《せんごく》の末《すゑ》に、近畿《きんき》を鎭定《ちんてい》し、勤王《きんわう》の志《こゝろざし》も篤《あつ》かつたが、僧兵《そうへい》が跋扈《はつこ》して政令《せいれい》に反抗《はんこう》するが如《ごと》き有樣《ありさま》を惡《にく》み、叡山《えいざん》を燒打《やきう》ちにし、本願寺《ほんぐわんじ》を攻潰《せめつぶ》し、高野《かうや》の出城《でじろ》ともいふべき根來山《ねごろさん》を灰《はひ》にして、將《まさ》に高野山《かうやさん》を潰滅《くわいめつ》せしめんとした、そこで僧徒《そうと》の方《はう》よりすれば、事《こと》の理《り》非曲直《ひきよくちよく》は自《おのづ》から別《べつ》であるにせよ、兎《と》に角《かく》法敵《ほうてき》であるとして、三千の僧兵《そうへい》を集《あつ》め、お手《て》ものの調伏祈禱《ちようぶくきとう》を嚴修《ごんしう》した、そしてその滿願《まんぐわん》の朝《あさ》、晝夜《ちうや》祈《いの》り詰《づめ》の二十一日《にち》の薄暗《うすぐら》いうちに、爐《ろ》火《くわ》の上《うへ》に、信長《のぶなが》が忿怒《ふんぬ》し眦《まなじり》を裂《さ》ける姿《すがた》が現《あら》はれた、それは本能寺《ほんのうじ》の變《へん》と同《おな》じ日《ひ》の朝《あさ》であつたといふ。

この種《しゆ》の大祈禱《たいきとう》も今《いま》は行《おこな》はれない、個人《こじん》としては何《ど》うすることも出來《でき》ない大《たい》法《ほう》であるから、蔣介石《しようかいせき》を祈《いの》り殺《ころ》すといふ法《ほう》もない、これは何《ど》うしても純武力《じゆんぶりよく》の手《て》で片付《かたつ》けて貰《もら》ふ他《ほか》はあるまい。

三、陣中十勝秘法

これは純然《じゆんぜん》たる一將《しやう》一兵《べい》が個人《こじん》々々に行《おこな》ふ法《はふ》であるから、いつでも如何《いか》なる場所《ばしよ》でも、如何《いか》なる者《もの》でも、自分《じぶん》一人《にん》で自由《じいう》に行《おこな》ふことが出來《でき》る、先《ま》づ十勝《しよう》とは、勝敵《しようてき》、勝病《しようびやう》、勝飢《しようき》、勝暑《しようしよ》、勝寒《しようかん》、勝火《しようくわ》、勝水《しようすゐ》、勝風《しようふう》、勝險《しようけん》、勝毒《しようどく》である。

一、勝敵《しようてき》。敵全體《てきぜんたい》に勝《か》たねばならぬことは云《い》ふまでもないが、これは主《しゆ》として相對《あひたい》せる敵《てき》、即《すなは》ち一騎《き》打《う》ちといふやうな場合《ばあひ》に、相手《あひて》を叩《たゝ》き潰《つぶ》すことである

二、勝病《しようびよう》。野《の》に伏《ふ》し山《やま》に臥《ふ》し、不眠不休《ふみんふきう》のこともあり、氣候《きこう》、土病《どびやう》、飲食物《いんしよくぶつ》の不自由《ふじいう》、不良等《ふりやうとう》、戰爭《せんさう》に病氣《びやうき》は附物《つきもの》である、それを克服《こくふく》するもの。

三、勝飢《しようき》。戰地《せんち》では飲食物《いんしよくぶつ》の不自由《ふじいう》は固《もと》より、三日《か》も四日《か》も食物《しよくもつ》がなく、惡《あく》水《すゐ》のみで仕方《しかた》のないことがある、飢渇《きかつ》は爆彈《ばくだん》よりも恐《おそ》ろしいといふのは眞實《しんじつ》である、それに堪《た》ゆる法《はふ》。

四、勝暑《しようしよ》。百度《ど》以上《いじやう》といふ大暑《たいしよ》、炎天《えんてん》に曝《さら》される、それは堪《た》へ難《がた》き苦痛《くつう》であ

る、卒倒《そつたふ》や悶絶《もんぜつ》それを壓伏《あつぷく》する法《ほう》。
五、勝寒《しようかん》。鬚《ひげ》も凍《こほ》り、小便《しようべん》も氷《こほ》る、夜《よる》の天幕内《てんとない》、すべてのものは氷山《ひようざん》、血《ち》の循環《じゆんくわん》は止《と》まる、それに堪《た》へ得《う》る法《ほう》。
六、勝火《しようくわ》。火攻《ひぜ》めもあり、炸發《さくはつ》もあり、戰爭《せんそう》と火《ひ》は相伴《あひともな》ふもの、火焔《くわえん》の中《なか》にも泰然《たいぜん》たる法《ほう》。
七、勝水《しようする》。水攻《みづぜ》めあり、洪水《こうする》あり、殊《こと》に海軍《かいぐん》は、怒濤《どたう》の苦艱《くなん》あり、それに屈《くつ》せぬ法《ほう》。
八、勝風《しようふう》。暴風《ばうふう》、颱風《たいふう》、旋風《せんぷう》、それが向《むか》ひ風《かぜ》の時《とき》、又《また》は海上《かいじやう》の大嵐《おほあらし》など、それを切《き》り拔《ぬ》ける法《ほう》。
九、勝險《しようけん》。險路《けんろ》、峻阪《しゆんはん》、險惡《けんあく》の地勢《ちせい》、それを突破《とつぱ》する法力《ほうりき》。
十、勝毒《しようどく》。不慣《ふなれ》の地《ち》に瘴毒《しようどく》の氣《き》あり、毒水《どくする》あり、その他《た》毒食物等《どくしよくもつとう》いろ〱の障碍《しやうげ》あり、毒瓦斯《どくがす》の如《ごと》きもある、それ等《ら》を免《まぬ》がるる法《ほう》。

右《みぎ》の十勝《しよう》の法《ほう》は、一つづつ別々《べつ〱》の法《ほう》があるのではない、一法《ほう》に體達《たつたい》すれば、そのすべてに勝《か》ち得《う》るのである、そしてその秘法《ひほう》といふのは、極《きは》めて簡單《かんたん》である。卽《すなは》ち一句《く》の呪文《じゆもん》と、一つの印契《いんかい》を結《むす》べば、それでよい、併《しか》し困難《こんなん》に遭遇《そうぐう》したからといつて、初《はじ》めてそれを行《おこな》ふても効力《こうりよく》はない、すべて物《もの》は修練《しうれん》せねば、如何《いか》なる妙法神術《めうほうしんじゆつ》も役《やく》には立《た》たぬ、つまらぬ輕業《かるわざ》の如《ごと》きでも熟練《じゆくれん》すれば、綱渡《つなわた》り、高飛《たかと》び等《とう》、神巧的《しんこうてき》の離《はな》れ業《わざ》が出來《でき》るやうなものである。

陣中十勝秘法

不動明王《ふどうめうわう》の獅子奮迅印《ししふんじんいん》、眞言《しんごん》は、

南莫《なうまく》、三曼多《さんまんだ》、縛日羅赧《ばさらたん》、戰拏《せんだ》、摩訶路灑拏《まかろしやだ》、薩《さつ》破吒也《はたや》。吽《うん》。怛羅他《たらた》、憾《かん》、𤚥《がん》。

不動尊祈禱法《ふどうそんきとうほう》の明王中呪《めうわうちうじゆ》を見《み》るべし。

戰場《せんぢやう》のことであるから、本尊《ほんぞん》の安置《あんち》もいらぬ、御供《おく》物《もつ》もなくてよい、唯《た》だ戰閑《せんかん》の時《とき》に、印《いん》を結《むす》び、眞言《しんごん》を幾度《いくたび》でも繰《く》り返《かへ》して唱《とな》ふればそれでよい、千度《ど》よりは一萬度《まんど》、一萬度《まんど》よりは十萬度《まんど》、百萬度《まんど》と、より多《おほ》く唱《とな》へるだけ、それだけ効果《こうくわ》が顯著《けんちよ》である、坐《すわ》つて唱《とな》へても、寢《ね》てゐて眠《ねむ》られぬ時《とき》に唱《とな》へても、歩行《ほかう》の間《あひだ》に唱《とな》へてもよい、併《しか》し成《な》るべくは立《た》ちて劍道《けんだう》の試合《しあひ》をする型《かた》で、左足《ひだりあし》を半歩《はんほ》後《うしろ》に引《ひ》き、腰《こし》を充分《じうぶん》に落着《おちつ》け、下腹《したはら》に張《は》り切《き》るほど力《ちから》を入《い》れ、そこから出《で》る音聲《おんせい》で、氣合《きあひ》と同《おな》じ意氣込《いきご》みにて唱《とな》ふれば、聲《こゑ》に人觸《ひとふ》るれば人《ひと》を倒《たふ》し、馬觸《うまふ》るれば馬《うま》を倒《たほ》す大迫力《だいはくりよく》が出《で》て來《く》る、それを永《なが》く幾日《いくにち》幾十日《いくにち》も修練《しうれん》すれば、咄嗟《とつさ》の場合《はあひ》、即座《そくざ》に聲《こゑ》のみでも相手《あひて》を倒《たほ》し得《う》るのである。

委《くは》しくは、金縛《かなしば》り法《ほう》と氣合術《きあひじゆつ》を參照《さんせう》ありたし。

四、戰場金戒

戰場《せんぢよう》に在《あ》つては、一切《さい》を放下《はうげ》せねばならぬ、天《てん》は妄《みだ》りに人《ひと》を生《しよう》ぜす、又妄《またみだ》りに人《ひと》を殺《ころ》さず、人《ひと》は各自《かくじ》に使命《しめい》と運命《うんめい》を持《も》つて居《ゐ》る、左《さ》れば父母妻子《ふぼさいし》のことは、それ〴〵に天命《てんめい》あれば、なんとかなる、強《し》ひて案《あん》ずるに及《およ》ばぬ、生死自《せいしおのづ》から命《めい》あり、生《せい》を全《まつた》ふすると同時《どうじ》に死《し》に安《やす》んじ、死然《しぜん》を得《う》るといふ大乘的《だいじようてき》の大覺悟《だいかくご》を決《けつ》定《じよう》し、生《せい》に囚《とら》はれず、死《し》に囚《とら》はれず、全《まつ》たく生死《せいし》に超越《ちようえつ》し、いつでも綽々《しやく〳〵》として餘裕《よゆう》あり、從容事《しようようこと》に當《あた》る、喜怒哀樂愛憎慾《きどあいらくあいぞうよく》の七情妄《じようみだ》りに動《うご》かず、これ人《ひと》にして神《かみ》である、佛《ほとけ》である、神人不二《しんじんふじ》、佛凡一體《ぶつぼんいつたい》の境地《きやうち》に住《ちう》するのが、眞《しん》の勇士《ゆうし》であり、又《また》十勝《しよう》を全《まつた》ふし得《う》る所以《ゆゑん》である。

人間《にんげん》の身體《しんたい》よりは常住不斷《じようぢうふだん》に、一種《しゆ》の光輝《くわうき》を放射《はうしや》する、英國《えいこく》のギルナー博士《はくし》はこれを科學的《くわがくてき》に實驗《じつけん》してオーラと名《な》づけ、譯《やく》して靈光《れいくわう》と稱《しよう》す。この靈光《れいくわう》にその人《ひと》の意思《いし》が反映《はんえい》する、善意《ぜんい》は光《ひか》り強《つよ》く鮮《あざや》かにして、その善惡《ぜんあく》の程度如何《ていどいかん》によりさま〴〵の色合《いろあひ》や變化《へんくわ》があるといつて居《ゐ》る。

無念無想《むねんむさう》で一切《さい》を放下《はうげ》して居《ゐ》る者《もの》の靈光《れいくわう》は、冬《ふゆ》の月《つき》のやうに淸《きよ》くして嚴《おごそか》なる光《ひか》りが放射《はうしや》する、佛《ほとけ》の後光《ごくわう》といふのがそれである、この無想《むさう》より凶惡膺懲《きようあくようちよう》のために忿怒《ふんぬ》を起《おこ》せば、この後光《ごくわう》が一變《ぺん》して赤色火炎《せきしよくくわえん》の如《ごと》き殺氣《さつき》と化《くわ》す、それが不《ふ》動尊《どうそん》の火生三昧《くわしようさんまい》である、火《ひ》が燃《も》ゆるのではない、火焔《くわえん》の如《ごと》き赫々《かく〳〵》たる殺氣《さつき》が全《ぜん》身《しん》より放射《はうしや》するのである。

十勝《しよう》の印《いん》と眞言《しんごん》とを修練《しうれん》すれば、その人《ひと》の全身《ぜんしん》より電光《でんくわう》の如《ごと》き殺氣《さつき》が四方《はう》に放射《はうしや》する、それで相手《あひて》の目《め》が眩《くら》み、狙《ねら》ひが狂《くる》ふのである、敵《てき》が打《う》ち下《おろ》す太刀《たいたう》も空《くう》をきつて的《まと》が外《はづ》れるのである、當方《こちら》が避《よ》けるのでもなければ、不思議《ふしぎ》な助力《じよりよく》者《しや》がある譯《わけ》でもない、斯《か》く相手《あひて》を射《い》る殺氣《さつき》の放射《はうしや》するやうになるには、相當《さうたう》の期間《きかん》、相當《さうたう》の數《すう》の修練《しうれん》が肝要《かんえう》であるが、旣《すで》に放光體《はうくわうたい》にまで進《すゝ》めば、十勝《しよう》は愚《おろ》か、何者《なにもの》といへども恐《おそ》るるに足《た》らぬ、又何《またなに》ものも犯《をか》すことは出來《でき》ないのである。

五、迫擊神呪

この迫擊呪《はくげきじゆ》といふのは、前《まへ》の十勝法《しようほう》の眞髓《しんずゐ》を取《と》つて約《やく》したものである、危機《きき》いよ〳〵切迫《せつはく》し、銃《じう》を執《と》つて立《た》つとか、劍《けん》を拔《ぬ》いて相對《あひたい》すれば、前《まへ》の如《ごと》く印《いん》を結《なす》ぶ手《て》も空《あ》いてゐない、又長《またなが》い眞言《しんごん》では咄嗟《とつさ》の間《ま》に合《あ》はぬから、印《いん》も結《なす》ばず、短速《たんそく》なる眞言《しんごん》だけで、肉薄《にくはく》するのである。

併《しか》しそれも矢張《やは》り修練《しうれん》を積《つ》まねば効力《こうりよく》が乏《とぼ》しいから、平素前《へいそまへ》の十勝《しよう》の印《いん》と眞言《しんごん》とを同期間《どうきかん》、交互《かうご》に修練《しうれん》すべきものである、そして不斷《ふだん》の修練《しうれん》には印《いん》を結《なす》んでやるが、いざとなれば印《いん》は觀念《くわんねん》だけでよい、若《も》し萬《まん》一左《ひだり》の手《て》が空《あ》いて居《ゐ》るならば、片手《かたて》だけの印《いん》を結《なす》び、敵《てき》に突《つ》きつけるやうにすればよい。

不動明王《ふどうめうわう》の槍印《やりいん》又《また》は針印《はりいん》

（兩手合印）

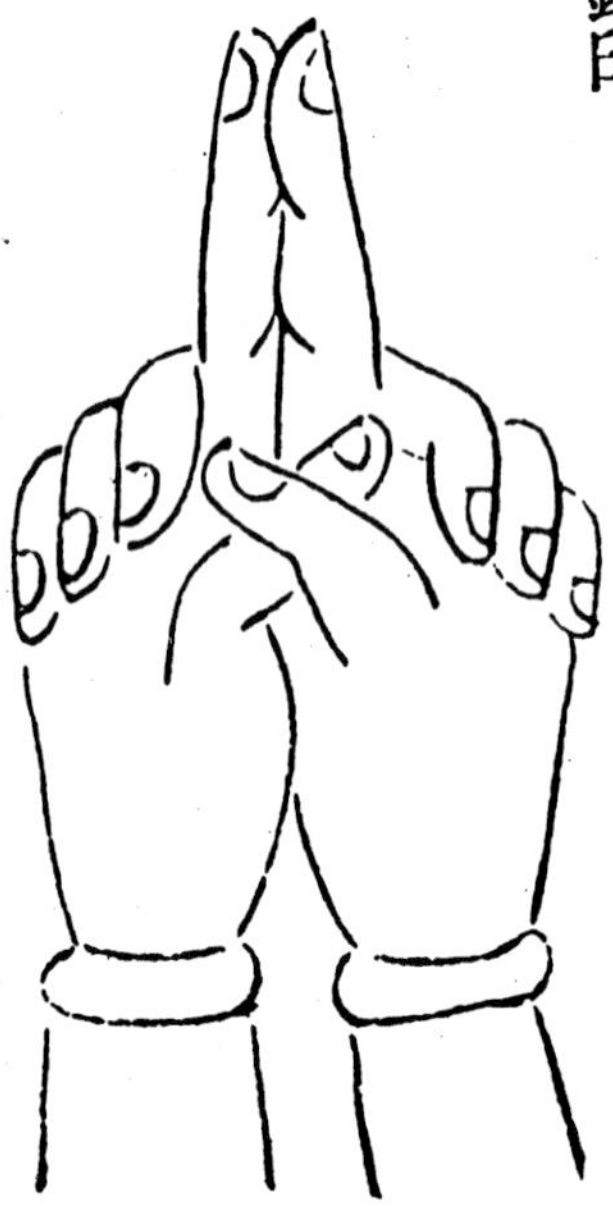

（片手印）

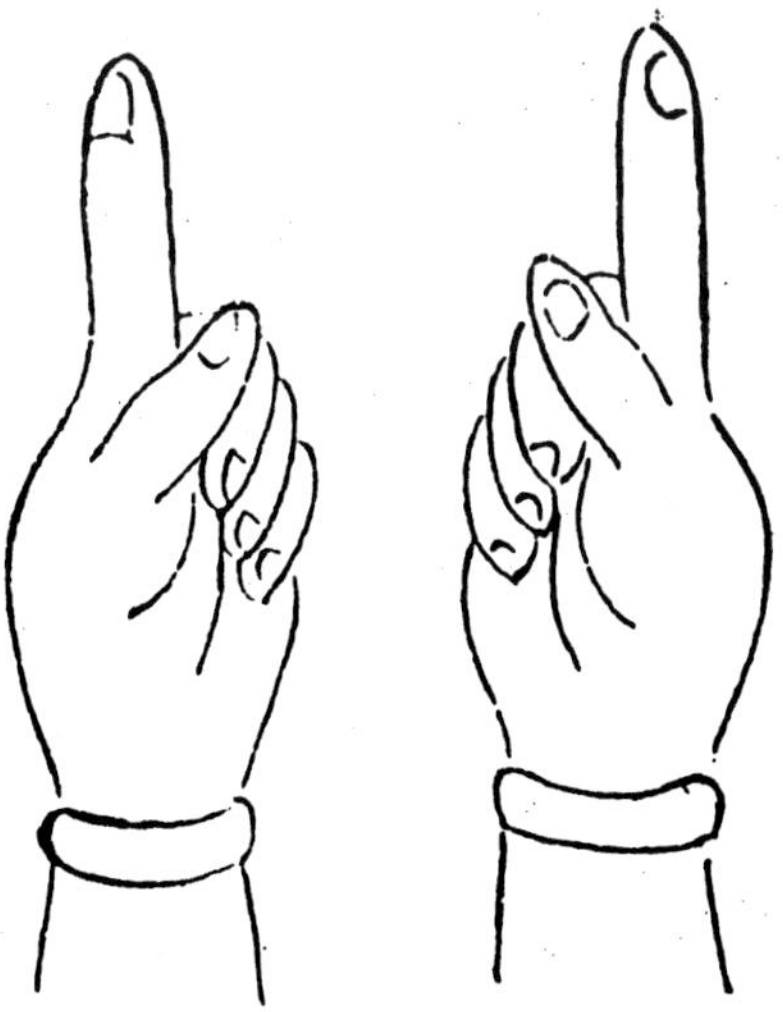

この印《いん》は不動明王《ふどうみやうわう》の槍印《やりいん》、又《また》は針印《はりいん》といつて、その向《む》けた所《ところ》に當《あた》る敵《てき》の喉《のど》なり、胸《むね》なり、眼《め》なりを、槍《やり》で刺《さ》すが如《ごと》き威力《ゐりよく》があり、又《また》うしろより追駈《おひか》くる時《とき》、この印《いん》を突《つ》き出《だ》して進《すゝ》めば、敵《てき》は背《せな》を突《つ》かるるやうに感《かん》じ、狼狽《うろた》へ、逃《に》げ足《あし》が鈍《にぶ》くなりて遂《つひ》に倒《たふ》されるのである。その眞言《しんごん》は、

唵《をん》、阿《あ》闍《じや》羅《ら》拏《だ》、戰《せん》薩《だ》、於《さ》破《は》吒《た》也《や》、吽《うん》。

これは不動明王《ふどうみやうわう》に歸命《きみやう》しまつる、その威力《ゐりき》を以《もつ》て暴惡《ばうあく》を破壞《はゑ》せしめ給《たま》へ、叱《しつ》訶《か》といふ義《ぎ》である。

——軍陣必勝伏敵神變大秘法●完——

全國不動尊奉安靈場所在地一覽表

東京府

新長谷寺	小石川區關口駒井町
通玄院	同　大塚仲町
觀智院	淺草區千束町二丁目
教善院	同　山ノ宿町
金藏院	同　象瀉町
大行院	同　淺草公園第二區
梅園院	同　象潟町
無動院	同　象潟町
不動院	同　榮久町
南谷寺	本鄕區駒込片町
根生院	同　湯島町
威德寺	赤坂區一ッ木町
太宗寺	四谷區新宿二丁目
天德寺	芝區西久保巴町
鏡照院	同　愛宕町
寶生院	同　三田北寺町
永久寺	下谷區三輪町
深川不動	深川區深川公園內
不動寺	同　靈岸町
不動院	麻布區市兵衛町二丁目
延命寺	本所區中之鄕八軒町
出世不動	神田區松下町
正藏院	荏原郡羽田町
龍泉寺	同　目黑町下目黑
安泰寺	同　蒲田町
教學院	同　世田ヶ谷町三軒屋

常行寺　世田ケ谷區南品川
滿願寺　同　玉川村等々力
常福寺　西多摩郡成木町
即清寺　同　吉野村柚木
安樂寺　同　成木町
光明寺　同　大久野村細尾
西福寺　同　大久野村北原
大仙寺　同　川口村田守
長福寺　同　川口村鳥栖
不動院　同　加住村大字高月
安養寺　同　日野村
不動院　同　加住村字高月
吉祥寺　同　多摩村乞田
花嚴院　同　鶴川村
金剛寺　同　七生村高幡
西蓮寺　同　四ツ谷
寶生寺　同　恩方村
瀧不動　北豊島郡王子町

東福寺　北豊島郡巣鴨町
不動院　同　瀧野川町
正受院　同　瀧野川町
無量寺　同　瀧野川町西ケ原
雷不動　南葛飾郡行德
東覺寺　同　龜戸町
不動院　同　砂町
不動院　同　瑞江村
最勝寺　同　小松川町逆井
持寶院　同　砂町龜高
吉祥院　豊多摩郡高井戸町上高井戸
莊嚴寺　同　代々幡町幡ケ谷
安養寺　北多摩郡武藏野村吉祥寺
多聞院　同　久留米村南澤
不動院　同　調布町
吉祥院　同　砧村鎌田
不動院　南足立郡千住町二丁目

不動院　南足立郡江北村
不動院　同　花畑村

京都府

三會寺　京都市上京區第六組風呂屋町
淨妙院　同　上京區今熊野町
本瑞寺　同　上京區姥ケ寺之寺町
文珠院　同　上京區西盧山寺町
清閑寺　同　下京區清閑寺町
般舟三昧院　同　下京區今出川千本般舟院前町
大興德院　同　下京區三十三間堂廻り町
明王院　同　下京區松原通り麩屋町東入ル石不動町
明王院　同　下京區油小路三條下ル不動堂町

岩屋寺　宇治郡山科町西野
正覺院　同　宇治町
放生院　同　宇治町
嘉祥寺　紀伊郡深草町
不動院　同　竹田村
不動院　同　竹田村(北向不動)
志明院　愛宕郡雲ケ畑村出谷
峰定寺　同　花背村原地新田
勝持寺　乙訓郡大原野村
神護寺　葛野郡梅ケ畑村
法輪寺　同　松尾村
鹿苑寺　同　衣笠村大北山（金閣寺ノコト）

大阪府

竹林寺　大阪市南區千日前
觀心寺　南河內郡川上村寺元
光瀧寺　同　高向川村瀧畑

金剛寺　南河内郡天野村天野
月峰寺　豐能郡西鄉村大里
釋迦院　同　秦野村才田
施福寺　泉北郡横山村槇尾山
北室院　泉北郡横山村大字槇尾山
中之坊　同　横山村槇尾山
理智院　同　多奈川村谷川
寂定院　三島郡淸水村大字原村
輪弘院　同　淸水村大字原

神奈川縣

延命院　横濱市宮崎町野毛山
弘誓院　同　中村町
香象院　同　程土ケ谷町帷子
眞照院　同　磯子町
增德院　同　元町一丁目
大聖院　同　西戸部町
東漸寺　同　中村町
寶積寺　横濱市根岸町
密嚴院　同　瀧頭町
龍泉寺　同　鶴見區生麥
慶珊寺　久良岐郡金澤村大字富岡
金藏寺　橘樹郡日吉村大字駒村
壽永寺　同　稻田村大字宿河原
眞福寺　同　旭村大字上末吉
泉福寺　同　宮前村大字馬絹
大聖院　同　日吉村大字箕輪
長福寺　同　稻田村大字宿河原
等覺院　同　向丘村大字長尾
金藏寺　同　日吉村大字駒林
眞福寺　同　旭村大字上末吉
長光寺　同　大綱町大字大曾根
長福寺　同　大綱村藤原
等覺院　同　向丘村長尾
東樹院　同　中原村宮内
福聚院　同　程土ケ谷町岩間

蓮乘院	橘樹郡橘村子母口	
慈眼寺	都筑郡新治村寺山	
長王寺	同	都田村池邊
長泉寺	同	新治村中山
長泉寺	同	中川村山田
東觀寺	同	新治村本鄉
福泉寺	同	田奈村長津田
滿願寺	同	山内村石川
萬福寺	同	田奈村恩田
林光寺	同	新治村鴨居
莊嚴寺	三浦郡北下浦村	
大善寺	同	衣笠村衣笠
圓光寺	鎌倉郡玉繩村城廻	
青蓮寺	同	深澤村手廣
補陀落寺	同	鎌倉町亂橋材木座
明王院	同	鎌倉町十二所
感應院	高座郡藤澤町大鋸	
蓮慶寺	同	澁谷村福田
命德寺	中郡秦野町曾屋	
金龍寺	同	大磯町西小磯
淨心寺	同	城島村城所
長樂寺	同	須馬村須賀
等覺院	同	吾妻村山西（釜野口）
寶珠院	同	土澤村根坂間
不動院	同	金目村北金目
密嚴院	同	吾妻村川勾
明王寺	同	大山町大山
命德寺	同	秦野町曾屋
蓮花院	同	國府村新宿
蓮光寺	同	須馬村馬入
不動院	足柄上郡上秦野村字柳川	
圓通寺	同	谷ケ村
玉傳寺	同	岡本村
弘行寺	同	南足柄村南坪
花藏院	同	川村向原
眞福寺	同	早川村早川

大松寺　足柄上郡福澤村竹松
等覺院　同　曾我村上大井
不動院　同　上秦野村柳川
寶壽院　同　松田町松田總領
滿藏院　同　岡本村塚原
不動院　同　金田村金子
圓福寺　足柄下郡小田原町幸町
蓮上院　同　小田原町新玉二丁目
聖眼寺　愛甲郡三田村三田
安養寺　津久井郡串川村青山
東林寺　同　湘南村葉山島
普門寺　同　三澤村中澤

兵庫縣

大龍寺　神戸市再度山
東光寺　武庫郡甲東村門戸
發音寺　川邊郡伊丹町野村
淨心院　加古郡鴨里村北在家
圓教寺　飾磨郡曾左村書寫
龍門寺　揖保郡網干町濱田
乳木庵　朝來郡殿村
安養院　美方郡大庭村對田
龍寶寺　津名郡鮎原村吉田

新潟縣

法光院　新潟市沼垂町
不動院　新潟市西堀通り四番町
興國寺　長岡市千手町
觀音寺　北蒲原郡安田村草水
福隆寺　同　分田村寺社
普談寺　中蒲原郡金津村朝日
長閑寺　同　川內村水戸野
井龍寺　東蒲原郡東川村大倉
延命寺　同　小川村常浪
不動寺　中魚沼郡岩澤村
瑞天寺　中頸城郡潟町蜘ヶ池

埼玉縣

本行院　川越市久保町
永福寺　同　北足立郡大久保村神田
西光院　同　戸塚村戸塚
清浄院　同　宮原村吉野原
大興寺　同　大門村
普光明寺　同　大和田町
東福寺　同　草加町南草加
寶巖院　同　安行村慈林
寶藏寺　同　内間木村宮戸
滿行寺　同　片山村片山
無量壽院　同　中丸村常光別所
長久寺　同　原市町
東光寺　同　川田谷村
放光寺　同　石戸村石戸宿
眞福寺　同　石戸村下石戸
永代寺　入間郡柏原村柏原

聖天院　入間郡高麗川村新堀新田
千光寺　同　宗岡村
大福寺　同　入西村新堀
智觀寺　同　飯能町中山
蓮花院　同　豐岡町黑須
西福寺　同　大家村名和田
三光院　同　鶴瀨村鶴馬
松福院　同　高麗川村平澤
觀音寺　比企郡松山町
金剛院　同　北吉見村今泉
鬼障院　同　西吉見村御所
無量寺　同　南吉見村久保田
寳樹坊　同　平村字西平
常樂寺　秩父郡吾野村高山
寶光寺　同　尾田蒔村寺尾
光藏寺　同　槻川町坂本
成身院　兒玉郡秋平村小平
常福寺　同　松久村廣木

陽雲寺　兒玉郡賀美村金久保
不動寺　大里郡男衾村富田
滿福寺　同　本畠村畠山
正覺院　北埼玉郡羽生町上羽生
總願寺　同　不動岡村不動岡
東光寺　同　笠原村笠原
遍照院　同　上尾町上尾
法輪寺　同　東村新川通
龍華院　同　高柳村正能
吉祥院　南埼玉郡菖蒲町
壽徳寺　同　鷲宮村
正法院　同　栢間村栢間
眞藏院　同　須賀村須賀
大聖寺　同　大相模村西方
彌勒寺　同　岩槻町
正福寺　北葛飾郡幸手町內國府
明王院　同　戶ヶ崎村鎌倉

群馬縣

西福寺　群馬郡東村稻荷新田
良信寺　多野郡藤岡町
延命院　同　吉井町
榮命寺　北甘樂郡馬山村高山
達磨寺　碓氷郡八幡村鼻高
不動寺　同　松井田村
不動寺　同　磐戶村大鹽澤
不動堂　勢多郡横野村宮田
清瀧寺　吾妻郡伊參村原岩本
實相院　利根郡白澤村高平
明王院　新田郡尾島町安養寺
威光寺　同　寶泉村由良
長慶寺　同　綿打村上田中
圓福寺　同　寶泉村別所
妙眞寺　佐波郡妥女村下淵名
圓福寺　同　宮郷村今村

退魔寺	佐波郡茂呂村茂呂
福壽院	同　剛志村小此木
觀照寺	同　玉村町上之手
觀音寺	山田郡川内村山田
光明寺	邑樂郡梅島村梅原
善導寺	同　館林町谷越

千葉縣

長福寺	千葉郡豐富村八木ケ谷
正福寺	同　臼井村佐和
大巖寺	同　蘇我野町生實郷
千葉寺	同　千葉寺村
金藏寺	東葛飾郡八榮村南金杉
甚大寺	印旛郡佐倉町佐倉新
不動堂	同　安食町安食葭河原
勝藏院	同　酒々井町馬場
新勝寺	同　成田町
不動院	同　八街村八街
不動院	香取郡中和村入野
龍正院	同　滑川町滑川
莊嚴寺	同　佐原町
岩井不動	海上郡瀧鄕村岩井
和田不動	同　銚子町淺間山上
長榮寺	長生郡日吉村榎本
飯繩寺	同　太東村和泉
圓光寺	同　日吉村德增
延命寺	同　東村小野田
常福寺	同　五鄕村石神
大聖寺	同　鶴枝村下永吉
放光寺	同　五鄕村早野
寶藏寺	同　西村小澤
軍荼利堂	同　浪見村岩切
不動寺	同　水上村高山
德藏寺	山武郡二川村山中
不動院	同　上堺村北清水
圓福寺	同　大富村早船

藥王寺　山武郡大總村牛熊
不動院　同　成東町
岩田寺　君津郡松丘村
跳洋寺　夷隅郡長者町井澤
千光寺　同　東村長志
瀧音寺　同　東村山田
大聖寺　同　大原町小濱
金乘院　安房郡館野村山本
勝德寺　同　佐原町荒久
勝福寺　同　田原村川代
密藏院　同　佐久間村
妙音院　同　館山町眞倉
妙本寺　同　保田町吉濱

茨城縣

西福寺　東茨城郡磯濱町
楞嚴寺　西茨城郡北山內村片庭
如意輪寺　那珂郡村松村照沼
成田不動堂　久慈郡太田町金井町
圓通寺　行方郡大和村靑沼
華藏院　同　太田村根小屋
教音院　稻敷郡太田村
成就院　同　安中村馬掛
眞光寺　同　根本村上根本
不動院　同　江戶崎町江戶崎
法泉寺　新治郡東村大岩田
成就寺　同　藤澤村上坂田
盛賢寺　同　關川村井關
大聖寺　同　東村永國
雲照寺　同　瓦會村瓦谷
不動院　同　高濱町東田中
千光寺　筑波郡大穗村大曾根
全字寺　同　北條町內町
不動院　同　板橋村板橋
泉明院　眞壁郡紫尾村椎尾
延命院　猿島郡神大宮村神田山

常圓寺　北相馬郡井野村小堀
大聖寺　同　小文間村

栃木縣

寶藏寺　宇都宮市小袋町
持寶院　河內郡城山村
感應寺　同　明治村石田
金剛定寺　同　瑞穗野村
東安寺　上都賀郡西方村元
自性寺　同　粕尾村下粕尾
千手院　下都賀郡寺尾村出流
不動院　同　南犬飼村
持明院　鹽谷郡大宮村風見
總德寺　那須郡大山田村大山田
長久寺　同　境村大木須
遍照院　同　太田原町
安樂寺　安蘇郡旗川村並木
成就寺　同　植野村植町

雞足寺　足利郡小俣村

奈良縣

十輪院　奈良市十輪院町
不退寺　添上郡佐保村法蓮
龍象寺　同　帶解村柴屋
王龍寺　生駒郡富雄村
唐招提寺　同　都跡村五條
法隆寺　同　法隆寺村
鳳閣寺　吉野郡黑瀧村鳥住
不動坊　同　下北山村前鬼

三重縣

圓樂寺　三重郡日永村日永
大聖院　同　日永村
地藏院　鈴鹿郡關町新町
不動院　同　野登村遝法寺
繼松寺　飯南郡松坂町松坂中町

淨光院　多氣郡相可村相可
延壽院　名賀郡瀧川村長坂
池邊寺　同　花垣村予野
不動寺　同　依那古村
寶嚴寺　同　阿保村寺脇
寶泉寺　同　錦生村安部田

愛知縣

養壽院　名古屋市東區新出來町
一乘院　同　鍋屋町三丁目四二
滿光院　同　鍋屋上野字南山
長久寺　同　長久寺町二四
清瀧寺　同　西二葉町三九
永安寺　同　中區宮出町
萬福院　同　中區鍛治屋一丁目
照運寺　同　中區新榮町四丁目
延命院　同　西區袋町三丁目
喜見寺　同　南區熱田市場町
地藏院　名古屋市南區熱田田中町
不動院　同　南區熱田東町
東光院　同　南區笠寺町字上新町
西方院　同　同
西福院　同　同
慈雲院　同　同
清寶院　豐橋市中瀨古町一五
大聖寺　同　花田町字石塚
寶形院　同　同字齋藤
不動院　同　瓦町
德寶院　岡崎市魚町三三
甲山寺　同　六供町字甲越
吉祥院　同　明大寺町字仲ケ入
日光院　愛知郡天白村大字八事
瀧德寺　西春日井郡北里村字市之久田
寶藏院　丹羽郡布袋町大字小折
不動庵　同　丹陽村大字多加木

眞長寺	丹波郡樂田村字向山	
長幡寺	同	古知野町大字赤童子
寂光院	同	城東村繼鹿尾
大寶院	葉栗郡宮田町大字松竹	
地藏院	中島郡大和村大字於保	
劒福寺	同	今伊勢村大字馬寄
桂林寺	同	大里村大字七ツ寺
不動坊	同	稻澤町大字大塜
寶壽院	海部郡永和村大字大井	
觀音坊	同	津島町大字津島
吉祥坊	同	同
不動院	同	同
寶壽院	同	同大字向島
不動坊	同	甚目寺村大字新居屋
淨蓮坊	知多郡八幡町大字佐布里	
福生寺	同	同大字新知
常光院	同	同大字八幡
石川坊	同	龜崎町大字乙川

利生院	知多郡師崎町大字大井	
密藏院	同	野間村大字野間
寶藏寺	同	大野町字ハタコ
常覺院	同	横須賀町大字養父
金蓮寺	幡豆郡横須賀村大字饗庭	
法泉寺	東加茂郡盛岡村大字追分	
寶水寺	碧海郡明治村米津	
金藏院	額田郡岩津町大字眞福寺	
壽命院	寶飯郡豐川町大字三谷原	
養學院	同	同大字麻生田
德寶院	同	牛久保町大字下長山
淵龍院	同	一宮村大字東上
大善寺	寶飯郡小坂井町大字宿	
威寶院	同	同 大字篠束
法嚴院	同	八幡村大字八幡
妙覺坊	同	八幡村大字八幡
松久寺	同	萩村字上長末
龍泉院	同	赤坂町字東裏

法林寺　同　御油字木下
明王院　同　御津町大字下佐脇
不動院　同　大塚村大字相樂
無量寺　同　西浦村字日中
金胎寺　南設樂郡新城町字宮ノ前
光明院　同　東郷村大字富澤
智教院　同　同大字川路
大龍寺　同　同大字有海
來寶寺　同　海老町大字四谷
來寶院　同　同大字四谷
玉寶院　北設樂郡段嶺村大字田峯
普門院　同　田口町大字長江
龍寶院　同　福江町大字保見
泉淨院　同　同　同
大照院　西加茂郡擧母町大字宮口
妙學院　同　猿投洲村大字龜首
加納寺　八名郡賀茂村字比丘尼谷
寶王院　同　石卷村大字西川

瑞雲寺　八名郡八名村大字富岡
般若院　同　八名村大字一鍬田

靜岡縣

妙蓮寺　富士郡上野村下條（堀之內）
智滿寺　志太郡大津村千葉
鬼岩寺　同　藤枝町
般若院　田方郡熱海町伊豆山區
大雲院　小笠郡雨櫻村上垂木
頭陀寺　濱名郡芳山村都盛

山梨縣

玄法院　甲府市上府中久保町
大中寺　東山梨郡岡部村國府
放光寺　同　松里村藤木組
信盛院　同　岩手村岩手
不動寺　同　奥野田村

能滿寺　西山梨郡國里村國玉
世音寺　東八代郡英村中川
福光園寺　同　竹野原村大野寺
廣嚴院　同　代咲村中澤
密藏院　同　境川村大字坊ヶ峯
大聖寺　南巨摩郡八日市場村
明王寺　同　增穂村春米
隆昌院　中巨摩郡大井村江原西山
光昌寺　同　伏塚　落合村秋山

滋賀縣

延暦寺本山
明王堂　滋賀郡坂本村比叡山
不動堂　同　同　同
延暦寺支院
玉林院　滋賀郡比叡山東塔無動寺
大林院　同　同　横川村戒心谷

不動院　滋賀郡比叡山東塔北谷
明王院　同　同　葛川村大字坊
大林寺　同　同　坂本村
來迎寺　同　同　同
石山寺　同　石山村石山
歡喜院　同　伊香立村大字南庄
安樂寺　野洲郡野洲村市三宅
地安寺　甲賀郡大野村前野
息障寺　同　南杣村大字杉谷
飯道寺　同　北杣村大字三大寺
明王寺　同　龍池村大字磯尾
不動寺　同　岩根村岩根
清凉寺　同　土山村青土
金剛定寺　蒲生郡比都佐村中山
觀仙坊　同　老蘇村大字石寺
金乘院　同　島村大字長命寺
實光院　同　島村大字長命寺
松林寺　同　日野村大字小井口

祥光寺	同　玉緒村大字柴原南
眞靜院	同　島村大字長命寺
千光院	同　安土村大字桑實寺
禪琳院	同　島村大字長命寺
徳萬坊	同　老蘇村大字石寺
福圓寺	同　金田村大字鷹飼
妙覺院	同　島村大字長命寺
伊崎寺	同　島村大字白王
浄榮寺	神崎郡南五箇莊村金堂
勸善院	坂田郡醒井村大字上丹生
神宮寺	高島郡朽木村字宮前坊

岐阜縣

西野不動堂	岐阜市西野町
行基寺	海津郡城山村上野河戸
養老寺	養老郡養老村白石
菩提寺	不破郡岩手村
來振寺	揖斐郡富秋村稻富
東光寺	山縣郡下伊目良村小倉
圓鏡寺	本巣郡北方町
日龍峯寺	武儀郡下之保村
東榮寺	可兒郡廣見村大字瀬田

長野縣

壽量坊	長野市元善町
常徳院	同　同
海禪寺	上田市
多福寺	南佐久郡岸野村
極樂寺	同　北牧村千代里
常元寺	北佐久郡中佐都村字常田
圓滿寺	同　岩村田村六供
光前寺	上伊那郡赤穗町
高雲寺	同　中箕輪村字木ノ下
林臾院	下伊那郡大島村上新井
願行寺	西筑摩郡福島町上之山
鄕福寺	東筑摩郡廣丘村鄕原

照明寺　東筑摩郡生坂村上生坂
滿願寺　南安曇郡西穗高村牧
常光寺　更級郡日原村置原
專照寺　同　信田村赤田
明德寺　同　更科村羽尾
長雲寺　同　稻荷山町
智照院　埴科郡屋代町新町
福德寺　同　東寺尾村東寺尾

宮城縣

洞雲寺　宮城郡七北田村
箱泉寺　桃生郡北村箱淸水
大德寺　本吉郡横山村北澤
小原不動堂　刈田郡小原村

福島縣

大覺院　信夫郡鎌田村大字丸子
大正寺　同　中野村瀧ノ澤

德寶院　信夫郡平野村大字入江野
安性院　同　瀬上町大字瀬上
覺壽院　同　佐倉村大字佐原
教法院　同　平野村大字平田
行法院　伊達郡石戸村大字石田
高山院　同　小手村大字糠田
大全院　同　小手村大字小島
五大院　同　飯野村大字飯野
大重院　同　太田村大字二井田
日光院　同　湯野村大字湯野
不動院　同　茂庭村大字中茂庭
法常院　同　月館町大字御代田
和正院　同　小國村大字大波
吉壽院　同　福田村大字秋山
觀音寺　安達郡和木澤村糖澤
息王寺　同　太田村廣瀬
明光寺　北會津郡門田村大字御山
安養寺　石川郡澤田村大字澤井

不動院　田村郡蘆澤村大字蘆澤
南岳院　双葉郡請戸村大字請戸
見明院　相馬郡小高町大字南小高
文壽院　同　磯部村大字磯部

岩手縣

千手院　西磐井郡平泉村大字平泉
願成寺　同　一ノ關町
金色院　(閼伽堂)西磐井郡平泉村
長德寺　東磐井郡大津保村

青森縣

橋雲寺　中津輕郡大浦村植田
國上寺　南津輕郡碇ケ關村古懸
法眼寺　同　黑石町山形
壽福院　北津輕郡板柳町大字板柳

山形縣

聖德寺　山形市三日町
般若院　山形市八日町
龍覺院　米澤市上裏町
不動院　南村山郡西鄉村大字小穴
明寶院　同　本庄村大字金山
千手院　同　大寺村大字大寺
常照寺　同　大寺村大字大寺
成就院　同　中川村大字元中
大樹院　同　楯山村大字青野
大照院　同　大寺村大字北垣
持福院　同　大鄉村大字中野
福性院　同　津山村大字山元
寶光院　同　金山村大字志戸
立石寺　同　山寺村山寺
金勝寺　同　鈴川村
最上院　西村山郡醍醐村大字慈恩寺
慈眼院　同　大字北倉地字岩木

大圓院	西村山郡日岩町大字田代	
不動院	同	五百川村大字新宿
不動院	同	五百川村大字白倉
寶前坊	同	醍醐村大字慈恩寺
明覺坊	同	醍醐村大字慈恩寺
寶藏院	同	醍醐村大字慈恩寺
覺性院	最上郡稲舟村大字福田	
月藏院	同	豊田村大字庭月
清光院	同	萩野村大字萩野
泉學院	同	八向村大字升形
善明院	同	新庄町大字金澤
大善院	同	古口村大字藏岡
東善院	同	東小國村大字富澤
不動院	同	角川村大字角川
寶藏院	同	新庄町大字十日町
明性院	同	新庄町大字金澤
觀音寺	東置賜郡赤湯町大字二色	
喜多院	同	糠野田村大字福澤
祥雲寺	東置賜郡高畠町大字高畠	
常寶院	同	六郷村大字相原
常寶院	同	大塚村大字西大塚
成就院	同	大塚村大字西大塚
青龍寺	同	高畠町大字高畠
大光院	同	屋代村大字一本柳
明學院	同	大塚村大字西大塚
妙法院	同	屋代村大字時澤
龍樹院	同	高畠町大字高畠
林照院	同	高畠町大字高安
觀音寺	西置賜郡鮎貝村大字深山	
高學院	同	白鷹村大字瀧野
十王院	同	十王村
正光院	同	十王村
常學院	同	鮎貝村大字鮎貝
常福院	同	蠶桑村大字山口
泉藏院	同	鮎貝村大字鮎貝
千手院	同	豊田村大字今泉

善明院　西置賜郡長井町大字宮
大聖院　同　白鷹村大字瀧野
大聖院　同　鮎貝村大字鮎貝
大寶院　同　鮎貝村大字鮎貝
寶性院　同　鮎貝村大字鮎貝
寶藏院　同　豐川村大字小白川
明樂院　同　白鷹村大字瀧野
遍照寺　同　長井町大字宮
文珠院　同　蠶桑村大字山口
教善院　南置賜郡玉庭村大字玉庭
大聖寺　同　三澤村大字神原
養善院　同　窪田村大字藤原
大重院　同　玉庭村大字玉庭

秋田縣

清光院　仙北郡刈和野町
湯仙寺　雄勝郡湯澤町

福井縣

平岡不動堂　福井市寶永下町
朝日山不動堂　福井市
高岳寺　坂井郡長畝村篠岡
窓安寺　南條郡武生町楠
寶樹寺　丹生郡城崎村米ノ浦
神宮寺　遠敷郡遠敷村神宮寺

石川縣

寶集寺　金澤市野田寺町一丁目
雨寶院　同　千日町
長樂寺　鹿島郡能登部村能登部下
翠雲寺　珠洲郡三崎村大字寺家

富山縣

日石寺　中新川郡大岩村茗荷谷
浄泉寺　同　宮川村東江上

鳥取縣

最勝院　鳥取市湯所町
岩屋堂　八頭郡池田村岩屋堂
觀證院　西伯郡大山村大字大山

島根縣

海乘院　松江市米子町
自性院　同　米子町
普門院　同　北田町
圓流寺　八束郡朝酌村西尾
乘光寺　同　意東村上意東
成相寺　同　古江村莊成
報恩寺　同　玉湯村湯町村
清水寺　能義郡字賀莊村清水
岩屋寺　仁多郡横田村中
普光寺　同　飯石郡一宮村給下
禪定寺　同　錫山村乙加宮
圓通寺　飯石郡多根村多根
鰐淵寺　簸川郡鰐淵村別所
弘法寺　同　布智村下古志
多福寺　同　川跡村高岡
蓮臺寺　同　莊原村三纓
寶壽院　那賀郡長濱村熱田

岡山縣

常住寺　岡山市上石井
金山寺　御津郡牧石村金山寺
善行院　赤磐郡仁堀村
圓福寺　邑久郡福田村豆田
成願寺　同　太伯村神崎
安樂院　同　本庄村本庄
寶光寺　同　鹿忍村寺山
法泉坊　上道郡高島村大字國府市場
高山寺　後月郡高屋村

檀度坊　上房郡上竹莊村大字有津井
長西寺　川上郡落合村大字原田
勇山寺　眞庭郡木山村鹿田
圓融寺　同　河内村上河内
圓通寺　苫田郡香々美南村寺和田
西法寺　勝田郡瀧尾村大字堀坂
大聖寺　英田郡吉野村大聖寺
長福寺　同　福本村眞神
永年寺　久米郡垪和村大字東垪和

廣島縣

福王寺　安佐郡龜山村綾ケ谷
極樂寺　佐伯郡原村
大聖院　同　嚴島町
光明院　同　嚴島町
佛通寺　豐田郡高坂村許山
釜山寺　御調郡三原町三原
正法寺　御調郡三原町三原
明王院　沼隈郡草戸村
法恩寺　比婆郡東城町川西

山口縣

淸安寺　厚狹郡厚西村厚狹
福光寺　玖珂郡岩國町横山
酒垂山觀音堂　佐波郡防府町宮市
普門寺　同　中關村中關
觀音寺　吉敷郡大道村岩淵市

和歌山縣

松生院　和歌山市片岡町
瀧之坊　海草郡紀三井寺村三井寺
傳法寺　那賀郡池田村池田新
粉河寺　同　粉河町
遍照光院　伊都郡高野山(蓮華谷)
不動院　同　同　(蓮華谷)

大明王院　伊都郡高野山（蓮華谷）
三寶院　同　同（蓮華谷）
增長院　同　同（蓮華谷）
惠光院　同　同（蓮華谷）
常喜院　同　同（南谷）
淨菩提院　同　同（南谷）
增福院　同　同（南谷）
天德院　同　同（南谷）
德善寺　同　同（南谷）
五坊寂靜院　同　同（一心院谷）
西室院　同　同（一心院谷）
親王院　同　同（本中院谷）
遍明院　同　同（本中院谷）
明王院　同　同（本中院谷）
普賢院　同　同（千手院谷）
木覺院　同　同（千手院谷）
智莊嚴院　同　同（西院谷）
南院　同　同（五之室谷）

光臺院　伊都郡高野山（五之室谷）
高祖院　同　同（五之室谷）
金剛三昧院　同　同（小田原谷）
金剛峰寺（護摩堂）　同

德島縣

明王寺　德島市前川町
鶴林寺　勝浦郡生比奈村
地藏寺　同　小松島町小松島浦
太龍寺　那賀郡加茂谷村加茂
福成寺　板野郡住吉村住吉
熊谷寺　阿波郡土成村西原
雲邊寺　三好郡佐馬路村日地

香川縣

本覺寺　高松市北古馬場町
弘憲寺　高松市西濱町
長尾寺　大川郡長尾町長尾西

靈芝寺　大川郡志度町
屋島寺　木田郡潟之村屋島
不動堂　小豆郡苗羽村苗羽
明王寺　同　池田村池田
金剛寺　同　北浦村屋形崎
大聖寺　同　北浦村馬越
根香寺　香川郡下笠居村中山
萩原寺　三豐郡萩原村
大興寺　同　辻村寺岡

愛媛縣

淨明院　溫泉郡味生村別府
繁多寺　同　桑原村畑寺
延命寺　越智郡乃萬村阿方
五智院　宇摩郡蕪崎村
岩屋寺　上浮穴郡仕七川村七鳥
醫王寺　西宇和郡日土村
福樂寺　東宇和郡多田村河內
明石寺　東宇和郡田之筋村明石
等妙寺　北宇和郡旭村芝
寶珠寺　伊豫郡中村上吾川

高知縣

宗安寺　土佐郡十六村宗安寺
眞如寺　同　潮江村
延光寺　幡多郡平田村中山
金剛福寺　同　淸松村伊佐
靑龍寺　高岡郡宇佐村
乘臺寺　同　佐川町
國分寺　長岡郡國府村國分

福岡縣

東長寺　福岡市大乘寺前
圓淸寺　鞍手郡劒村中山
養源寺　嘉穗郡大分村大字大分
日照院　朝倉郡秋月町大字野島

圓覺院　糸島郡怡土村大門
長命寺　山門郡柳河町大字出來町
寶聚寺　同　瀬高町大字下ノ庄
千手觀音堂　築上郡横武村狹間

大分縣

圓壽寺　大分市上野町六坊
應歴寺　西國東郡上眞田村字大岩屋
靈仙寺　同　三重村大字夷
大藏寺　同　田染村大字平野
岩戸寺　同　來浦村大字岩戸寺
神宮寺　同　豐崎村大字横手
行入寺　同　豐崎村大字横手
成佛寺　同　上國崎大字成佛
大聖寺　同　來浦村大字長野
兩子寺　同　西武藏村大字兩子
丸小野寺　同　東中武藏村大字丸小野
千燈寺　西國東郡上伊美村千燈
安龍院　大分郡植田村大字玉澤
大勝院　同　加來村大字加來
三光院　北海部郡川添村大字廣內
新應院　同　川添村大字廣內
常光院　同　上南津留村字左津留
妙現寺　同　同　同
寶曇院　大野郡上井田村大字池田
妙見寺　直入郡豐岡村大字會々
松王院　同　嫗嶽村大字倉木
東之坊　下毛郡津民村大字中畑
龜石坊　同　同　同
山下坊　同　同　同
眞見寺　同佐郡横山村大字山下
龍岩寺　同　院內村大字大門

佐賀縣

延命院　佐賀市與賀町
福滿寺　佐賀郡北川副村江上
金乘院　神崎郡三田川村大字吉田
修學院　同　東背振村大字松隈
實相坊　小城郡岩松村大字岩藏
松本坊　同　岩松村大字岩藏
西光寺　同　多久村大字多久
眞源坊　同　北多久村大字久原
谷口坊　同　三里村大字上ケ里

熊本縣

聖徳寺　飽託郡芳野村大字大多尾
長壽寺　下益城郡守富村大字木原

北海道

大徳寺　北海道根室町清隆町

東京市內及郊外不動尊緣日

——緣日のある不動尊——

深川不動	深川區深川公園內	一日、十五日、廿八日
山ノ宿不動	淺草區山ノ宿町	一日
觀明寺不動	市外板橋町	一日、十五日、廿八日
笹塚不動尊	市外代々幡町笹塚	一日、十五日、廿八日
二七不動	麴町區三番町	二日、七日、十二日、十七日、二十二日、二十七日
新堀不動尊	芝區新堀町	二日、六日、十六日、二十六日、
澁谷驛前不動尊	市外澁谷町驛前	二日
お吉不動	日本橋區本町	三日
祥雲寺不動	麻布區廣尾町	五日、十五日、廿五日
百反坂不動	市外北品川百反坂	六日、十六日、廿六日
關原不動	府下西新井町關原	八日、廿八日
惠比壽不動	市外惠比壽驛前	十二日、廿二日
出世不動	神田區松下町	十三日、二十日、廿七日
田螺不動	本所區四ツ目町	十六日
宇田川不動尊	芝區宇田川町	十九日
藥研堀不動	日本橋區藥研堀	廿八日
大宗寺不動	四谷區新宿	廿八日
目黑不動	市外目黑町	廿八日

御府内廿八ヶ所順拜不動尊御靈場

深川公園不動堂
深川不動堂境内豐來講記念石不動尊
同境内水行場
同龜住町法乘院
本所林町彌勒寺
同業平町錫杖講不動堂
南葛飾郡大木村正覺寺
同向島寺島町蓮華寺
府下隅田町正福寺
同隅田町多聞院
淺草橋場町不動院
同公園淺草寺觀音堂
同仲見世荒澤不動堂
同松葉町有明講不動尊
淺草森下町不動尊
同諏訪町鐵舟不動尊
湯島靈雲寺
同湯島四、圓滿寺
同三組町睦不動尊
日本橋區藥研堀不動堂
日本橋區南茅場町藥師堂
京橋區岡崎町出世講不動堂
赤坂一ツ木威德寺
芝愛宕町鏡照院
麻布森元町賢明講
芝三田北寺町寶生院
芝三田南寺町佛乘院
麻布本村町延命院

不動尊靈驗祈禱法　畢

—全國不動尊奉安靈場所在地一覽表・完—

不動尊霊験祈祷法

昭和十三年七月　一　日　初版発行
平成十三年七月二十日　復刻版初刷発行
令和　五　年三月十一日　復刻版第六刷発行

著　者　小野清秀

発行所　八幡書店
東京都品川区平塚二―一―十六
KKビル五階
電話　〇三（三七八五）〇八八一
振替　〇〇一八〇―一―四七二七六三

ISBN978-4-89350-564-4 C0014 ¥3500E

八幡書店 DM や出版目録のお申込み（無料）は、左 QR コードから。
DM ご請求フォーム https://inquiry.hachiman.com/inquiry-dm/
にご記入いただく他、直接電話 (03-3785-0881) でも OK。

八幡書店 DM（48 ページの A4 判カラー冊子）毎月発送

①当社刊行書籍（古神道・霊術・占術・古史古伝・東洋医学・武術・仏教）
②当社取り扱い物販商品（ブレインマシン KASINA・霊符・霊玉・御幣・神扇・火鑽金・天津金木・和紙・各種掛軸 etc.）
③パワーストーン各種（ブレスレット・勾玉・PT etc.）
④特価書籍（他出版社様新刊書籍を特価にて販売）
⑤古書（神道・オカルト・古代史・東洋医学・武術・仏教関連）

八幡書店 出版目録（124 ページの A5 判冊子）

古神道・霊術・占術・オカルト・古史古伝・東洋医学・武術・仏教関連の珍しい書籍・グッズを紹介！

八幡書店のホームページは、
下 QR コードから。

真言秘密、両部神法の秘伝書

加持祈祷奥伝

小野清秀＝著　定価 4,180 円（本体 3,800 円+税 10%）　A5 判　並製

大正から昭和にかけて、一般人のためにはじめて真言両部系の修法を公開した小野清秀の著書を完全復刻。秘密修法壇／息災の修法／増益の修法／降伏の修法／敬愛の修法／観音菩薩の六秘法／虚空蔵菩薩の福智増進秘法／文殊菩薩の三秘法／金剛夜叉明王の降神秘法／軍荼利明王の美貌増力並鉱物透視秘法／馬頭観音の婦女敬愛及論勝秘法／孔雀明王の延命持仙秘法／毘沙門天の隠形飛行呪殺密法／吉祥天の天女現身不思議法／大聖歓喜天の神変福徳大自在法／鬼子母神の現身髑髏使役秘法／吸気食霞の行法／養神錬膽の修行／九字を切る法／神符の作法／諸病禁厭法／星祭鎮魂神法／霊薬調剤秘法／延命長寿の秘法／頓死蘇生の秘法／人格転換の神術／勝負事必勝の神法／自他精神交感秘術／物質変換の秘法／など。

神通術の全貌を俯瞰

神通術奥儀伝

小野清秀＝著
定価 3,850 円（本体 3,500 円+税 10%）　A5 判　並製

著者は、神通術はごく一握りの霊能者のものではなく、心身鍛練によって誰でも達成可能な領域にあると説く。復刻版だが平易に読め、あらゆる神通術を俯瞰し、その修行のポイントを簡潔に述べているので、神通術の入門概説書として初心者にも最適。また上級者には知識の整理にもなる。

密教印六百法、両部系加持修法を網羅！

神仏秘法大全

柄澤照覚＝著　定価 5,280 円（本体 4,800 円+税 10%）　A5 判　並製

明治 42 年に柄澤照覚が神仏に関する諸作法、加持祈祷、諸修法、禁厭（まじなひ）、霊符、占いなどを蒐集した書。両部神道系および真言密教系が多く、他山の石として参考になる。神道四方堅張守護、神道三重加持、雲切大事、生霊死霊除金縛法、大黒天一時千座法、三密観法、神仏開眼大事、護摩祈祷法、弘法大師秘密御祓、衰運挽回法 etc. さらに、五行神、三十二神など神道の基本知識、密教関係の印 600 法、年月吉凶に関する諸説など、内容的にもりだくさんで、きわめて重宝。